W0293113

d

Liebe Kolleginnen und Kollegen,

wie immer freuen wir uns über Ihre Meinung zu diesem Buch. Bitte schreiben Sie an *leseexemplar@diogenes.ch.*
Mit dem Versand der E-Mail geben Sie uns Ihr Einverständnis, Ihre Meinung zitieren zu dürfen.

Herzlichen Dank

UNKORRIGIERTES LESEEXEMPLAR
FÜR BUCHHANDEL UND PRESSE
PRESSESPERRFRIST:
ERSCHEINT AM 26.5.2021
BITTE NICHT VORHER BESPRECHEN

Spencer Wise

Im Reich der Schuhe

ROMAN

Aus dem Amerikanischen von
Sophie Zeitz

Diogenes

Titel der 2018 bei Oldcastle Books Ltd. erschienenen
Originalausgabe ›The Emperor Of Shoes‹

Covermotiv: Illustration von Paige Gemmel

Diogenes Verlag AG Zürich
www.diogenes.ch
20/20/852/1
ISBN 978 3 257 86408 3

Für meinen Vater

Draußen scheint hell der Mond, und von meinem Fenster aus kann ich das Skelettgrau der Fabrik sehen und die Banner, wie Schärpen drapiert, mit den blutroten Mandarin-Schriftzeichen, die den Wandel fordern, und ich frage mich, wie zum Teufel aus dem kleinen Bostoner Juden ein YouTube-Held der chinesischen Revolution werden konnte.

Ich stehe am Fenster und denke an Juden und an Schuhe und an die schöne Chinesin, die hinter mir im Bett liegt.

Ivy.

Ich sollte zu ihr gehen. Ins Bett kriechen und meine Arme um sie schlingen.

Aber ich bewege mich nicht.

In der Scheibe sehe ich mein halb aufgelöstes Gesicht. Die Spiegelung meiner Augen.

Das also ist der Ort, an den ich zuerst wegen meines Vater kam. Guandong, wo er seit einer gefühlten Ewigkeit Schuhe macht. Südchina. Das Land, das er adoptiert hat. Auf seine meschuggene Art. Er wollte mich hier haben. Wenn auch nicht direkt *hier*, in diesem Moment, in der Nacht der Proteste.

Da muss noch irgendetwas gewesen sein, das mich in dieses Land gebracht hat. Denn ich landete an einem Ort, mit dem ich nie gerechnet hätte. Oder mein Vater. Oder sonst einer von uns.

Im Haus ist es still, aber ich habe immer noch die Sprechchöre im Ohr. Was für ein Sound. Sie haben uns zugehört, oder? Die Arbeiterinnen und Arbeiter. Und morgen hören und sehen uns auf YouTube noch viel mehr.

Ich lehne mich an den Fensterrahmen und drehe mich zu Ivy. Sie liegt in das weiße Laken verknotet im bläulichen Mondlicht, das hinter mir hereinfällt. Ihre Stirn hat sie im Schlaf gerunzelt, wie sie es macht, wenn ich Stuss rede – was häufig der Fall ist –, und ihre Lippen bewegen sich lautlos, als brülle sie immer noch ins Megafon und träume von allem, was wir erlebt haben.

Dass sie einmal hier in meinem Bett liegen würde, hätte ich nie für möglich gehalten.

Ich kenne sie, oder? Sie hat mir ihr Dorf gezeigt, und Beijing – Orte, die ihr heilig sind.

Trotzdem ist da immer ein Rest, den ich nicht fassen kann. Das Gefühl, dass ich sie, egal wie viel ich inzwischen von ihr weiß, eigentlich überhaupt nicht kenne.

Ich schaue wieder aus dem Fenster.

Palmen im Garten, die Stämme weiß gekalkt. Regen, der von den breiten Blättern tropft. Eine dürre Katze, die sich unter den Wurzeln eines Banyanbaums verkriecht.

Ich kann nicht schlafen.

Dad ist drüben in Nanhai im Hotel, vielleicht liegt er in der Badewanne, das Wasser schießt dampfend aus dem Hahn, leckt an den Wannenwänden und schwappt auf die weißen Fliesen. Das Wasser steigt und steigt, direkt bis unter seine Nase, bis zum Wannenrand, und er sagt zu Karri: »Stell es ab.«

Aber da machst du dir was vor, Pops. Das kannst du nicht abstellen.

Wenn die Sonne aufgeht, stehen Entscheidungen an. Mein Vater. Ivy. Die Welt öffnet sich. Hat sich geöffnet. Es geht nicht mehr um die kleine Fabrik, die mein Vater vor zwanzig Jahren aufgebaut hat. Die Welt, in der ich leben werde, ist eine andere, und noch verstehe ich meinen Platz darin nicht.

Ein Jude. Ist es das, was ich bin? Ich weiß es nicht. Vielleicht bin ich einfach der *Schmock*, der es in China vergeigt hat. Der alles vermasselt hat.

Was bedeutet das überhaupt hier in China? Jude zu sein? Bin ich jetzt ein Weltbürger? Weltbürger sind wir immer gewesen. Nein, das ist nicht wahr. Wir waren immer Außenseiter. Auf der Flucht.

Aber wohin?

Ich reiße mich vom Fenster los, gehe zurück zum Bett und setze mich mit dem Rücken zu Ivy auf die Kante.

Und ich denke: Da waren nur sie und ich und das, was auf dem Hausboot ihrer Großmutter zwischen uns passiert ist. Das war der Anfang, von uns und von allem. Auch wenn der Rest unklar ist, so viel weiß ich. Ivy und ich, Rücken an Rücken auf dem Blechdach des Hausboots auf dem Perlfluss, am Ufer ein Atomkraftwerk, das in der Dämmerung verschwindet, während Ivys Großmutter ein Huhn rupft und die Federn über Bord wirft.

I

Ivy ist eine Näherin aus der Modellabteilung und hatte damals auf dem Tian'anmen-Platz protestiert. Eigentlich heißt sie natürlich nicht Ivy, sondern Hanjia Liu, ein Name, den ich nie über die Lippen bekam, meine hohen Töne zu tief, die tiefen zu hoch, und wie gerne ich ihn auch korrekt ausgesprochen hätte, er blieb meiner Zunge ein ewiges Rätsel.

Ich spürte ihren feuchten Rücken an meinem, spürte die Wärme, die von ihrer Wirbelsäule ausging – so nahe waren wir uns noch nie gewesen. Am liebsten hätte ich die Hand nach hinten ausgestreckt und ihre genommen, aber ich wusste, dass unser Ausflug kein Date war. Es war sehr heiß. Still hier zu sitzen reichte schon. *Dayenu*. Unwillkürlich hatte ich das alte Pessach-Lied im Ohr. *Es wäre genug.* Die Lüge der Genügsamkeit. Jeder will mehr.

Ich merkte, wie das Gewicht von Ivys Haar von meinen Schultern genommen wurde, die plötzliche Kühle im Nacken, und ich wusste, ohne mich umzudrehen, dass sie ihr Haar zu einem lockeren Knoten band, ohne Gummi oder Spange, wie sie es immer tat, bevor sie aß. Sie reichte mir ein Stück Drachenfrucht, und ich biss in das frische, leichte Fleisch, knackte die kleinen schwarzen Samen. Bevor sich die Süße auf meinen Lippen auflöste, war ihre Hand wieder neben meinem Ohr, und sie hielt mir zwischen Zeige- und Mittelfinger das nächste perlweiße Stück hin. Sie hatte schon jetzt Näherinnenknöchel, die Gelenke der obersten Fingerlieder geschwollen und rot. Ich nahm ihr die Frucht ab. Wir aßen schweigend. Ich kämpfte gegen das Bedürfnis an, die Stille mit Unsinn zu füllen, weil mir die Ruhe zu schaffen machte wie ein Stiefel auf der Brust. Könnten wir nur in diesem Augenblick bleiben. Aber es ging natürlich nicht. Ich musste meinem Vater gegenübertreten. Ivy sagte, sie wolle nicht, dass ich zwischen ihm und ihr entscheiden müsse, zwischen einem Vater und einer *Dagongmei,* einer Wanderarbeiterin.

Ich musste zurück; ich kam zu spät zu unserer Verabredung zum Abendessen im Hotel. Der ganze Nachmittag war leise verflogen, seit ich mich *wie ein Depp, der entführt werden will,* wie mein Dad sagen würde, bei der Schuhfabrik hinter Ivy aufs Motorrad gesetzt und sie mich hierher auf das Flussschiff ihrer Großmutter gebracht hatte, am Vorabend des Grabfegetages, an dem alle Kinder nach Hause kommen.

Der Rückweg führte über eins der Styroporblock-Flöße zum Ufer und dann auf Ivys Motorrad zum Hotel, wo sich mein Vater vermutlich gerade einen Lacoste-Pullover um die Hüften schlang, in die Bootsschuhe schlüpfte und sich unter jedes Nasenloch einen Klecks Neosporin schmierte, damit er sich nicht erkältete, weil *China der letzte Ort ist, an dem du abkacken willst.* Während hinter seinem Rücken, aber mit bestem Wissen Ivys, seine eigenen Sicherheitskräfte für fünfzig Yuan extra Ivys Flugblätter für eine neue Gewerkschaft unter den Türen der Wohnheime durchschoben. Aber solange ich dort auf dem blechgedeckten Hausboot saß, solange ich an Ort und Stelle blieb und mich auf das konzentrierte, was vor mir war, war alles gut. Erst als ich mich bewegte, wurde ich zum Verräter.

Genug. Ich stand auf, die Beine vom langen Sitzen eingeschlafen, und während ich mir die Oberschenkel massierte, um meinen Kreislauf wieder in Gang zu bringen, zankten sich Ivy und ihre Großmutter auf Chinesisch. Ich schwang ein Bein über das Seitendeck. Mein Fuß berührte den Styroporblock, die behelfsmäßige Fähre, die mich die knapp fünfzig Meter ans Ufer tragen sollte. Ivy reichte mir die Stange und warnte mich, dass es schwieriger sei, als es aussehe, auf dem Block zu balancieren, der nicht viel breiter als meine Schultern war. Jetzt stand ich heftig wackelnd mit beiden Füßen darauf und versuchte, mich mit langen Zügen wie ein Gondoliere voranzuschieben. Die Blicke des ganzen Dorfs ruhten auf mir, die Last der Erwartung. Wahrscheinlich war mein Vater ohne mich losgegangen und saß schon in der Churrascaria des Hotels, wo er »Fisch« rief, während die Kellner Lammkeulen vorbeitrugen. Fisch, nicht *trejf*, wollte der Kaiser. Dad war ungefähr so fromm wie ein Schweinefleisch-Wantan, was ihn nicht daran hinderte, Gott ins Feld zu führen, falls der Fisch nicht zackig aufgetischt wurde.

Das Floß wackelte, die linke Kante tauchte unter, und ich ging in die Hocke, Füße platt, Knie gespreizt, wie ich es bei den Fischern gesehen hatte; es war eine Position, die man beherrschen musste, wenn man in China überleben wollte. Es gab keinen Grund, warum ich es nicht schaffen sollte. Ich spürte das Brennen in den Oberschenkeln, den zunehmenden Schmerz in den Knien, aber Aufstehen ging nicht, das tat keiner. Rund zwanzig Meter legte ich ohne größere Schwierigkeiten zurück, als meine Knie heftig zu zittern anfingen. Ich spürte die Blicke. Zurück konnte ich nicht, ich durfte das Gesicht nicht verlieren, nicht einmal vor lauter Fremden.

Also tauchte ich die Stange weiter ein und zog sie am Floß entlang, aber das Zittern in den Knien wurde so schlimm, dass ich mich schließlich aufrichten musste. Einen Moment lang stand ich da, Schultern parallel zum Ufer, doch im nächsten fiel ich vom Floß, direkt in die Giftbrühe meines Vaters. Denn es war unser Gift. Der Fluss war voll mit Chrom und Kalk, Schwefel und Sodaasche. *Es ist ein schmutziges Geschäft, Junge.* Ich sah die Brühe auf mich zukommen wie schwarzer Sirup mit einer schimmernden Lackschicht, dann tauchte ich unter, rechte Schulter voraus. Das Wasser brannte in meiner Nase. Lauge. Ich drückte das Kinn an die Brust und atmete durch die Nase aus. Augen fest geschlossen, Lippen auch, der Geschmack von Rost sickerte trotzdem durch, ein Tropfen Silber auf der Zungenspitze. Schwärze, Grauen. Mein Sneaker berührte etwas Hartes. Die schweren Kleider zogen mich nach unten, der Fluss verschluckte mich, immer tiefer. Ein Arm schoss nach oben, der andere ruderte seitwärts, und auch die Beine arbeiteten asynchron, während mein Körper kopflos Richtung Oberfläche strampelte. Ein Brennen in meiner Lunge. Mein Blut schrie.

Mein Kopf tauchte aus dem Wasser. Ich schnappte nach Luft und hörte das ganze Dorf lachen und *Gweilo!* rufen. Kantonesisch für Geistermensch. In der Fabrik hieß jeder nach seinem Job: Absatzzieher, Frachtfrau, Fäkalist, Leimmischer; und ich war Head of Development, doch kaum verließ ich das Fabrikgelände, war ich nur *Gweilo* und war es bereits seit meinem ersten Tag vor einem Jahr. Das Wasser verströmte einen stechenden Ammoniak-Geruch als ich mit hoch gerecktem Kinn zum Betonsteg am Ufer schwamm, keine fünf Meter von der gähnenden Öffnung eines gewellten Abflussrohrs entfernt.

An der Anlegestelle stand ein Chinese in langer Hose und frisch gebügeltem weißem Hemd, mit Kind und Frau, die ihren Rock raffte, damit der Saum nicht den nassen Beton berührte. Mit Rimbindi-Scheinen wedelnd brüllte der Mann seine Bestellung frischer Karpfen in Richtung der Boote, und ich verdrängte die Vorstellung, dass der Fisch aus demselben Fluss kam. Aber ich war froh, dass er da war, denn so wandten sich die Leute auf den Hausbooten wieder ihren Geschäften zu und vergaßen mein Missgeschick. Die Fischer griffen in ihre Eimer, schoben den die Finger hinter die Kiemen der Karpfen und hielten sie hoch mit ihren zappelnden Schwänzen, damit der Kunde wählen konnte.

Ich stemmte mich aus dem Fluss und kletterte neben dem Städter auf die Anlegestelle, der mir einen Blick zuwarf, »Ah, ah, ah« sagte und sich wieder seinem Einkauf widmete, als wäre nichts weiter passiert: bloß ein vollbekleideter *Gweilo,* der aus dem Wasser kroch. Oben auf der steilen Böschung lehnte Ivys Motorrad – eine alte Honda CG125 mit leuchtend orangem Tank – am Gerippe einer russischen Tupolew, die einst hier abgestürzt und im Bambus- und Schlingpflanzengestrüpp zurückgelassen worden war, abgenagt wie ein gesottenes Schwein, ein Stahlskelett mit eisernen Rippen wie Walknochen. Die meisten Hausboote waren mit den Aluminiumblechen des Flugzeugs gedeckt. Tupolews waren Chinas erste kommerziellen Flugzeuge gewesen, mein Vater war früher damit von Beijing nach Guangzhou geflogen, auch wenn sie in unerfahrenen Händen bockten und absackten und scharenweise vom Himmel fielen.

Einer der Männer am Ufer, der gerade Lychee-Kisten auf einen Pritschenwagen lud, hielt inne, um mir aus seinem Führerhaus ein fischiges Handtuch zuzuwerfen. Ein rauer Lumpen mit tiefroten Flecken, glitzernden Schuppen und üblem Gestank. Aber er beobachtete mich, also rieb ich mich damit ab, ließ nur das Gesicht aus, und warf es ihm zurück. Nach Enthaarungsmittel und Fischdärmen stinkend war nicht der Aufzug, in dem ich verspätet zum Abendessen mit meinem Vater erscheinen wollte. Wenn ich sofort losfuhr, blieb mir vielleicht noch Zeit, mich umzuziehen, auch wenn er wahrscheinlich längst mit dem Essen fertig war und die Hand über den gläsernen Niesschutz des Häagen-Dasz-Wagens ausstreckte – auf dessen Schild »Eiskrem: Messias des Glücks« stand –, und sich eine große Schüssel French Vanilla nahm, während die Kellnerin wild gestikulierend herbeieilte und sich für die Vernachlässigung entschuldigte. *Ach, jetzt kommst du gelaufen?*

Ich nahm das Handy heraus, aber es war natürlich tot. Dads letzte SMS, die ich vor ein paar Stunden erhalten hatte, lautete: »ERA?«, und ich hatte zurückgeschrieben: »Mein E. R. A. in der Little League? Ungefähr 7,25. 10, wenn ich heulte.« Er hatte natürlich nicht meinen Pitching-

Durchschnitt gemeint, sondern *Estimated Time of Arrival,* meine voraussichtliche Ankunftszeit, aber ich hatte danach das Telefon stumm gestellt und würde nie erfahren, was er geantwortet hatte.

Um Ivys Motorrad anzuwerfen, zog ich den Choke, nahm die Kupplung raus und trat den Kickstarter durch, in der Reihenfolge, die sie mir gezeigt hatte. Dann winkte ich Ivy ein letztes Mal, die vom Bug des Schiffs herübersah. Bis auf sie war das ganze Dorf wahrscheinlich froh, dass ich endlich ging.

Ivy hatte ihre Großmutter belogen und gesagt, ich sei ihr Freund. »Ein weißer Freund ist besser als keiner«, hatte sie zu mir gesagt. Ihre Familie nannte sie *Sheng nu,* Übriggebliebene, wie sie mir erzählt hatte, als wir vor dem Markt in Li Shui, nicht weit von der Fabrik, an einem der Grillstände zusammen aßen. Es war das erste Mal, dass wir ins Gespräch gekommen waren, bei Austern mit Knoblauch, Hühnerfüßen und Schweinswurst.

»Ungewollte«, flüsterte sie, und ich dachte: Blödsinn, ich würde dich wollen, und ich wette, ein Haufen anderer auch.

Ich nahm an, dass sie nicht älter als vierundzwanzig war, aber man konnte nie wissen. Ich bildete mir nicht ein, ich würde die chinesische Kultur verstehen. Vielleicht galt eine Frau mit vierundzwanzig bereits als alt. Oder Ivy war älter, und ich sah es ihr nicht an.

»Ist deine Familie von hier?«, fragte ich.

»Ja. Aber ich habe Angelegenheiten in Beijing.«

»Angelegenheiten.«

»Ja.«

Sie blieb vage. Vielleicht meinte sie einen Exmann. Oder sie war doch verheiratet. Ich wollte nicht nachhaken.

»Ist es schön?«, fragte ich. »Beijing. Ich war noch nie da.«

»Es hat sich verändert.«

»Seit wann?«

Ivy spannte sich an. Musterte mich. Blinzelte nicht und schaute nicht weg.

»Tian'anmen«, sagte sie.

»Du meinst ...«, und dann brach ich ab, weil klar war, was sie meinte. Ich richtete mich auf. Dachte an 1989, versuchte im Kopf nachzurechnen. War Ivy vierzig? Möglich. Auch wenn ich sie für vierundzwanzig hielt. Als ich sie genauer ansah, glaubte ich, Fältchen um ihre Augen zu erkennen – nein, ich bildete es mir bloß ein. Da waren keine Zeichen. Man sah ihr das Alter nicht an. Vielleicht als Chinese, wenn man wusste, wo man suchen musste. Aber nicht ich.

»Damals musst du noch sehr jung gewesen sein«, sagte ich. »Als alles ...«

Sie nickte. »Ich bin sechsunddreißig.«

Sie machte kein Geheimnis daraus.

»Tut mir leid«, sagte ich. Dann schlug ich mir an die Stirn. »Nicht, dass du sechsunddreißig bist. Das andere, meine ich ...«

»Kein Problem.« Sie lächelte.

Ich drehte mich um.

Ein paar Tische weiter zog ein Mädchen einer Freundin die Extensions aus dem Haar. Es sah aus, als bohrte sie die Finger in die Wurzeln und pulte breite Strähnen steifen schwarzen Haars heraus, und plötzlich musste ich an die

Perücken meiner Mutter denken – die *Schejtls,* die sie trug, nachdem sie endgültig orthodox geworden war –, die am Bettpfosten hingen, während ihre kahle Besitzerin am Fenster rauchte.

Ich sah Ivy wieder an.

Ihr Haar war ihr eigenes. Echt. Ich dachte daran, wie viel in jenem Jahrzehnt geschehen war, diesem schwarzen Loch zwischen uns, und was sie alles gesehen hatte. Sie wusste Dinge, viel mehr als ich, und ich wollte alles wissen, und plötzlich stellte ich mir vor, wie ihr Haar nach vorn auf mein Gesicht fiel, und ihre Lippen über meinen schwebten, und aus irgendeinem Grund sagte ich: »Ich bin jünger.«

Sie lachte. »Ich weiß.«

»Ich bin sechsundzwanzig«, sagte ich. Ich hätte lügen sollen. Hätte es mit einunddreißig probieren sollen.

»Du erinnerst dich nicht – du bist noch zu jung.« Sie sprach wieder von Tian'anmen. Ich brauchte einen Moment, weil ich darüber nachdachte, wie sie mich genannt hatte.

»Doch, ein bisschen«, log ich. »Ein paar Dinge. Was mein Vater darüber sagte.«

Sie lehnte sich zurück, ohne zu antworten. Wechselte das Thema. Ich verstand es als ihre Art zu sagen, dass da zu viel ist, was zwischen uns steht.

Aber später auf dem Hausboot wusste ich, dass Ivy mich benutzte, um ihrer Großmutter Hoffnung zu machen, und ehrlich gesagt machte es mir nichts aus, benutzt zu werden, so lange ich ihr nützlich war. Da ihre Großmutter aus politischen Gründen weder für Amerikaner noch für Briten etwas übrig hatte, gab ich mich auf Ivys Vorschlag hin als motivierten australischen Sprachlehrer aus, den ich fehlerlos und mit jedem erdenklichen Klischee ausgestattet darstellte, bis ihre Großmutter erklärte, ich klinge kein bisschen wie der australische Missionar, der im Haus ihrer Familie einquartiert gewesen war, als sie zehn war. Ivy übersetzte und schloss mit: »Sie hat sehr viel Zeit mit ihm verbracht und glaubt dir nicht, dass du Australier bist.«

»Hast du nicht gesagt, du kannst ihr alles erzählen?«, fragte ich.

»Das mit Australien hatte ich vergessen«, sagte Ivy. »Tut mir leid. Aber sei nicht böse, sonst weiß sie, dass sie uns ertappt hat. Kannst du einen Schweizer Akzent nachahmen? Ich verspreche dir, dass sie keinen Schweizer kennt.«

Also wurde ich zum Schweizer, auch wenn es wahrscheinlich eher klang, als wäre meine rechte Gesichtshälfte nach einem Schlaganfall gelähmt. Ivys Großmutter lächelte höflich, ließ mich ein paar Sätze reden, dann benutzte sie eine kantonesische Redensart, die Ivy übersetzte mit: »Du kannst einen Schwan nicht ins Ei zurückstecken.«

Mein hoffnungslos unoriginelles Mitbringsel für Ivys Großmutter war ein Paar Espadrilles mit Keilabsatz aus Dads Fabrik. Sie wurde rot, als sie sie anprobierte und es irgendwie schaffte, ihre knubbeligen, schiefen Füße, die wie ein Stück Treibholz aussahen, hinein zu quetschen. Über einen Kohlkopf hätte sie sich mehr gefreut. Trotzdem trug sie die Schuhe für den Rest des Nachmittags, beim Flicken ihrer Fischernetze und beim Vorbereiten des Essens. Ich sah, wie sie ein paar Mal beim Auftreten zusammenzuckte, vielleicht hatte sie Blasen an den Fersen, aber als ich ihr riet, die Schuhe auszuziehen und sich eine Pause zu gönnen, schlug sie die Beine übereinander, drückte den Rücken durch und hob das Kinn. »Ich fühle mich wie eine Frau von Welt«, sagte sie. »So sitzen sie in der Stadt, nicht wahr?« Ivy übersetzte kichernd. Dann stellte ihre Großmutter die Beine weit auseinander und beugte sich vor, die Ellbogen auf die Knie gestützt. »Und so sitzen wir auf dem Land. Immer Arbeit zwischen den Beinen.« Sie griff nach dem Fischernetz, nahm es zwischen die Füße und begann zu nähen.

Ich dachte an unsere geplatzte Geschichte, als ich auf Ivys Motorrad über die Trampelpfade zwischen den Reisfeldern fuhr. Meine Haut kribbelte, ein dumpfes juckendes Brennen, und der kalte Wind klebte mir die nassen Jeans an meine Beine. Ich überholte Frauen, die von der Feldarbeit nach Hause gingen, langsam und zielgerichtet, auf den Schultern hölzerne Joche mit zusammengeschnürten Bambusbündeln. Die Reisfelder reichten bis zum Dorf, und ich folgte den engen Gassen, in denen der Geruch nach Holzrauch in der Luft hing. Eine Familie briet an einer offenen Feuerstelle *shahe fen* für den Feiertag, und im ruhigen Schein der Flammen sah ich nur Teile ihrer Gesichter, doch eines stach heraus, das einer jungen Frau, und für einen kurzen Augenblick erhob sich ihr rundes Gesicht zu meinem und war genauso schnell wieder verschwunden.

In der Ferne Foshan: Scheinwerfer auf Wolkenkratzern, die über den Fluss glitten, als suchten sie jemanden dort unten, wo von den Kähnen die ersten Raketen zischten, um golden und rot am teerschwarzen Himmel zu zerbersten.

So, wie ich war, konnte ich jedenfalls nicht ins Restaurant: schlotternd in nassen dreckstarrenden Kleidern, die nach Fisch und Klärschlamm stanken. Ein Schritt hinein, und mein Vater würde mich herunterputzen: *Aha, du hast dich als unser alter Hausmeister verkleidet, Chaim Pupik aus dem Keller.* Als ich in die Haiwu Road bog, erhob sich das Intercontinental wie eine schwarze Säule vor mir. Nebel war aufgezogen und klebte an den obersten Stockwerken, so dass das Hochhaus aussah wie eine kopfstehende Wasserspiegelung: die untere Hälfte kantig und glatt, die obere verschwommen, dunstig und verhangen, als stünde das Hotel in einem trüben See. Das Gebäude war nagelneu, in den letzten vier Jahren erbaut, als auch der Kanal und der See angelegt worden waren; nichts hier, nicht einmal der Asphalt unter meinen Reifen, war älter als fünf Jahre. Jeder Pavillon, jeder Park, jeder Busch – alles war harmonisch und ausgewogen, die fünf Elemente im perfekten Einklang, sauber und ordentlich, nur auf der Straßenseite des Interconti stand ein Taxifahrer auf dem manikürten Rasen und pisste auf eine rote Azalee.

Ich parkte Ivys Motorrad neben einer Flotte von Rolls-Royce und Bentleys. Li Jun, der Hauptportier mit dem zurückgeölten Haar, lief die Treppe herunter und fragte: »Guten Abend, Mr Younger Cohen? Und wie geht es dem Hochgeschätzten oben, Mr Cohen?«

»Alles gut.«

Li Jun kannte meinen Vater, seit der in diesem Hotel abgestiegen war. Aber ich wette, Dad wusste nicht einmal, wie er hieß.

Ich drückte Li Jun zwei Zehn-Yuan-Münzen in die Hand

und bat ihn, das Motorrad in die Tiefgarage stellen. Er schüttelte sie wie Würfel in der hohlen Hand – das war der Sound des Hotels: klimpernde Münzen. Gab man kein Trinkgeld, wurde man wie ein Geist behandelt und nicht bedient.

Hinter der Drehtür schwappte mir die klimatisierte Luft entgegen. Mein Hemd fühlte sich an wie nasse Pappe und ich zitterte. Pfeilschnell schoss Karri, die chinesische Hotelmanagerin, auf mich zu, in ihrem kardinalroten Bleistiftrock mit dem passenden Blazer, das Haar zu einem strengen Knoten hochgesteckt, die Hände vor sich verschränkt. Ihre Absätze klackten über den Marmor, dann sanken sie geräuschlos in dem purpurroten Teppich mit den goldenen Arabesken ein, die aussahen wie Hunderte anzüglich zwinkernder Augen. Karri trug die Schuhe meines Vaters. Eins seiner Designs: Schlangenleder-Optik mit rosa Blatteinsatz.

Ich machte mich auf eine Bemerkung über meinen Aufzug gefasst: »Wussten Sie, dass wir auch eine Hintertür haben?« Karri hatte Hotelmanagement in Schweden studiert. *Stell dir vor, wie es bei ihr zu Hause aussieht.* Aber Karri sagte nur: »Verfolgen Sie mich«, drehte sich auf dem Absatz um, ein militärisches Überbleibsel ihres VBA-Trainings in der Volksschule, und marschierte auf den Fahrstuhl zu.

»Ihnen folgen?«, fragte ich.

Sie war bereits zehn Schritte voraus, als sie sich ruckartig mit genervt geschlossenen Augen umdrehte: »Ja. Ja. Folgen. Gegenwart.«

»Jetzt?«

»JA!« Sie tippte mit dem Fingernagel auf das Glas ihrer Uhr. »Fedor – Mr Cohen – rechnet Sie oben. Er mag nicht warten. Deswegen, mehr Eile.« Sie setzte ihren Weg zu den Fahrstühlen fort, und mit einer jähen Hitzewallung war mir plötzlich alles klar. Sie war es. Karri war die Geliebte meines Vaters. *So eine Frau ist ihre eigene Mitgift!* Der alte Hund. Natürlich – war es einen Monat her? oder zwei? – standen wir hier in der Lobby, Pop und ich hatten auf den Wagen gewartet und ich erzählte ihm gerade von einer verspäteten Lieferung, während er Karri anstarrte in ihrer roten Uniform, leuchtend wie eine brennende Phoenix-Blume, wie sie lächelnd mit einem gutaussehenden alten Briten sprach. Und Dad hatte in seine Richtung genickt und gesagt: »Der alte Sack denkt, er könnte sie nageln.«

»Pop«, sagte ich. »Hast du mich gehört? Wir verlieren die ganze Marge.«

Jetzt war mir alles klar. Was er in Wirklichkeit gemeint hatte, war: *Ich bin hier der, der die Mieze schtupt.* So wie er wohl seit zwanzig Jahren *herumschtupte*. Die ganze Küste rauf und runter.

Karri drückte die Taste des fünfzehnten Stocks, und als die Fahrstuhltür zuglitt, nahm sie das weiße Einstecktuch aus der Brusttasche und wischte ihre Fingerabdrücke von dem vergoldeten Bedienfeld ab, als wären wir Juwelendiebe. Dieselben Finger, die meinen Vater bei den Henkelohren packten wie einen Krug – diese polierten, french-manikürten Nägel, die seinen haarigen Rücken kraulten bis runter zu dem heimtückischen kleinen Leberfleck an seinem Hintern, der ihn, wie er schwor, eines Tages ins Grab bringen würde. Dann wischte Karri auch das Messinggeländer in der Fahrstuhlkabine ab, und die Holzperlen ihres Mala-Armbands klapperten. Sie war Buddhistin und sie war mit Dad zugange. Na ja, irgendwie passte es sogar: Wenn Leben Leiden war, ließ sie wirklich keins aus.

Doch außer der buddhistischen Seite schien sie auch noch eine andere zu haben, dachte ich, als mein Blick über ihre Schulter in ihren Blazer rutschte, wo im gekräuselten Ausschnitt ihrer Bluse ein Stück limettengrüner Spitzen-BH aufblitzte, den sie mit einem schnellen Fingerstreich verschwinden ließ. Karri lächelte matt und verschränkte die Arme, das Armband vor ihren Brüsten wie ein Doppelpack Geheimnisse. Dann musterte sie mich von oben bis unten, rümpfte die Nase und erklärte: »Nächstes Mal nehmen Sie meinen Hintereingang.«

»Das meinen Sie ganz gewiss nicht wörtlich«, sagte ich.

Im fünfzehnten Stock befand sich das brasilianische Restaurant. Karri führte mich an der Salat- und der Pasta-Bar vorbei. Gewöhnlich stand mein Vater an einem der beiden Buffets, auch wenn er nie zugriff, sondern sich nur viel zu tief über das Essen beugte, *Was ist das? Was ist das? Was ist das?* murmelnd, und mit dem Kopf zuckte wie ein Baseball-Coach, der seinem Catcher Zeichen gab. Im hinteren Teil des Restaurants coverte eine Filipina in einem kurzen Paillettenkleid Tracy Chapmans *Fast Car*. Wir rauschten an Kellnern vorbei, die geschmorte Rippchen trugen, und schoben uns seitlich zwischen den Tischen durch – kaum zwanzig Zentimeter Abstand –, was Karri leichtfiel, während ich mit Bauch und Schritt die Schultern von Damen in rückenfreien Kleidern streifte und mich bei jeder, die ich berührte, entschuldigte.

Wir erreichten eine Tür hinter der Bühne, die in ein Separee führte. Dort saß mein Vater an einem runden Tisch im Gespräch mit der obersten Führungsriege der Fabrik. Ich spürte eine abrupte Luftveränderung, einen kalten Windstoß, der meinem Vater mitten im Satz das Wort abschnitt. Der Blick, den er mir quer durch den Raum zuwarf, lähmte mich, ich bekam kaum Luft, doch dann breitete sich ein träges, schwaches Lächeln auf seinen Lippen aus, das nur den rechten Mundwinkel nach oben zog.

Das Separee war ein Kreis aus Wänden von poliertem Onyx, in dem ich die trübe Spiegelung meines Gesichts hinter Dad sah, unsere Köpfe aufeinandergestapelt wie an einem Totempfahl.

»Der VIP lässt sich blicken«, stellte Dad fest.

Flüchtig grüßte ich in die Runde und ging zu meinem Platz, all mein *Guanxi* vergessend – nein, ich vergaß es nicht, ich wurde von Karris warmer Hand in meinem Kreuz zu einem armlosen weißen Ledersessel geschoben, den mein Vater streichelte wie eine Katze. Während ich mich setzte, beugte sich Karri vor und besprach mit ihm das Dinner-Menü. Ich hätte nochmals aufstehen müssen, mich förmlich verbeugen und Hände schütteln, aber in dem Moment, als ich mich erheben wollte, schwirrte die Oberkellnerin Chinesisch redend in den Raum. Der war zu klein für all das Kommen und Gehen, die verschiedenen Sprachen und Dads großen Bauch, den er gegen den Tisch drückte. Weil seine ganzen Muskeln in den Schultern saßen, die breit und massig waren, passten ihm keine Sakkos von der Stange, also hatte er eine seiner maßgeschneiderten Monturen an. Die anderen trugen überwiegend schlichte, schwarze, gutgeschnittene

Jacketts mit goldenen Krawatten und Khakihosen, nur Dad saß in seinem lila Samtanzug da wie eine riesige Blaubeere. Ein in die Jahre gekommener Zuhälter aus den Achtzigern. *Das nennt man Stil, Junge, davon verstehst du nichts.*

In Hongkong gab es einen berühmten Schneider, der die Anzüge nach einem Abguss meines Vaters machte. Beim ersten Besuch wurde man von ihm mit gummiartigem Silikon eingeschmiert und wie eine Mumie mit Gipsbinden umwickelt. Der Schneider lagerte die Mannequins in einem riesigen Keller; etliche Körperdouble in perfekten Reihen wie die Terrakotta-Krieger in Xi'an. »Sagen Sie, dass Sie einen neuen Anzug wollen«, sagte Dad jedem, der es wissen wollte, »Einfach anrufen. Keine unnötige Reise mehr – ach, unnötige Reisen! – nie wieder. Das ist chinesische Effizienz. Schneider, müssen Sie wissen, sind wie die Primaten des jüdischen Unternehmertums. Klar haben wir die Stangenware erfunden, aber die Chinesen haben uns abgehängt.« Dads kleine Einrichtung verlangte allerdings eine eiserne Disziplin. Man durfte kein Pfund zunehmen, sonst konnte der Schneider noch mal von vorn anfangen. Damit es funktionierte, musste man für immer bleiben, wer man war.

»… wie Sie wünschen, Sir«, sagte Karri. »Ente wie? Szechuan mit ganzem Kopf, Brust, Schenkel, oder lieber Peking-Ente, geschnittene Kruste mit Lauchzwiebeln?«

»O nein«, sagte Dad und sah ihr tief in die Augen. »Ich will den ganzen Vogel.« Seine Kiefer mahlten. Karri berührte den goldenen Schmetterling an ihrem Hals. Ihre Schuhe hatten dünne Sohlen, und ich wusste, dass sie die kalten Fliesen an den Füßen spürte und ihre Zehen bewegte. Waren sie pink oder rot lackiert? Im Hotel galt die Regel, dass die Angestellten nur geschlossene Schuhe tragen durften. Fünf Sterne, aber kein einziger Zeh.

»Natürlich, Sir«, sagte Karri höflich und ging, den Hauch irgendeines frischen Seifendufts zurücklassend.

»Steh auf«, sagte Dad zu mir. »Ich will dir Gang Xiaodan vorstellen.«

Ich erhob mich. »Ich dachte, wir essen zu zweit zu Abend«, flüsterte ich Dad zu. »Soll ich mich nicht lieber umziehen?«

»Nein, nein, wir haben schon lange genug gewartet«, sagte Dad grinsend, und ich wusste nicht, wie ich sein Lächeln deuten sollte und hatte auch keine Ahnung, warum zum Teufel sie alle hier versammelt waren – Yong, Dads Teilhaber, und Shan, der Werksleiter, einer Taiwanese, der andere Chinese, aber vor allem Gang, der Bürgermeister von Foshan. Gang war Anfang sechzig und trug eine altmodische Button-Down-Tunika. Einer dieser Typen, aus deren Gesichtern über Jahrzehnte die durchgeknallten Mao-Slogans aus dem roten Lautsprecher in der Ecke des hauseigenen Innenhofs jeglichen Ausdruck gesandstrahlt hatten.

Dad sagte: »Gang, das ist mein Junge, von dem ich dir erzählt habe«, als wäre ich zwölf. Gang reagierte nicht gleich. Wie er mit dem Finger einen Knoten in der Maserung der Tischplatte umkreiste, verriet, dass er sich gerne bauchpinseln ließ. Eins seiner Augen war braun, das andere war tot. Ein milchiger Nebel im rechten Auge mit einer winzigen Andeutung einer farbigen Iris in blassgrün hinter einer Wolke. Ich saß in Gangs blindem Fleck und fragte mich, ob er mich überhaupt sehen konnte. Es war seltsam, dass niemand eine Bemerkung über meine Verspätung verlor oder darüber, dass ich nach Kanalisation stank. Es hätte sich als Thema angeboten, aber alle gingen darüber hinweg. Dafür musste einen Grund geben. Ich ahnte, dass hier in diesem schwarzen Goldfischglas mit der goldenen Decke die Karten meiner Zukunft gemischt wurden. Natürlich nicht in verständlicher Form, sondern lediglich als Knistern am Rande meines Bewusstseins.

»Ältester Sohn«, sagte Gang zu mir, vertraulich, aber ohne zu lächeln, »warum sind Sie nervös? Bei mir können Sie entspannen.« Ich hatte das Gefühl, dass er mich mit dem toten Auge sehen konnte. Und dass sich niemand in seiner Gegenwart entspannte. »Ich habe auch einen Sohn«, fuhr er fort. »Lernt gerade in Manchester fürs Examen, sagt er jedenfalls. Seine Kreditkarte sagt etwas anderes.« Jetzt lächelte er; die Zähne zu perfekt, anscheinend trug er Kronen. »Ich bin nur hier, um zu gratulieren. Außerdem lasse ich mir nie eine Essenseinladung entgehen. Das ist mein Geheimnis – ich werde nie satt. Ich habe immer Hunger. Es ist ein Fluch. Ich kann essen und essen und werde nie dick. Immer zweiundsiebzig Kilo. Bin nie satt. Heute Abend versuche ich es wieder. Ich heiße Sie offiziell in Foshan willkommen und ersuche Sie, die Stadt als Ihre Heimat zu betrachten. Sagen Sie es. Sprechen Sie mir nach, mit Überzeugung.«

Seine Aufforderung, ihm nachzusprechen, kam mir sonderbar vor, wie beim Militär, aber Gang war ein dekoriertes Parteimitglied, und ich war bloß ein Gast in seinem Land, ein Bürger auf Zeit. Also tat ich, was er verlangte. »Foshan ist meine Heimat.«

»Ich glaube Ihnen nicht«, sagte er. »Immer noch zu nervös.«

Genau dann nickte Dad der Kellnerin an der kleinen Bar unter dem riesigen Flachbildschirm zu, die in ein Mikrofon an ihrer Weste sprach, woraufhin die Tür aufflog und zwei weitere Kellnerinnen in ärmellosen rotgoldenen Qipaos mit Stehkragen und hohen Seitenschlitzen in den Raum traten – eine trug ein Tablett mit einem Füller und einem Tintenfass, die andere brachte ein rotes Samtkissen mit einem Stapel Dokumente.

Sie stellten das Kissen und das Tablett vor Dad, der nickte, dann nickte die Oberkellnerin und dann nickten Yong und Shen – eine stille Botschaft von einem zum anderen – und die junge Kellnerin in dem kurzen Qipao nahm eine Flasche Rotwein vom Tresen. Alles war einstudiert, im Voraus geplant; die einzige Überraschung war, dass ich es erst jetzt kapierte. In Dads Weltordnung ergibt alles Sinn.

Dad reichte mir das Kissen mit den Dokumenten, und noch bevor ich es überhaupt in Händen hatte, wusste ich, dass es unendlich schwer war. Dann stand er auf und erhob das Glas. »Ich bin kein Mann der vielen Worte«, begann er, die typische Eröffnung eines Mannes, der sich gern reden hört, »deshalb fasse ich mich kurz. Es ist erst ein Jahr her, dass ich Alex mit nach Dongguan zu dem Avon-Geschäft nahm, das wir mit Winston und Jerry machten, wie ihr alle wisst. Wir saßen um den Konferenztisch und tranken Tee, und Winston, ihr wisst ja, wie er ist. Arbeitet Zwanzig-Stunden-Tage, keine Ahnung, wie das geht, entwirft den ganzen Tag Schuhe, und am nächsten Tag fällt er plötzlich in der Modellabteilung um. Bewusstlos. Koma. Das ist wahr. Nach ungefähr einem Monat wacht er aus dem Koma auf. Und sagt, ihm geht's gut, kein Problem. ›Es tut uns so leid‹, sage ich, ›wie schrecklich, wie furchtbar, blablabla‹, weil es schrecklich ist, also sag ich es auch. Und Alex, weißt du noch, was du zu Winston gesagt hast? Alex fragt ihn: ›Wie war's?‹ Das fragt er den armen Kerl. Gib's zu, Alex, das hast du gesagt. Was wolltest du hören? ›Oh, endlich mal Zeit, die Seele baumeln zu lassen‹? Hast du gedacht, er empfiehlt so ein Koma weiter? Das ist kein Wellnessurlaub, Alex. ›Wie war's?‹ Gib zu, das war nicht dein hellster Moment. Gang, Yong, Shen, ich sage mir: Wir haben ein Problem, großen *Zores*. Aber was ich damit eigentlich sagen will, ist: Die Geschichte ist lange her, und seitdem haben wir viele bessere Tage erlebt. Alex, ich will, dass du meine Firma übernimmst. Ich bleib im Hintergrund, wenn du mich brauchst, aber ich will sie dir heute offiziell überschreiben. Es gibt juristische Gründe dafür, und auch finanzielle. Ich kann die Fabrik nicht ewig leiten, da sind wir uns alle einig. Es ist 2015. Wir sind müde. Man sieht es uns nicht an, aber so ist es, und du bist so weit, Alex, hoffen wir wenigstens, nein, nur Spaß, du bist so weit. Es ist Zeit.«

Die ganze Zeit hatte ich das Kissen gehalten, das immer schwerer wurde, und mein Handschweiß sickerte in den Samt. Alle sahen mich an, warteten auf meine Reaktion – die *richtige* Reaktion, zu der ich nicht in der Lage war. Nein, nicht, dass ich nicht konnte, ich tat es einfach nicht. Ich wusste, dass ich stank, dass meine Kleider immer noch feucht und verpestet vom Flusswasser waren, und aus irgendeinem Grund erschien mir das klapprige Hausboot in der Hitze, die über das gelb blühende Schlangenkraut knistert, und der Schwall Kampfer, wenn der Wind auffrischte – irgendwie erschien es mir dort sehr viel sicherer als hier.

Meine Hand nahm den Füller und hielt ihn. Sie zitterte, und ich hatte Angst, dass die anderen es bemerkten. Auch das hatte er geplant, davon war ich überzeugt, seit dem Tag, als er mich zum ersten Mal im Arm hielt – ein nasses, krähendes Bündel – und mir über den blonden Flaum strich, als würde er den Ährenstand auf seinem Feld prüfen. Das hier war immer mein Schicksal gewesen, seit der Viehwaggon mit meinem Großvater aus Belgien gerollt war. Na schön, Dad, dachte ich, dann werde ich eben du, das kann ich genauso gut.

»Unterschreiben, Alex«, sagte Yong lächelnd, »oder wir ertränken dich im Perlfluss.«

Er machte Witze, hoffte ich, aber insgeheim hatten sie alle ein wenig Angst. Ich sah es ihnen an. Der Füller in meiner Hand, meine Finger gespreizt, und die Blicke auf mich gerichtet, auf meine neue Macht, die sich gleich hier entfalten würde. Nein, ich konnte es besser als Dad. Er saß schon zu lange hier, er war ausgebrannt. Wir brauchten einen neuen Ansatz. Frische Ideen. Ich würde Dad sanft aus dem Weg schieben, oder unsanft, wenn es sein musste. Zuerst würde ich die mittelmäßigen Kaufhäuser abstoßen und mich auf die Boutiquen und besseren Marken konzentrieren. Weg von den Imitaten. Ich wollte etwas machen, das mein Vater nie konnte, weil er bei all seiner Gerissenheit selbst bloß eine Kopie war, die Kopie eines Kopisten. Ich würde Originale entwerfen. Handgegerbtes Leder – Ziege, Kalb – die üppigen, weichen Luxusleder, die Dad nicht anrührte. Meine eigene Marke wollte ich. Schluss mit dem Rumgeschraube an 60-prozentiger C-Ware. Keine Eigenmarken mehr für irgendwelche Mittelklasse-Ketten. Ich sah meine Designs in der Etage neben Nordstrom und Neiman Marcus, unter meinem Namen. Oder einem neuen. Einem Namen, den ich mir ausdenken würde. Ich würde es wenigstens versuchen. Und falls es zu viel wurde, dachte ich, falls Dad mir keine Luft zum Atmen ließ, na ja, dann konnte ich immer noch die Reißleine ziehen und verduften. Ich konnte mich jederzeit aus dem Staub machen.

Im Separee war es still geworden, und ich sah, wie mein Vater zappelig wurde und ein Bein über das andere schlug. Auch seine Hände zitterten. Ich spürte einen kalten Luftzug im Genick. An der Spitze des Füllerfederhalters hing ein Tropfen Tinte. Yong erhob sein Weinglas. »Viel Glück, Alex. Vergiss nicht, was die Pirke Avot sagt: ›Liebe die Arbeit. Lass dich nicht mit der Regierung ein.‹«

»Die Chinesen lieben die Pirke Avot«, warf Dad ein. »Sie halten das für den jüdischen Konfuzius.«

Das ist also der Teil, wo du Treue bis in den Tod schwörst, dachte ich. Und dann sah ich meinen Namen in feuchter Tinte erblühen.

2

Nachts konnte ich nicht schlafen. Ich lag im Bett und versuchte zu verstehen, was passiert war. Was zum Teufel hatte Dad sich dabei gedacht? Warum fing er ausgerechnet jetzt mit der Übergabe an? Um mich einzuarbeiten, klar. Mich im Auge zu behalten, solange ich das Geschäft erlernte, okay. Aber offensichtlich traute er mir den Job nicht zu. Warum also jetzt? Aus Eigennutz natürlich. Wie immer. Es ging um seine Unsterblichkeit. Also musste er mir die Firma übertragen. Das war seine Art zu sagen: *Du bist der Erbe meines Imperiums. Ich habe dich in der Hand. Du machst dich nicht nach zwei Jahren aus dem Staub. Ich hab dich am Haken. Jetzt bist du dran.*

Du bist an der Reihe, ich zu sein.

Darum ging es. Das steckte dahinter. Ich drückte mir ein Kissen aufs Gesicht. Jetzt war mir alles sonnenklar. Und dennoch, ich glaubte nicht, dass er mir den Job zutraute, und deswegen ständig kleine Tests mit mir machte. Heute Morgen zum Beispiel. Im Frühstückssaal. Dad hatte eine Grapefruit gegessen, während ich den Congee des Hauses schlürfte. »Du wirst noch zum Eingeborenen«, frotzelte er. Gewöhnlich starrte er hinter mir auf den Fernseher, wo CNN lief, aber heute Morgen nahm er mich unter die Lupe. Er griff nach seinem Löffel und wedelte damit vor meiner Nase herum.

»Alex«, sagte er – ich versuchte ihn zu ignorieren und mich auf meinen Congee zu konzentrieren, eine wässrige Reisgrütze mit getrockneten Schweinefleischfasern, die aussahen wie das Haar unserer Rindshäute – er schmeckte mir nicht mal besonders, aber ich bestellte ihn jeden Morgen. Stur. Als würde ich ihn eines Morgens lieben. »Alex«, sagte Dad und klopfte mit dem Löffel auf meine Hand. »Alex. Was würdest du tun, wenn du diesen Löffel herstellen müsstest?«

»Diesen Löffel?« Ich sah auf.

Er bewegte ihn langsam vor meinen Augen hin und her, als wollte er mich hypnotisieren. »Grapefruitlöffel«, korrigierte er mich. Mit der Fingerspitze fuhr er über den gezahnten Rand. »Also, wer ist dein Abnehmer?«

»Niemand kauft Grapefruitlöffel, Dad. Hotels. F&B-Manager in Hotels …«

»Genau«, unterbrach mich Dad. »Diese Hotels sind dein Geschäft. Stell dir vor, einer kommt direkt vom Flieger aus Chicago hier ins Restaurant, noch ganz durchgeschüttelt, und das letzte, was er will, ist die wässrige Scheiße, die du da frisst.«

»Congee.«

»Kongo«, sagte Dad. »Nein, unser Mann will eine gute alte Pink Ruby.«

Ich hatte eine Idee. »Du weißt, was der letzte Schrei zurzeit ist – Grapefruit vom Grill.«

»Jesses«, stöhnte Dad und beugte sich vor. »So was gibt es?«

»In schicken Restaurants«, sagte ich. »Als Vorspeise. Du verhandelst mit deinem Chef gerade über eine Beförderung, und die Kellnerin stellt dir eine gegrillte Grapefruit hin. Aber du hast bloß einen gewöhnlichen Löffel, so wie den.« Ich hielt meinen Löffel hoch.

Dad hielt seinen daneben, dachte kurz nach und sagte: »Gefällt mir – *gewöhnlicher Löffel.* Wertet meinen auf. Befördert ihn in die erste Liga des Bestecks, zur Elite der Hummerzangen und Austerngabeln. Der Cohen unter den Löffeln. Na schön, den Abnehmer hast du. Was machst du dann?«

Er ließ nicht locker. Daran merkte ich, dass es ein Test war. »Also«, sagte ich. »Verkaufen ist leicht. Die Herstellung ist was anderes. Wir wollen die Löffel ja nicht selbst schmieden. Unser Ziel ist Massenproduktion. Nicht sechzig. Wir brauchen sechshunderttausend.«

Er nickte.

»Wenn wir sie für Cent-Beträge herstellen können, können wir sie auch verkaufen. Der größte Posten ist das Material. Wie wir in der Schuhbranche sagen: Leder ist wertvoller als Arbeit. Das gilt auch für Löffel. Wir müssen das Material maximieren. Vertikale Integration. Und nie das Fließband stoppen, nicht mal zum Scheißen.«

In dem Moment dachte ich: Ich verarsche ihn bloß, plappere seine Slogans nach, und Dad war entzückt vom Klang seiner eigenen Weisheiten, doch jetzt, im Bett liegend, wurde mir klar, dass das der Moment gewesen ist, dem ich den Füller in meiner Hand verdankte.

Das hatte ihn überzeugt.

»Toll«, sagte er strahlend. »Das ist verdammt gut. Manchmal überraschst du mich wirklich.«

»Die eigentliche Frage ist, warum du so viele Grapefruits isst. Versuchst du dir ein Magengeschwür zu züchten?«

»In letzter Zeit tut mir die Seite weh, ist das ein Magengeschwür?«

»Weißt du«, sagte ich, »wenn wir wirklich ins Löffelgeschäft einsteigen, müsste ich, so wie sich die Dinge hier verändern, mit der Fabrik nach Kambodscha oder Vietnam ziehen.«

Er verschränkte die Arme und lehnte sich zurück. Dann strahlte er mich mit seinem breiten, einladenden Lächeln an, das meine Brust anschwellen ließ – das Lächeln, nach dem ich mich so sehr sehnte und das irgendwie immer blaue Flecken auf meiner Seele hinterließ.

Ich drückte mir das Kissen fester aufs Gesicht, aber ich sah das Lächeln noch immer. Die ganze Szene in Endlosschleife in meinem Kopf. Erst spät in der Nacht nickte ich endlich ein.

Am nächsten Morgen in der Lobby war Dad an keinem seiner üblichen Plätze zu finden, weder bei den Schuh-Typen noch an Karris Tresen. Auch beim Frühstück tauchte er nicht auf, und ich fürchtete schon, ich hätte ihn vielleicht genau dann auf stumm geschaltet, als er so etwas verkündete, wie dass er China für immer verließ – tschüs und viel Glück noch. Hatte er so was gesagt? Ließ er mich sitzen? Einen Moment blieb ich mit dieser wachsenden Ungewissheit in der Brust in der Lobby stehen.

Foshans vier wichtigste Wirtschaftszweige waren wie in einer Highschool-Cafeteria auf verschiedene Ecken verteilt:

Miederwaren, Schuhe, Keramik, Elektronik. Am Empfang checkte Karri einen Gast mit roten Fez und grauen Anzug ein. Sie sah genauso aus wie gestern, wie jeden Tag. Ich hatte noch nie eine Veränderung an ihr gesehen.

An der Drehtür drängten sich großspurige Ausländer, die auf ihre Fahrer warteten. Nur eine dünne Glasscheibe trennte uns davon, völlig verloren zu gehen. Ich wusste nicht einmal, wie man von hier zu unserer Fabrik kam. Ich war noch nie selbst gefahren. Hätte man uns vor die Tür gesetzt, wären wir in einer Herde ziellos die Straße hinunter getrottet, Schilder mit Zeichen anstarrend, die wir nicht verstanden, das stimmhafte Schnalzen der Taxifahrer ignorierend, eine träge Prozession aus Stalltieren auf dem Highway; Wiederkäuer, kurz davor, von der Shusheng-Brücke zu springen, unseren Spiegelbildern entgegen.

Die beiden Hotelpagen, Jungen in roten Mützen und Jacken mit Goldknöpfen, sahen uns an, als wollten sie sagen: »Geht in eure Ecken zurück. Das Drängeln macht uns ganz nervös.« Aber ich wollte nicht in die Schuh-Ecke, weil dort Don Bauer saß, ein alter jüdischer Schuh-Hase von früher aus Lynn. Dad hatte Don vor ein paar Jahren hergeholt, um unseren Ledereinkauf zu leiten. Ich hörte seine hohe Stimme, als er einem Neuling, den ich noch nie gesehen hatte, China erklärte, und tat so, als würde ich die goldene Metallskulptur in der Mitte der Lobby bewundern, die entweder die örtliche Karstlandschaft oder eine epileptische Aktienkurve darstellte – unmöglich zu sagen, was von beidem.

Dann entdeckte ich meinen alten Freund Bernie, der in einem Gabardine-Anzug aus dem Fahrstuhl kam. Mit

Bernie war es ganz erträglich hier. Wir sahen uns nicht täglich, aber wir waren zusammen aufgewachsen. Unsere Familien waren beide in der Schuhindustrie. Als Jugendliche hatten wir im Keller der Synagoge Joints geraucht und Basketball gespielt, in einem brütend heißen kleinen Raum mit ein paar dicken alten hemdlosen Juden mit Gummibandsportbrillen, denen wir über den nassgeschwitzten haarigen Rücken rutschten, um Hakenwürfe zu dreschen. Nur für Juden. Bernie *levitierte,* weil er zehn Zentimeter in die Luft springen konnte. Nach dem Spiel gingen alle ins *Schwitz*. Streckten sich auf den Holzbänken aus und ließen alles baumeln. Völlig ungehemmt. Bernie und ich kicherten in unseren Schlüpfern vor uns hin.

Ich ging zu den lila Sofas vor den hohen sonnigen Fenstern, wo Bauer, nach dem Dosentunfisch aus seinem Koffer stinkend, dem Neuen sagte, welche Straßen des Hong Konger Rotlichtviertels er am Wochenende besuchen sollte.

»Ich persönlich«, sagte Don, auf seine eigene Frage antwortend, »lasse die Miezen gern aufmarschieren. Was soll ich mit einem Katalog? Wie soll auf einem Foto der Funke überspringen? Einmal hat eine *Mamasan* sogar ein Foto *von mir* verlangt, stell dir das vor. Um es ihren Mädchen zu zeigen. Selbst die Nutten werden wählerisch. Jeder in China will immer mehr.«

Die Haare von Dons neuem Angestellten waren blond und glatt wie reifer Mais im Mittelwesten, und er hatte eine kreisförmige Narbe zwischen den Augen, als hätte man ihm dort nach der Geburt ein verkümmertes Horn entfernt. Als Don die Luft ausging, begrüßte ich Bernie und gab dem

Neuen die Hand. Der Junge hieß Todd. Ich wollte gerade sagten: »Der Name ist Programm«, was mir gar nicht ähnlich sah, aber von Dad kommen könnte. Himmel, wahrscheinlich war der auf halbem Weg nach Boston und bandelte gerade mit einer Stewardess der Cathay Pacific an. *Es sind die roten Tücher, Alex. Die tun mir innerlich weh, ist das die Leber? Dieser Knoten – Double French oder Boho-Loop? – so luftig und zart wie ein roter Schmetterling, der aus ihrem Hals explodiert.* In letzter Zeit passierte es immer häufiger, dass ich Dads Sprüche mit meinen verwechselte. Also verbannte ich seine Stimme bewusst aus meinem Kopf und bot Todd an, falls ihn lokale Sehenswürdigkeiten wie Tempel oder ähnliches interessierten, ihm diese zu zeigen. Das Gesicht des Jungen leuchtete auf, er rief: »Oh, ja«, und tat mir leid. Ich hatte den leisen Verdacht, er machte es hier nicht lange. Vielleicht hatte sein Vater ihn geschickt. Oder er kam von Perdue. Wir bekamen die meisten unserer Häute vom Perdue-Headquarter in Dallas, und sie schickten immer diese breitbrüstigen Zulieferer in Cowboyhüten, die den Chinesen beherzt auf die Schulter schlugen und jeden Buddy nannten. Vielleicht war Todd Perdues Entschuldigung an China. Wie sollte ein Hänfling wie er sonst hier landen?

Don sagte: »Kennst du einen Tempel, kennst du alle.«

Die anderen vier Veteranen nickten zustimmend.

»Dabei bin ich ein frommer Mann«, setzte Don bescheiden nach.

»Du warst sogar Sonntagsschullehrer«, sagte Bernie. »Das ist das Unheimliche.«

Dad hatte Bernie zu seinem ersten Job hier drüben verholfen, und jetzt war er Major Accounts Sales Manager bei Blakes. Wir waren im selben Vorort von Boston aufgewachsen, hatten dieselbe Synagoge besucht, wo uns Rabbi Gelman vollschwafelte, dass Moses der JFK der Torah sei und wir alle nach den höheren Ämtern im Reich Gottes streben sollten.

Aber Bernie war immer ein bisschen seltsam gewesen. Einmal war er Pessach bei uns, und als er mit meiner Mutter in der Küche stand und sein Sweatshirt aus der Schultasche zog, war ein Paar Handschellen herausgeflogen. Der Ausdruck im Gesicht meiner Mutter, als sie Butter und Marmelade auf die Latkes schmierte. Wer bringt zu Pessach Handschellen mit?

Im gleichen Moment entdeckte ich Dad, der aus dem Fahrstuhl wankte, zerzaust und mit weit offenem Hosenstall.

»Ich habe verschlafen«, verkündete Dad uns allen. »Jetzt ist es offiziell – ich bin außer Kontrolle.«

»Mach dir nicht ins Hemd«, sagte Don. »Wir werden alt.«

Dad blickte zur Decke. »Was kommt als nächstes?«

»Als nächstes fängst du an, den Pool zu nutzen«, sagte Bernie, und die Runde lachte.

»Du meinst, ich werde *Tourist*?«

»Wir entwickeln uns alle weiter«, sagte Bernie.

»Ich nicht. Ich bin kein gemeiner Tourist. Ich war schon vorher hier. Ich habe in Beijing am Flughafen Nixons Brillantine gerochen. So lange bin ich schon hier.«

Wären wir allein, hätte ich was gesagt. Dad hatte Nixon um rund fünfzehn Jahre verpasst. Als nächstes behauptete er noch, sie hätten sich an Bord der Air Force One um einen Fensterplatz gestritten. Dad sah über Dons Kopf zu Karri, die am Empfang stand und zwei japanische Geschäftsfrauen eincheckte. Sie hob den Blick vom Bildschirm und lächelte. Die Säume, Kanten und Falten ihrer granatroten Bluse so präzise gebügelt, dass man sich daran schneiden konnte. Auch dazu würde ich etwas sagen, wenn der rechte Zeitpunkt kam.

»Sie hat mich im Zimmer angerufen. Gott sei gedankt für Karri«, seufzte Dad, als hätte sie ihn im letzten Moment gerettet, bevor er vor einen Bus lief. »Alex hätte mich den ganzen Tag verschlafen lassen.«

Dann fuhr draußen der blaue Chrysler-Van der Firma vor.

»Mach dir die Hose zu«, flüsterte ich ihm zu, was er mit einem schnellen Handgriff tat, während er sich von der Schuh-Fraktion verabschiedete. Ich sagte zu Bernie, ich würde ihn bald anrufen. Dad schnallte sich seine Bauchtasche mit den Notfallmedikamenten um.

»Hier lang, Mr Cohen«, sagte der Page und brachte unsere Taschen zum Kofferraum. Reflexartig griff Dad in seine Tasche und drückte dem Jungen ein paar Scheine in die Hand.

»Danke, Mr Cohen«, sagte der Hoteljunge. »Ihre Kinder werden Ruhm ernten.«

Dad blieb stehen und zeigte auf mich. »Das hier ist mein Sohn. Sieht der aus, als würde er Ruhm ernten?«

Ich entschuldigte mich bei dem verwirrten Jungen, während Dad in den Wagen stieg. Wie gewöhnlich setzte er sich gegen die Fahrtrichtung. Mir gegenüber. Er fuhr gerne rückwärts, selbst wenn wir alle im Fond waren. Mir wäre speiübel geworden. Außerdem nervte es mich, dass wir uns während der ganzen Fahrt ansahen und unsere Knie sich berührten.

»Kannst du dich nicht normal hinsetzen?«, fragte ich.

»Mir gefällt es«, sagte er und starrte aus dem Fenster.

Nach zehn Minuten Fahrt verkündete er, dass ich heute Nachmittag die Präsentation für Abelson's übernehmen würde, unserem wichtigsten Kunden. Wir stellten ihnen unser Frühjahrsprogramm vor – sieben Modelle, bei deren Design ich Dad geholfen hatte –, und barsch antwortete ich: »Kein Problem«, bevor mir klar wurde, bei was ich zugestimmt hatte. »Warte mal, was soll ich da machen?«

Dad öffnete den Reißverschluss seiner Bauchtasche, nahm einen Pflegestift heraus und fuhr sich damit über die Lippen. »Das ganze Trara. Hol das Fußmodell dazu. Besinge die Schuhe, als wären sie mit Gold bestickt. Bring die Bestellung unter Dach und Fach. Sanft, brutal, wen interessiert's. Mach den Deal. Aber bleib entspannt. Ich rette dich, bevor du die Sache in den Sand setzt.«

Er verstaute den Pflegestift, und ich sagte: »Keiner setzt was in den Sand, Mister Fannypack.«

»Das nennt man eine Hüfttasche«, sagte er, »und ich habe sie für Notfälle.« Er hatte immer Ciproxifan, Imodium, Amoxillin und Sudafed dabei. Eine ganze Apotheke versteckte sich darin.

»*Made in China* aus 75 Prozent Hypochondrie und 50 Prozent *Meschuggeheit*«, sagte ich, meinen Fehler eine Sekunde zu spät registrierend.

»Du kannst nicht mal rechnen«, konterte er. »Wie willst du ein Unternehmen leiten?«

»Wo ist dein Vertrauen? Wo ist der Mann mit den großen Worten von gestern Abend? Hol ihn zurück, ich mochte ihn lieber. Er hat an mich geglaubt.«

»Das war alles nur Show. Was ich vor den Chinesen sage, hat nichts mit der Realität zu tun.«

»Du hast gelogen?«

»Ich habe gesagt, was sie hören mussten. Aber wenn du willst, dass ich dich anlüge, kein Problem.«

»Warum müssen wir überhaupt jemanden belügen?«

»Alex«, seufzte er theatralisch, »bei dir klingt das ganz normale Leben wie ein Verbrechen.«

Beleidigt starrten wir aus gegenüberliegenden Fenstern. Inzwischen waren wir auf dem Highway und passierten gerade Nanguo Peach Garden. Ohne ihn anzusehen, sagte ich: »Ich bin voll auf dich reingefallen. Gestern Abend dachte ich wirklich für eine Sekunde, du würdest mir vertrauen. Lächerlich.«

»Ich mache doch nur Spaß, Mister Trübsal. Außerdem geht es hier nicht bloß um dich. Alles, wofür ich gearbeitet habe, steht auf dem Spiel. Der Ort hier ist eine tickende Bombe.«

»Okay, Mister Zweifel«, gab ich zurück, »ich kann nur sagen, dass es uns nach dem heutigen Tag nicht an Aufträgen mangeln wird.«

»Siehst du, geht doch. Guter Mann. Aber uns fehlen Arbeiter.«

»Dann heuern wir mehr an«, sagte ich.

»Das versuche ich doch. Die Gier hat dieses Land an der

Gurgel. Früher mussten wir sie mit dem Stock fortjagen. Buchstäblich. Wir haben die Stellen besetzt und den Rest aus dem Tor getrieben. Aber jetzt brauchen sie uns nicht mehr.«

Wir fuhren an kleinen Autowerkstätten vorbei, an Garagen, in denen Familien ihre Unternehmen betrieben, an Obstständen am Straßenrand, und der Himmel war so grau wie ein Grabstein; einen Monat hatten wir die Sonne nicht mehr gesehen, wofür Yong dem Nebel die Schuld gab, ich dem Smog, und Dad sagte, wen schert's, wir seien nicht wegen der Sonne hier.

»Ich will, dass du mir eins versprichst«, sagte Dad. »Halt dich von Gang fern. Wenn er vorbeikommt, überlass ihn mir. Es gibt Abläufe. Wir sind ihm unterstellt. Wir sind quasi mit ihm verheiratet. Verstehst du? Jeder hier.«

»Warum?«

»Frag nicht. Mach's einfach. Okay? Versprich es mir.«

»Okay«, sagte ich. »Verstanden.«

»Was immer er tut, er trifft die Entscheidungen. Wir halten uns an die Regeln. Pass auf, was ich sagen will, ist, dass man nicht die eigenen Leute verarscht. Verstanden? Mehr sage ich nicht. Es gibt eine Ethik in unserem Geschäft, auch wenn es meistens nicht danach aussieht, was aber nicht an uns liegt. Wir machen die Dinge anders. Ehrlich. Nur weil du in einem fremden Land bist, heißt das nicht, dass du jemand anderes bist. Wir sind Kohanim, der Priesterstamm. Erst die Kohanim, dann der Rest. Mein Wort in deinen Ohren.«

Auch wenn er mit dem Sermon fertig war, wusste ich, dass er weiter grübelte, weil er die Uhr abnahm und sich mit dem

Handgelenk die Lippen rieb, was er immer tat, wenn er nachdachte, auch wenn ich glaube, er mochte einfach den Geruch seiner Haut unter dem Lederarmband. Die Sache mit den Kohanim war eigentlich die Obsession meiner Großmutter Nana gewesen. Einer der zwölf Stämme Israels. Hohepriester. Direkte Nachfahren von Aaron, dem Bruder von Moses. Juden, sagte Nana immer, aber mit einem gewissen Extra oben drauf.

In den paar Jahren, die wir im Brickyard lebten, der Arbeitersiedlung von Lynn, hatte Nana immer ein Taschentuch untergelegt, bevor sie sich setzte, weil sie sich mit Armut anstecken wollte. Kennedy hatte mit dem Trade Expansion Act die örtliche Industrie kaputtgemacht, weil er die Einfuhrzölle um fünfzig Prozent kappte. In Lynn und Beverly und Haverhill schlossen trotz guter Auftragslage die Fabriken. Die Arbeit wurde ins Ausland verlegt, und die Männer konnten nicht mit oder weigerten sich. Männer wie mein Großvater, die ihren Frauen eben noch Pelzmäntel und Cadillacs gekauft hatten, mussten in den Brickyard umziehen, oder sie warfen sich von der Haverhill Bridge wie mein Onkel Max, den der Sheriff hinter einer Mühle vom Schleusenrost kratzte. Die Fische hatten ihm Fingerspitzen und Lider abgeknabbert.

Mein Zeyde hielt durch. Knapp bei Kasse behielt er die Steuerzahlungen ein, um das Geschäft am Laufen zu halten. Wenn das Blatt sich wendete, schwor er, würde er dem Staat alles zurückgeben. Doch die Bundespolizei kriegte ihn wegen Betrugs und Steuerhinterziehung dran, es ging um neunzigtausend Dollar, und damit waren wir bankrott. Die Beamten in den schwarzen Anzügen kamen in den

Betrieb, und Zeyde fragte: »Müssen Sie es hier tun?« Mein Vater fegte im Hintergrund den Boden. »Nicht vor meinem Sohn.« Dad war damals bereits dreißig und verheiratet.

Im Brickyard verwandelte sich Lynn über Nacht in eine Wüste geplünderter Fabriken. Es war schwer, mit einem einzigen Laib Challah den Schabbes zu überstehen. Nana sagte, wie immer: »Wir sind Kohanim, das Priestergeschlecht, es wird sich ein Weg finden.« Und Zeyde murmelte: »Lass gut sein, Vera. Wir haben keine zwei Dollar auf der hohen Kante.«

Doch meine Großmutter glaubte fest, dass wir immer Erfolg haben würden, dass Großvaters Scheitern nur ein weiteres Indiz für die schlechte Ehe war, zu der man sie verleitet hatte, dass er eben kein *wahrer* Cohen sei, was sie ihm noch lange nach seinem Tod ankreidete. Levit, Galizier oder Israelit vielleicht, aber kein Cohen. Die jüdische Elite. Die Magie des Wortes *Elite* durchsetzte unser Blut. Alles für die Kohanim, ein leidvolles Erbe.

Alles war verloren, bis Dad zur Rettung kam. Nana fiel vor Dankbarkeit auf die Knie und raufte sich die Haare. Endlich konnte sie den schrecklichen Oldtimer abstoßen und wieder vom Royal Doulton Sterling-Silber essen. Alles, was zum Leben notwendig war, kehrte zurück. Inzwischen hatte sie Zeyde abgeschworen, dem lausigen Nichtsnutz, dem New Yorker Scheißer, und küsste meinem Vater die Schuhe und nannte ihn *Moschiach,* hebräisch für Messias.

Der satte, durchdringende Geruch von Scheiße und Kuhhaut, gemischt mit dem Mangoduft der Bäume, die entlang des Bürgersteigs gepflanzt waren, zog durchs Wagenfenster, als wir von der Qifeng Gongye Road auf das Werksgelände bogen. Dad fragte, ob es an ihm liege oder ob in China alles entweder nach Scheiße oder nach Blumen rieche. Ich sagte, das liege daran, dass er sich nur zwischen der Schuhfabrik und dem über-parfümierten Hotel hin und her bewege. Wenn er mal woanders hinginge, würde er vielleicht noch in den Genuss eines dritten Geruchs kommen.

»Wohin denn?«, fragte er zurück.

Die Fabrik war zwar nur eine Stunde von Guangzhou entfernt, aber kein Taxifahrer hatte je von den Straßen hier gehört. Auf Google Maps waren wir eine graue Fläche, die von ein paar Highways durchkreuzt wurde. Man musste sich herbringen lassen.

Ein chinesischer Arbeiter in weiten Hosen und weißem Hemd zog eine Metallrikscha mit gelbblauen Leisten, den Plastikmodellen von Füßen, um die der Schuh gebaut wurde. Als ich die Mengen sah, die sich überall auf dem Gelände türmten, in rostigen Tonnen und riesigen Körben, bekam ich eine Gänsehaut. Hunderte von Leisten in unterschiedlichsten Farben und Formen, wie Füße ohne Schuhe oder Schuhe ohne Füße, ein seltsames doppeltes Nichts. Doch heute empfand ich eine seltsame Art von Glück bei der Vorstellung, wie sie meinen eigenen Entwürfen ins Leben verhelfen würden, falls ich nachher die Präsentation für Abelson's nicht vergeigte.

Tiger Step, die Fabrik, bestand nur aus fünf mit glänzenden weißrosa Fliesen verkleideten Betongebäuden, an denen der saure Regen, der Lederstaub und der blaue Lehm von der Backsteinfabrik nebenan Streifen hinterließen. Ich konnte die Fabrik riechen, den ätzenden süßlichen Klebstoff, der mir in den Nasenlöchern brannte. Das Verwaltungsgebäude stand gegenüber den Wohnheimen, neben den beiden Produktionsanlagen.

Als ich aus dem Wagen stieg, überflog ich die Fenster mit den Stahljalousien in der Hoffnung, in der Modellabteilung Ivy zu entdecken, nicht ihre arbeitenden Hände, nur ihr Gesicht im Profil, aber die tiefstehende Sonne spiegelte sich in den Scheiben, und selbst wenn ich mit der Hand die Augen beschirmte, sah ich nur Umrisse von Köpfen. Vielleicht war sie noch im Wohnheim, müde vom Besuch bei ihrer Großmutter über den Feiertag. Es war früh.

Ich drehte mich zu ihrem Wohnheim um. Auf einem Balkon im dritten Stock stand eine junge Frau mit einer Schere und schnitt eine Frühlingszwiebel aus dem Blumentopf. Als sie mich bemerkte, senkte sie den Kopf und verschwand unverrichteter Dinge. Nur ich sah ihre Augen hinter dem Perlenvorhang, wo sie darauf wartete, dass ich ging. Noch eine Frau, die ich nie kennenlernen würde, und ich fragte mich, was in ihr vorgegangen war, als sie die grünen Halme schnitt. Das fragte ich mich oft, in der vollen U-Bahn nach Guangzhou zum Beispiel, als ich gegen die Frau in der Seidenbluse mit der Hornspange im Haar gepresst wurde, und sie mich mit der Begeisterung eines Sargträgers ansah – ein frostiger, regungsloser Blick – bis sie sich an mir vorbei schob um auszusteigen, und ich wusste, dass die Chance, sie anzusprechen, mit jeder Sekunde schwand, und dass ich mich sowieso zum Narren gemacht hätte, wenn ich es versucht hätte.

Dad drückte mir meine Kuriertasche an die Brust.

»Komm«, sagte er. »Ich schwitze.« Es herrschten schon jetzt an die dreißig Grad, aber unter den Trocknern in den Werkshallen waren es mindestens fünfunddreißig. Ich hörte das Zischen der hydraulischen Maschinen, roch den köstlichen staubigen Duft von behandeltem Leder. Vor unserem Bürogebäude hoben dieselben Bauarbeiter wie immer die Straße aus – Funken flogen, wenn ihre Spitzhacken auf Kalkstein trafen, in zwei Meter Tiefe. Sie reparierten nichts. Nichts war kaputt. Ein Jahr in China, und ich verstand die Wichtigkeit erfundener Jobs, es ging nichts ohne sie, aber der dritte Mann tat nicht einmal so, als würde er graben. Er saß auf einem Hocker vor dem Loch, starrte mich mit blutunterlaufenen Augen an, als ich vorbeikam, seine Schnauze wie eine wütende Steckdose, und ich war froh, in die Lobby zu entkommen, wo ich schnell den Fahrstuhl rief.

»Der Rauch kratzt in meinem Hals«, sagte Dad. In der Ecke stand ein kleiner Schrein mit der emaillierten Figur von Guan Gong, dem Gott der Geschäfte, mit Bambustrieben und brennenden Sandelholzstäbchen. »Glaubst du, es macht Yong was aus …« Dad leckte sich den Finger ab und wollte gerade die rote Glut ausdrücken, als das Pling des Fahrstuhls ertönte und ich ihn in die Kabine zog.

Der Rauch schien irgendeinen besessenen Teil seines Gehirns ausgelöst zu haben, denn auf dem Weg nach oben zählte Dad über fünf Stockwerke Lebensmittel auf, die ihm unangenehme Gefühle in Mund und Rachen verursachten: Kartoffelchips, Toastbrot, Friséesalat. Kaum waren wir angekommen, floh ich im Laufschritt in mein Büro und stellte die Tasche auf den Tisch. Ich war noch nicht lange da, als es klopfte und Hongjin eintrat, ein großer, dünner Chinese, der versuchte, sich ein Ziegenbärtchen stehen zu lassen. Hongjin war einunddreißig und unser Accountmanager für Abelson's, die Kaufhauskette aus dem Mittleren Westen, mit der wir seit fünf Jahren zusammenarbeiteten.

Er schob sich seine schwarze Brille hoch auf den Nasenrücken. »Stimmt es, dass Fedor dich zu Partner gemacht hat?«

»Ja. Wir sind Partner.«

Hongjin hatte beim Amt für Kommunalwirtschaft gearbeitet, bis er mit siebenzwanzig einen Herzinfarkt erlitten hatte. Er hatte sechzehn, siebzehn Stunden täglich malocht, und als er endlich beschloss kürzerzutreten, ließ seine Pumpe ihn im Stich. In seinem Vorstellungsgespräch bei Tiger Step wollte Dad die Narben auf seiner Brust sehen, nicht weil er Hongjin nicht glaubte, sondern weil er Narben eine fast heilige Verehrung entgegenbrachte. Dad murmelte immer wieder: »Armer Junge«, während er mit dem Finger, ohne ihn zu berühren, aber nur wenige Zentimeter entfernt, das Narbengeflecht auf seiner Brust nachfuhr. Dad stellte Hongjin sofort ein. Was Dad am meisten beeindruckte, war, dass Hongjin seinen Eltern den Herzinfarkt verschwiegen hatte. Er sagte, er wolle nicht, dass sie sich Sorgen machten. Darüber kam Dad tagelang nicht hinweg.

»Herzlichen Glückwunsch.« Hongjin umarmte mich, und ich roch den Rauch an seinen Kleidern. Er rauchte Kette, Yangcheng ohne Filter, aber er hatte so viel Respekt, es nicht vor Dad zu tun, der ihm eine zweite Chance gegeben und beinahe seine Narbe berührt hatte.

Dann sah sich Hongjin den blauen Leisten auf dem

Klapptisch an. Bis zur Präsentation waren es nur noch wenige Stunden, und plötzlich kam mir eine Idee.

»Hongjin, warum ist Die Jo unser Fußmodel?«

»Sie ist kein Fußball«, antwortete er über die Schulter.

»Fuß*model.*«

»Oh.« Er drehte ich um. »Ach so. Für Fußmodel muss man schönste Frau in der Fabrik sein.«

»Die Jo ist fast sechzig.«

»Sie spricht ein bisschen Englisch und hat Größe 36. Die anderen nennen sie Schmetterlingskönigin.«

»Das macht sie aber nicht dazu«, erwiderte ich, aber ich merkte, dass mein Nachhaken nur dazu diente, vor mir selbst die Entscheidung zu rechtfertigen, die ich längst gefällt hatte.

»Kannst du sie bitte holen?«

Zehn Minuten später brachte Hongjin Die Jo in mein Büro. Sie hatte einen kurzen Bob, tiefe Krähenfüße um die Augen und trug Schwarz, als wäre sie in Trauer. Inzwischen war es still bis auf das Gurgeln der Klimaanlage. »Willkommen«, sagte ich, und schon fühlte sich meine Kehle wie ausgetrocknet an.

»Danke, Mr Cohen, Puppe«, sagte sie, und ihr Ausdruck veränderte sich. Sie sah mich mit Mitleid und Zärtlichkeit an, fast wie eine Mutter. »Gefällt es Ihnen in China? Oder wären Sie nicht lieber zurück im Tropicana, um mit einer schnieken Lady Charleston zu tanzen?«

Ich lächelte höflich. Die Jo sprach in einer Sprache, die sie aus den geschmuggelten Noir-Filmen und Thrillern ihres Vaters hatte; darauf beschränkten sich ihre Englischkenntnisse. Die Kunden liebten es, wenn sie Dinge sagte wie: »Sicher, alter Knabe, ich nehme diese heißen Treter, ich bin ja nicht von gestern.« Manche dachten sogar, wir hätten ihr diese Sprache beigebracht, als Werbegag. Ich sah ihr an, dass sie frustriert war. Ich musste zur Sache kommen. Also erklärte ich ihr, dass ich sie umbesetzen würde.

»Wer ist die neue Biene?«, fragte sie.

»Darum geht es nicht. Wichtiger ist, dass Sie eine neue Aufgabe bekommen.«

In ihrer Verzweiflung drehte sie sich um und sprach mit Hongjin auf Kantonesisch. Seine Augen waren groß und ernst. Sie nickte. Dann redete er ziemlich lange auf sie ein, und ich wusste nicht, was los war, bis auf die Tatsache, dass er überhaupt nichts sagen sollte. Am Ende straffte sie die Schultern und reckte das Kinn in die Höhe. »Papperlapapp!«, sagte sie, und ihre roten Lippen flatterten. »Ihr kennt meine Beine. Ich bin dafür geboren. Ich bin ein Star. Wer ist besser?«

Sie erhob sich langsam. Würdigte mich keines Blickes mehr. »Du bist kein harter Kerl«, murmelte sie vor sich hin.

Ich sah Hongjin an. »Was zum Teufel hast du ihr erzählt?«

Hongjin erzählte mir von ihrem *Hukou*, ihrem Registrierschein. Sie kam vom Land, weswegen sie nur eine befristete Aufenthaltsgenehmigung für die Stadt hatte, und falls wir sie feuerten, musste sie zurück in ihr Dorf. Von dem Ding hatte ich noch nie gehört; mein Gesicht kribbelte vor Scham, und ich kam mir vor wie ein Trottel. Wie konnte es sein, dass ich davon nichts wusste? Unwillkürlich schoss mir der Gedanke durch den Kopf, dass Dad Bescheid wusste und es nicht für nötig gehalten hatte, mich über das *Hukou*-System aufzuklären.

»Von Feuern war nie die Rede«, protestierte ich.

»Du hast gesagt, sie muss sich eine andere Aufgabe suchen.«

Wie in Zeitlupe ging Die Jo zur Tür.

Ich rief sie zurück. »Sie sind nicht gefeuert, okay? Niemand muss gehen. Wir kriegen das hin. Gibt es eine andere Aufgabe, die Sie übernehmen könnten? Vielleicht in der Herstellung, nähen, Modelle zuschneiden?«

Ein wenige Farbe kehrte in ihre Wangen zurück. »Ich spiele Poker. Ich bin der große Zampano. Der größte Bluffer seit Black Cocoa in Honolulu.«

»Keine Ahnung, was sie meint«, sagte ich zu Hongjin, »aber wir machen es.« Ich erfand eine Stelle für Die Jo: Vorsitzende des betrieblichen Freizeit-Poker-Komitees. Es klang ausreichend bürokratisch. Hongjin fragte, ob ich das einfach tun könne, und ich entgegnete, warum nicht. Wer sollte mich daran hindern? Die Jo lächelte, kam auf meine Seite des Tischs und verbeugte sich sehr förmlich. Ich verbeugte mich zurück, und dann begleitete Hongjin die Schmetterlingskönigin nach draußen. Erst als ihre Schritte verklungen waren, machte ich mich auf die Suche nach Ivy.

Ich nahm die hintere Treppe, wo mich niemand sah. Es käme nicht gut an, wenn Dad oder Yong oder Shen oder einer der anderen Abteilungsleiter sehen würden, wie ich Ivy, eine Näherin, über die Vordertreppe heraufbrachte. Als ich vor der grünen Stahltür stehenblieb, hörte ich die Frauen dahinter reden. In der Hitze, die im Gebäude herrschte, fühlte sich der metallene Griff kühl an. Ich wusste, was geschah, wenn ich die Tür aufdrückte – alle Geräusche würden verstummen und die Frauen würden zu Boden sehen, als arbeiteten sie ihre Zwölf-Stunden-Tage ab, ohne ein Wort zu wechseln. Ich wünschte, sie würden mich ansehen, und gleichzeitig wünschte ich das Gegenteil, sie würden meine Anwesenheit vergessen und das tun, was sie taten, wenn ich nicht da war, wie Ivy mir erzählt hatte – nämlich reden und lachen und streiten und sich über mich und meinen Vater lustig machen. Aber in der Halle gab es keinen Winkel, in dem sie mich nicht bemerkten. Weder an den Lasting-Maschinen mit den schnabelförmigen Metallklauen noch bei den Rosshaarwalzen, mit denen die Arbeiterinnen das Leder polierten, auch nicht an den Tischen, an denen sie über offene Keramikschüsseln mit Latexklebstoff gebeugt mit ständig laufender Nase Wildlederquasten an Oxford-Paare klebten – so viele Fertigungsschritte für ein verdammtes Paar Schuhe. Hunderte von Schritten, aber keine Stelle, wo ich unbemerkt stehen und zusehen und lauschen konnte, ohne alles kaputt zu machen.

Als ich die Tür aufschob, legte sich eine kalte, hoffnungslose Stille über die Halle. Dad missdeutete die Ruhe immer als Zeichen von Respekt. Ivy saß mit fünf anderen jungen Frauen an einem rechteckigen Holztisch, wo sie mit Silberstift und Schablonen Schnittmuster auf Narbenleder übertrugen. Das Schwierige bei der Schuhherstellung war, aus einem zweidimensionalen Objekt ein dreidimensionales herzustellen. Etwas Flaches zu nehmen, eine Zeichnung oder Tierhaut, und ihm Körper, Gestalt, Form zu geben; einem Golem Leben einzuhauchen. Ich rief Ivy. Sie stand auf und kam, von allen beobachtet, ohne dass irgendwer den Kopf hob, und wir verließen gemeinsam die Modellabteilung, in der jetzt Grabesstille herrschte bis auf das Quietschen der Pedalen, das Rattern der Nadeln und das Sirren der Spulen.

Oben im Büro bat ich Ivy, sich zu setzen. Sie trug dunkelblaue Jeans und ein weißes T-Shirt. Sie war noch nie in meinem Büro gewesen, und zwar flirteten wir, aber es gab nichts darüber hinaus. Nicht einmal eine Unterhaltung über ein darüber hinaus.

»Wie läuft es da unten?«, fragte ich von meinem Platz hinter dem Schreibtisch. Sie musterte die Vorhänge, die ich zugezogen hatte, damit uns niemand sah. Ich wand mich kurz verlegen.

»Alles, wie es sein soll«, sagte sie und betrachtete ihre Fingernägel. »Wir machen eure Schuhe.«

»Schön.« Hier oben wirkte sie viel dunkler, undurchschaubar, und ich zog meinen Stuhl hinter dem Schreibtisch hervor und setzte mich näher zu ihr.

»Ivy, ich habe Die Joe als Fußmodel freigestellt, und …«

»Ich weiß«, unterbrach sie mich, »ich habe Die Jo in der Modellabteilung weinen sehen.«

»Wir brauchen eine jüngere.«

»Davon gibt es Millionen in China.«

Der Fehler, den ich bei Frauen immer machte, war, dass ich mir einbildete, ich wäre so clever wie sie. Dummerweise hatte ich mir irgendwann in den Kopf gesetzt, Verführung liefe ab wie ein Verkaufsgespräch – man musste nur genug Richtiges sagen, dann konnte man den Deal abschließen. So funktionierte die Welt für die besten Lügner. Selbst jetzt, wo ich ehrlich sein wollte, ertappte ich mich beim Lügen. Ich brauchte keine Jüngere. Ich wollte Ivy.

»Ich hätte dich gern als neues Schuhmodel. Du wärst perfekt dafür.« Sie lachte, aber wenigstens wich die Dunkelheit aus ihrem Gesicht.

»Ich hab mir schon gedacht, dass du das willst. Die Mädchen reden. Dein Vater hat dich zum Partner gemacht? Ich dachte, du weißt noch nicht, ob du hierbleiben willst.«

»Tja, die Schlacht habe ich verloren.«

»Wir haben alle verloren, deswegen sind wir hier. Aber ich will dich was fragen. Was willst du von mir?« Sie lächelte listig. »Ich bin nur eine Fabrikarbeiterin.«

Irgendetwas machte mich stutzig. Wie gut sie Englisch sprach. Wie schlau sie war. Nichts davon passte zusammen. Die meisten Fabrikarbeiterinnen hatten nicht mal die Grundschule bis zu Ende besucht.

»Wirklich?«, fragte ich.

»Meine Familie hat eine besondere Beziehung zu Schuhen«, sagte sie und schlug die Beine übereinander. »Mein Großvater hat vor der Revolution für die Gesellschaft zur Emanzipierung der Füße gearbeitet. Er zog von Stadt zu Stadt und schulte die Frauen, ihre Füße zu befreien.«

Sie hatte meine Frage nicht beantwortet, aber jetzt war nicht der Moment um nachzuhaken. »Siehst du?«, sagte ich. »Es ist Schicksal, dass wir zusammen sind.« Während ich es aussprach, stieg mir die Hitze ins Gesicht, und meine

Ohren wurden rot. Ich hatte angedeutet, da wäre mehr zwischen uns. Ich konnte einfach nicht die Klappe halten.

»Woher weißt du, dass ich die richtige Schuhgröße habe?«

»Ich habe auf dem Boot deiner Großmutter deine Flipflops gesehen. Größe 36.«

»Ist das süß oder sonderbar?«

»Beides? Hör zu, Ivy, du bist das geborene Fußmodel.« Wieder ein Fettnäpfchen.

»Geborenes Fußmodel? So wie du geborener Fabrikdirektor bist?«

»Hätte ich ablehnen sollen?«, fragte ich.

»Ich wette, du hast darüber nachgedacht. Ich kann dich verstehen. Du siehst noch nicht die anderen Möglichkeiten. Aber, na gut, wenn du willst, kannst du aus meinen Füßen Kapital schlagen. Nutze sie gut.«

»Wir können mehr Zeit miteinander verbringen.«

»Ach«, sagte sie lächelnd, »ist es das, was ich will? Ich liebe es, wenn Männer mir sagen, was ich will. Woher sollte ich es sonst wissen?«

»Ach, komm, Ivy. So war es nicht gemeint.«

»Wir haben eine alte Tradition. Wenn du zur Welt kommst, stellt deine Mutter einen Krug Wein unter dein Bett. Für deinen Hochzeitstag. Aber ich habe meinen mit einer Freundin geleert, als ich dreizehn war. Ich wollte, dass er verschwindet. Mein Leben lang hatte der Krug unter meinem Kopf gestanden. Der Wein schmeckte fürchterlich. Wie schlechter Essig. Einmal waren meine Freundin und ich bei einer Wahrsagerin, einer alten Dame, zu der keiner mehr geht, aber sie liest Münzen, das Buch der Veränderungen –

und sie sagte mit großer Stimme, ich sei dazu geboren, Gänse und Hühner zu hüten auf dem Feld. Wir haben sie ausgelacht. Wir waren so frech. Aber sie hat sich geirrt. Vielleicht nimmst du Geburt zu ernst?«

Ich spielte nervös mit dem Maßband auf dem Schreibtisch. Ein Ziehen im Bauch, dieser seltsame Schmerz, wenn man sich sehr nach jemandem sehnt. Mir fiel keine Antwort ein. Ich wusste nicht, was ich sagen sollte. Jetzt sollte ich ehrlich sein, aber ich hörte mich wieder in den Geschäftsmodus schalten.

»Du bekämst eine Gehaltserhöhung.«

»Das ist deine Antwort?«, sagte sie. »Auf meine Geschichte? Das ist lächerlich. Wovor hast du Angst?«

»Vor nichts. Wer sagt, dass ich Angst habe? Es ist für das Wohl der Firma.«

Plötzlich hämmerte es laut gegen die Wand und ich hörte Dads Stimme auf der anderen Seite. »Junger Mann! Junger Mann, ein Glas Wasser. Ich verdurste hier. Bin völlig ausgetrocknet!«

Ivy grinste, ein Mundwinkel gekräuselt. »Jetzt aber schnell.«

»Nur die Ruhe«, sagte ich. »Er stirbt nicht.«

»Ich sterbe!«, rief Dad.

Ich starrte die Wand an, als könnte ich ihm durch die Mauer einen bösen Blick zuwerfen, und als ich mich wieder umdrehte, stand Ivy schon in der Tür. »Beeil dich mit dem Wasser, junger Mann«, sagte sie.

»Machst du es?«

»Oh«, sagte sie mit einem wissenden Lächeln. »Ja. Ich mache es. Was auch immer das Beste für die Firma ist.«

Dann verschwand ihr Gesicht hinter der Tür, und mit ihr der dunkle Ausschnitt des Flurs.

Nach dem Mittagessen in der Kantine trug ich meinen Anzug und saß mit Dad, Hongjin, Yong, Marie und Esme aus Chicago – den beiden Damen von Abelson's – in unserem holzgetäfelten Konferenzraum. Ich wusste nicht, wie Dad reagieren würde, wenn Ivy hereinkam. Er hasste Veränderungen, die er nicht veranlasst hatte. Sein Ethos der totalen Kontrolle und Überwachung passte eigentlich ganz gut zu China. In meiner Kindheit hatte er sich geweigert, die Türangeln mit WD-40 zu ölen; die verschiedenen Quietschlaute verrieten ihm genau, wer wohin unterwegs war. Eine furchterregende Allmacht, wie ein Geist, der einem durchs Haus folgte.

Es klopfte leise an die Tür und Ivy kam in einem geblümten Wickelkleid herein, das sich weich an ihren Körper schmiegte und über den Knien leicht ausgestellt war. Dad klappte die Kinnlade herunter, Yong ebenso, nicht, weil sie nicht Die Jo war, sondern weil sie so schön war. Sie sah nicht aus wie eine Fließbandnäherin oder ein Mädchen vom Land, das sein Dorf verlassen hatte. Ivy sah modern aus, als wäre sie in Guangzhou geboren und hätte immer dorthin gehört. Yong flüsterte meinem Dad etwas zu, und ich sah, wie beide mit den Schultern zuckten. Wie ich angenommen hatte, brachten sie die Präsentation nicht durch eine Szene durcheinander. Dad schrie nicht: *Wo ist unser Model, du Dummkopf?* Er sagte: »Hallo, Ivy«, auch wenn er dabei kaum den Mund bewegte.

»Mr Cohen«, sagte sie und neigte ganz leicht den Kopf,

bevor sie sich zu uns an den ovalen Tisch setzte. Ich hatte eine Auswahl an Schuhen darauf gestellt, von hoch bis flach, und während ich den Damen einen kurzen Überblick über das Programm gab, ertappte ich mich dabei, dass ich unbewusst mit jedem Schuh wie mit einem Hammer auf dem Tisch klopfte, um meine Worte zu unterstreichen. Genau wie Dad es immer tat.

Dann bat ich Ivy, das erste Paar anzuprobieren. Hinter uns befand sich ein kleines Holzpodium mit drei Stufen und einem roten Läufer darauf. Ich hielt Ivy die Hand hin, als sie die Stufen hinaufging, aber sie schüttelte den Kopf und schien in den schwarzen Riemchensandalen mit Kork-Keilabsatz und glänzenden Schildpattscheibchen hinauf zu schweben, und als sie sich in ihrem weich fallenden Baumwollkleid über uns erhob, fuhren sich die Männer unwillkürlich durchs Haar und rieben sich die Knie, als hätte es mal wieder einen Fabrikbrand gegeben, und jeder befühlte, ob er lebte.

Ich wollte den Damen die Besonderheiten der Schuhe zeigen. Ich bat Ivy, sich umzudrehen, damit wir den Absatz im Profil sehen konnten, stieg zu ihr aufs Podium, kniete mich hin und berührte ihr Fußgelenk, die kleine Kuhle unter dem Knöchel, um ihren Fuß anzuheben und zurechtzurücken, damit Marie und Esme sahen, wie der Keil sich verjüngte, so dass er von hinten wie ein richtiger Absatz aussah, wie im Kork aus der Nähe kleine Goldsprengsel schimmerten. Doch kaum hatte ich Ivys Fessel berührt, war jeder Gedanke in meinem Kopf wie weggeblasen. Denn Ivy hatte den Fuß nach innen gedreht, meiner Hand *entgegen,* und ein Funken sprang über, der mich alles andere vergessen ließ.

Ich hörte, wie Dad sagte: »Heb ihren Fuß hoch.«

Wie Yong sagte: »Ach, ach, ach.«

Ivys Füße waren glatt und weiß, sie erinnerten mich an das Bild, das Mom damals zuhause über das Klo gehängt hatte – das Lux-Seifen-Mädchen auf dem Sprossenstuhl.

Ihre Zehen waren lang und schmal, elegant und spitz, sie bogen sich nach oben, statt flach aufzuliegen, und waren leicht gespreizt, das Gegenteil der gefalteten, verkümmerten Füße, die ihre Großeltern aus den Bandagen gewickelt haben mussten.

Plötzlich stand Dad neben mir und flüsterte mir ins Ohr: »Deine Krawatte.«

Ich sah nach unten. Meine Krawatte steckte unter ihrem Schuh. Ivy stand auf meiner Krawatte. Dad sagte: »Lass mich mal«, dann tippte er Ivys Wade an, und sie sagte: »Hoppla, tut mir leid«, und Dad legte mir die Krawatte über die Schulter, so dass sie mir auf dem Rücken lag. Dann setzte er sich wieder und entschuldigte sich bei den Damen. »Heute ist sein erstes Mal.«

Und jetzt sprach ich über die Dinge, über die ich sprechen sollte, auch wenn ich nicht ganz bei der Sache war. Im Kopf war ich bei ihren Zehennägeln, die farblos waren, aber glatt und glänzend, transparent lackiert – und Make-up schien sie auch nicht zu tragen. Gar keine Farben. Eigentlich mochte ich geschminkte Frauen, aber als ich Ivy so sah, diese neue Art von Nacktheit, fragte ich mich, was ich an der Maskerade gefunden hatte. Ivys Fuß wohnte eine Art Ehrlichkeit inne, wie die Verkäuferinnen auf der Changshou Lu Road, die ihre Ware auf dem Bürgersteig anboten: Michael-Jackson-Figuren, Playboy-Bunny-Socken, geschmuggelte Zigaretten, Kleider mit viel zu viel Spitze; ihr Leben auf der Straße ausgebreitet, so dass man darüber steigen musste.

»Die Passform ist perfekt«, erklärte ich den Damen von Abelson's, während ich mit dem Finger Ivys Fußgewölbe folgte, wo ich ihre blassblaue Venen sah, ihr Innenleben, wie die Unterseite eines Blatts. »So eine Passform erreicht man nur durch die Präzision unserer Leisten und Schnitte. Diese Passform bekommen Sie sonst nirgends, nicht mal in Dongguan, nicht zu diesem Preis.« Der Ballen ihres großen Zehs schmiegte sich perfekt unter das Geflecht der Riemen. »Kein Millimeter Spiel«, sagte ich in der Sprache, die von mir erwartet wurde. Das Knarren der Diele unter ihrem wackelnden Fuß, der weiße Hornhautansatz wie zarte Gischt an ihrer Ferse.

Ich stellte mir vor, wie wundervoll es wäre, eins dieser Modelle an Ivys Fuß zu sehen – sie trug es gerade, aber ich meine, draußen in der Welt, in der U-Bahn, und vielleicht würde ich ihr ein Paar dieser Sandalen schenken, die ohnehin aussahen, als wären sie für sie gemacht. Und plötzlich kam mir der Gedanke, dass ich vielleicht die ganze Zeit an Ivy gedacht hatte, als ich den Schuh und die ganze Kollektion entwarf, dass ich mir immer Ivys Fuß vorgestellt hatte. Auch die nächsten Sandalen, die ich vorführte – geflochtener Bast, auf dem Spann eine handgehäkelte Pfingstrose – waren eindeutig für sie bestimmt, ich würde sie ihr ins Wohnheim schicken. Und die ganze Zeit redete ich weiter, mich selbst überraschend, dass ich beides gleichzeitig konnte. Nur wenn ich ihre Haut berührte, oder das Leder, das sich fast noch weicher anfühlte, war mein Kopf jedes Mal wieder leer.

Irgendwo an der Oberfläche fragten sie: »Ist der Riemen zu weit oben? Könnten Sie die auch in Taupe oder Elfenbein machen? Wie viel Zoll kommt auf den EK?« Und ich antwortete: »Ja, drei Millimeter, würde ich sagen. Natürlich können wir jede Farbe machen. Zehn Prozent Zoll, Schnalle oder Reißverschluss.« Doch unter dieser Oberfläche registrierte ich, dass Ivys Haar die Farbe der Teeblätter hatte, die auf der Rattanmatte neben dem in einem Stuhl schlafenden Mann auf dem Bürgersteig trockneten. Wir gingen acht oder neun Paar Sandalen und Ballerinas durch. In jedem neuen Paar war sie kaum verändert und doch eine ganz neue Frau. Und weil meine Hände ihren Fuß berührt hatten, weil ich den Schuh für sie gemacht hatte, war es fast, als würde ich sie in ihrer Sprache sprechen hören. Denn ich kannte die Form ihres Fußes, millimetergenau, seine Wölbungen und sanften Kurven, seine Bewegung und den Verlauf seiner Linien – seine *Stimme* –, und einen Moment lang hatte ich das Gefühl, ich kannte Ivy intimer, als wenn ich ihre Lippen oder ihre Brüste geküsst hätte. Für einen Augenblick – während meine Fingerspitzen auf der weichen weißen Haut ihres Fußes verharrten, um den Abelson-Damen den Sohlenrand zu zeigen – kam es mir so vor, als würde ich all die lieblichen und leidenschaftlichen Geheimnisse in ihrem Innern verstehen. Für einen absurden Augenblick hatte ich das Gefühl, ich würde sie kennen.

Die Abelson-Damen fragten: »Spricht sie Englisch?«, und mein Magen zog sich zusammen, mein Tagtraum verschwand, und fast beleidigt antwortete ich: »Natürlich«, und erklärte, dass tatsächlich *nur* die Meinung des Models zählte, was stimmte, aber ich ließ es so klingen, als hätte ich das gerade erst entdeckt. »Schuhe kann man nicht am Reißbrett machen«, sagte ich. »Wir produzieren keine Elektronik mit präzisen Vorgaben. Schwarz, weiß, plus, minus. Bei Schuhen geht es um *Gefühl*. Wir müssen sie fragen.«

»Zeig ihnen erstmal das Leder«, warf Dad atemlos ein. Und dann begann ich über den Tastsinn zu sprechen, wie weich das Leder war, weil es Lammrind war, und sie lachten, und Marie fragte: »Sie kreuzen Kuh und Schaf?«, und Dad sagte: »Nein, nein, er hat es nicht richtig erklärt, es ist sein erstes Mal, wir nennen es nur intern so; weich wie Lammleder, aber es ist Rind.« Sie streckten die Hände nach Ivys Fuß aus. Dann bat ich Ivy, sich auf die Zehenspitzen zu stellen, als würde sie von einem hohen Ast eine Dattelpflaume pflücken, damit die Damen sehen konnten, wie flexibel die holzgemaserte Sohle war, und als sich Ivys Fersen aus dem Fußbett lösten, waren ihre Sohlen so weiß wie aufgeschnittene Wasserkastanien. Ich hörte Yong seufzen, und Hongjin griff sich an die Brust.

Marie fragte Ivy: »Würden Sie sie kaufen?«

»Ja.«

»Würden Sie sie rauswerfen, wenn Sie sie im Schrank hätten?«, fragte Yong.

»Nein.«

Dad fragte: »Würden Sie sie ernsthaft kaufen?«

»Ja«, sagte Ivy, »aber ich persönlich trage lieber zwei verschiedene Schuhe.«

»Was?«, fragte Dad. »Das ist ja verrückt.«

»Ich finde, alle Schuhe sollten gemischt und neu aufgeteilt werden«, sagte Ivy.

»Was soll das denn heißen?«, fragte Dad. »So ein Nonsens.«

»Das hat Trotzki über den Besitz gesagt.«

»Trotzki?« Dads Stimme rutschte eine Oktave nach oben. »Der *Kommunist*? Ich meine, wir sind natürlich alle für die Kommunisten hier, aber der Russe? Sind wir hier beim Völkerbund? Wenn ich Ihre politische Meinung hören will, frage ich Sie danach. Bleiben wir bei den Schuhen. Sind sie bequem?«

»Ja.«

»Ganz sicher? Sie haben neunzehn Muskeln da unten, einen knappen Kilometer Blutgefäße, die sich kreuzen und gabeln, ein Wunder der Technik ...«

»Sie sind sehr bequem«, sagte Ivy.

»Na schön. Gut. Sie wollen sich ja schließlich keinen Schuh anziehen, der zu groß für Ihren Fuß ist«, sagte er diesmal mit echter Schärfe, und nun begriff ich, was er meinte, denn es war der Satz, den Nana früher über Frauen gesagt hatte, die über ihre Verhältnisse heiraten wollten. Dad war ein Arschloch.

»Nein«, sagte Ivy, immer noch höflich, aber ihre Stimme war stumpf und kühl geworden.

Ich spürte, dass Ivy Dad auf die Palme brachte, aber er riss sich zusammen und fragte Marie ein dutzend Mal, ob ihr der *bling* gefiel, wobei er jedes Mal mit den Brauen wackelte, weil er das Wort einer anderen Generation benutzte. Da war ein Riemen mit Pailletten und Perlen, der an ein glitzerndes, funkelndes Strumpfband erinnerte.

»Gefällt's Ihnen?«, fragte er. »Jede Kollektion braucht ein bisschen *bling*.« Und dann fiel ihm auf, dass die Pailletten am Schuh in zwei Richtungen zeigten, dass sie falsch angenäht waren. Er entschuldigte sich bei Marie und Esme, die beide sagten, dass es sie nicht störe, sie es nicht einmal bemerkt hätten. »Nein.« Dad schüttelte heftig den Kopf. So etwas lasse er nicht durchgehen. Also ging er wieder in die Knie und begann, die Pailletten in eine Richtung zu kämmen, während er sich selbst wegen der Nachlässigkeit ausschimpfte.

Yong entschuldigte sich bei den Damen für Dads Verhalten. »Er ist eben ein Künstler.«

»Das sehe ich«, sagte Marie, und Esme schnaubte, da sie vier Jahre lang an der Chicagoer Design School studiert hatte, um sich Künstlerin nennen zu dürfen, während mein Vater quasi Analphabet war, zumindest emotional.

»Ich richte das, ich richte das«, murmelte Dad, während er bäuchlings über das Podium robbte. Und die Damen sahen verwundert zu, wie der große Mann am Boden lag und mit behutsamen Händen Pailletten streichelte. Es würde mich nicht wundern, wenn er mir später erzählte, dass es überhaupt nichts zu richten gab. Alles war perfekt, aber er musste einen Weg finden, sich auf die Bühne zu legen, weil er eben so war, er war zu weit weg vom Geschehen, und er kannte die Welt nur vom Anfassen.

Die Abelson-Damen bestellten zwanzigtausend Paar von einem der Ballerinas, jeweils hunderttausend Paar von den Korksohlen-Sandalen und verzichteten auf den Rest. Dad umarmte mich und umarmte die Damen, und dann umarmten sich alle, als wären wir alle gerade Eltern geworden.

Er sagte: »Rabbi Akiba hat auf dem Totenbett zu seinem Sohn gesagt: ›Trag immer ein Paar anständige Schuhe.‹ Das waren seine letzten Worte.«

»Sehr schön«, sagte Esme und verdrehte die Augen. Marie stieß sie mit dem Ellbogen in die Seite.

»Ist dieser Rabbi Ihr Freund?«, fragte Yong.

»Er ist zweitausend Jahre alt.«

»Großes Ansehen«, sagte Yong. »Dann sind die Schuhe, die wir machen, Rabbi Akimbo würdig.«

Marie sagte, sie müsse ins Hotel zurück, und bedankte sich bei allen außer bei Ivy, die es eigentlich gewesen war, die die Schuhe anprobiert und sie schön gemacht hatte. Die Abelson-Damen gingen noch ein paar der Korrekturen durch. Und dass sie, wenn möglich, die Schuhe gern bis Januar im Laden hätten.

»Natürlich ist es möglich. Die Chinesen sind Tiere. Ich meine, sie arbeiten wie Tiere. Von Natur aus. Sie leben für die Arbeit. Und zufälligerweise respektiere ich das.«

»Bitte zögern Sie nicht, uns zu informieren, falls es Probleme gibt«, sagte Yong.

Sie ließen mich mit Ivy im Konferenzraum zurück, um die Korrekturen an den Schuhen einzuzeichnen. Ich nahm das Maßband und die kleine Ahle zur Hand, um Kerben ins Leder zu machen, und meinen Block mit den Notizen.

»Herzlichen Glückwunsch«, sagte Ivy. »Jetzt kannst du vor Glück sterben.«

»Besser als vom Bus überfahren zu werden«, gab ich zurück. »Hast du es gelesen? Ein chinesischer Banker wurde überrollt, während er seiner Geliebten eine SMS schrieb.

Dem iPhone ist nichts passiert. Seine letzten Worte waren irgendein Quatsch über Chrysanthemen.«

Sie lachte. »In der Übersetzung geht eine Menge verloren. Er meinte Analsex.«

»Das heißt Chrysantheme? Wow, da ist mir wirklich was entgangen.«

»Ich habe davon gelesen«, sagte sie. »Das ist der moderne Tod in China: Warmer Frühlingstag, SMS an Geliebte auf dem Weg zu Arbeit, Busfahrer denkt an *Gakao*-Prüfungen seines Sohns und fährt dir einen orangen Bus in die Brust. Und dein letztes Wort ist Analsex.«

Ich ging mit dem Maßband, dem Silbermarker und der Ahle in die Hocke. »Vielleicht hatte der Typ einen guten Tod.«

»Für mich«, sagte Ivy, »gibt es einen guten Tod nur im Kampf. Wie wir früher gestorben sind. Im Kampf für den wahren Sozialismus. Lieber sterben, als der Fußschemel der Kapitalisten, Kolonialisten und Ausländern zu sein. Grenzen einreißen. Sterben für die *Sache*, die in uns allen verborgen ist. Die Sache, die jemanden wie meine Großmutter dazu bringen kann, einem Mann die Schlagader durchzubeißen.«

Das Maßband, das ich ihr um den Spann gelegt hatte, erschlaffte. Ich setzte mich zurück auf die Fersen und sah zu ihr auf. »O Gott, das hat deine Großmutter getan?«

»Sie war noch ein Kind. Aber ja. Ein Japanischer Soldat. Wollte sie während der Besatzung ins Lager schleppen.«

»Hat sie ihn umgebracht?«

»Ich weiß es nicht. Sie haben sie fast blind geschlagen.«

»Und heute wird man beim Sexting vom Bus überfahren.«

Sie grinste. »So was nennt Hegel Ironie der Geschichte.«

Ich war mit dem Rist fertig und hob ihre Ferse an. »Du warst toll heute. Vielen Dank für deine Hilfe.«

»Erklärst du mich zur Vorzeige-Arbeiterin?«

»Du bist ziemlich sarkastisch heute«, murmelte ich, während ich mit dem Silberstift Markierungen auf dem Leder machte.

»Ich finde, ich sehe schön aus in diesem Kleid«, sagte sie unvermittelt in einem traurigen, wehmütigen Ton, der mich die Arbeit unterbrechen ließ. Ich wollte ihr zustimmen, aber sie redete weiter. »In meinem Zimmer wohnt ein Mädchen, Alex, ich glaube, ich habe dir noch nicht von ihr erzählt. Sie heißt Ruxi, und sie weint und weint seit zwei Wochen. Sie will kündigen und in ihr Heimatdorf zurückgehen, sie kommt aus einer Provinz im Norden, aber Tiger Step hat ihre *Hukou*-Papiere und sie sagen, sie schulde euch Geld für die Arbeitserlaubnis. Der Vorarbeiter hat gesagt, sie muss bis zum Ende der Saison arbeiten. Aber nach dem Ende der Saison hat er sie immer noch nicht gehen lassen. Ruxi ist zu Yong gegangen, sie hatte große Angst, mit einem so reichen Mann zu reden, aber sie hat es getan, und er hat gesagt, sie muss noch sechs Monate bleiben. Kannst du ihr helfen? Sie hat einen Bruder, der zur Schule gehen soll, und Ruxi muss sich um ihre Eltern kümmern.«

»Es handelt sich bestimmt um ein Missverständnis«, sagte ich, aber Ruxis Geschichte beunruhigte mich, sie beunruhigte mich vielleicht, weil sie wahr sein könnte.

»Nein, sie haben ihre Kündigung abgelehnt. Sie behalten ihren Lohn.«

»Das kann ich mir nicht vorstellen«, sagte ich, aber was, wenn sie wirklich ihr Gehalt einbehielten und sie zwangen zu bleiben? Was, wenn sie ihr das Geld nicht auszahlten, das sie verdiente?

»Du musst was tun. Unsere Regierung ist schon schlimm genug mit dem verlogenen Gerede von Gleichheit und geteiltem Wohlstand. Jetzt müssen wir uns auch noch mit euch Ausländern rumschlagen, die ihr uns bescheißt. Alle denken, die Ausländer sind unsere Rettung, dabei sind sie genauso schlimm.«

»Ich bescheiße niemanden, Ivy. Warum nimmt sich die Gewerkschaft nicht der Sache an?«

»Daigaos Gewerkschaft? Willst du mich verarschen? Marionetten-Theater. Musst du wissen. Daigao wird vom Zentralbüro für Arbeit berufen. Und wer sitzt dem Komitee vor? Yong. Meinst du, er setzt jemand in die Gewerkschaft, der ihm schadet? Hilf ihr. Sei ein Trotzki.«

»Trotzki hat auch nur sich selbst geholfen«, gab ich zurück. Ich wusste zwar nicht genau, wovon ich redete, aber mein Großvater war Trotzki einmal persönlich begegnet. Zeyde hatte immer erzählt, wie er Trotzki im Triangle Diner in der Bronx getroffen hatte, wo er im Exil seine Krautwickel aß.

»Er war Jude. Wie du.«

»Nicht ganz«, entgegnete ich. »Er hat seinen Namen geändert.« Ich stellte mir vor, wie Trotzki allein in dem New Yorker Diner saß, sich mit Blintzen, Brisket und Kugl vollstopfte und davon träumte, den Zaren zu ermorden. Ich hatte viel mehr mit dem dicken New Yorker Trotzki gemein als mit dem mageren Wolf, der in Mantel und Reithosen den Winterpalast gestürmt hatte. War es das, was Ivy wollte?

»Ruxi glaubt, Yong lässt sie gehen, aber sie ist verrückt. Sie sagt, sie glaubt fest daran. Aber es ist ein Fluch. Das ganze Land ist verflucht. Leute wie Ruxi haben Vertrauen in ein Land, das sie immer wieder im Stich lässt.«

Ich wiederholte, dass es ein Missverständnis sein müsse, und setzte meine Arbeit fort, bohrte mit der Ahle Kerben in den Riemen um ihre Fessel, doch insgeheim machte mir Ivys Art zu reden Angst. Meine Hände schwitzten, weil ich mich wegen meiner Ahnungslosigkeit schämte. Was wusste ich noch alles nicht? Ivy sagte: »Und, Alex? Was soll ich ihr sagen?«, und ich antwortete, sie solle stillhalten und sich nicht bewegen, aber sie beharrte: »Alex, das ist grausam, Sklaverei, das ist es, Leibeigenschaft«, und in diesem Moment rutschte mir die Hand aus, und die Spitze der Ahle bohrte sich in ihren Fuß.

Sie schrie. Nicht vor Schmerz, glaube ich, sondern Frustration. Ein Bluttropfen quoll aus ihrem Fuß, und während ich mich entschuldigte, wischte ich ihn unbewusst mit dem Daumen weg.

»Kannst du das für sie tun?«, fragte Ivy. »Helfen.«

»Na ja, ich weiß nicht. Mein Vater würde …«

Sie presset ihre Fäuste fest an die Ohren, inzwischen außer sich, nicht wegen des Fußes, und knurrte mit rotem Gesicht: »Wirst du immer die Marionette deines Vaters sein? Ein Krieg steht bevor.«

Dann drehte sie sich um und lief aus dem Konferenzraum, und plötzlich fiel mir ein, wo ich diese Worte schon einmal gehört hatte. Feuerwerk, Petit fours und Nachmittagstee im Peninsula Hotel in Hongkong. Der Jahrestag der Rückgabe, die das Ende der britischen Herrschaft markierte. Ich war gerade angekommen, betäubt von Jetlag und Heimweh, und auf seine typische Art sagte Dad unvermittelt: »Musst du pinkeln? Ich zeig dir was.« Wir fuhren mit dem Fahrstuhl ins Restaurant Felix im dreißigsten Stock. Die Urinale der Herrentoilette waren vor einer riesigen Fensterfront mit Blick auf Hongkong installiert. Dort standen wir nebeneinander und sahen pinkelnd auf die Parade der chinesisch beflaggten Schiffe im Hafen hinaus – Pimmel in der Hand, während die Asche des Feuerwerks wie Salz auf das Wasser rieselte. Ich fühlte mich wie Gott, der auf die größte Stadt der Welt pisst. Die Straße voller Menschen, die, wenn sie heraufblickten, meinen beschnittenen Schwanz sehen würden. »Der Tag der Übergabe«, sinnierte Dad, und damals verstand ich es nicht, aber ich verstehe es jetzt, und dann sagte er das gleiche, das Ivy sagte, und ich hörte sie zweistimmig in meinem Kopf. *Ein Krieg steht bevor.* Jetzt stand ich allein im Konferenzraum und sah meinen Daumen an, an dem immer noch der zitternde, tiefrote Tropfen hing, und steckte ihn mir in den Mund.

3

Später am Abend saßen Dad und ich im goldverzierten Restaurant des Hotel Fontainebleau und bewegten uns voneinander weg. Er rückte mit seinem Stuhl nach links und ich mit meinem nach rechts, wir beide darum bemüht, uns vor dem Smokey-Eyes-Blick der indonesischen Sängerin zu verstecken, die Rod-Stewart-Songs gurrte, als hätte sie sie eigens für uns geschrieben. So ging es um den ganzen Tisch, bis wir uns auf der anderen Seite wiedertrafen, Schulter an Schulter mit dem Rücken zur Musik.

»Wir können auch woanders hingehen«, sagte Dad. »Nach meinem ersten Abschluss hat Papa mich ausgeführt, und eines Tages wirst du deinen Sohn ausführen.« Lächelnd beugte er sich vor und blickte auf den leeren Stuhl neben mir, als säße dort mein imaginärer Sohn und tränke einen Shirley Temple.

Ich sagte ihm, dass ich es hier in Ordnung fände.

»Schmeckt es dir nicht?« Verzweiflung in der Stimme. »Ist es das? Ich will, dass du glücklich bist. Das ist dein Abend.« Beim Gedanken an schlechtes Essen zog er die Schultern ein. »Wir können auch zurück ins Hotel und am Buffet im Erdgeschoss essen. Aber das ist zu viel. Wir sind keine Buffet-Leute. Hier kriegen wir ein paar Nudeln, Senfkohl, das reicht. Ich bin doch kein Luftballon. Aber wenn es dir lieber ist, können wir uns am Buffet vollstopfen. Da ist immer die Hölle los. Vielleicht gefällt dir das? Tausend Kinder, die herumwetzen, als hätten sie Hummeln im Hintern. Diese chinesischen Familien, du weißt ja, seit der Ein-Kind-Politik dürfen die Blagen alles. Eins will die Mütze vom Chefkoch – ›Chef, bitte werfen Sie für meine Tochter Ihre Mütze in den Wok.‹ Die Eltern tun nicht mal so, als würden sie sie kontrollieren. Einmal hat mir ein Kind die Nase ins Gemächt gerammt.«

»Nicht so laut, Dad«, sagte ich, und mit übertriebenem Flüstern redete er weiter: »Lief mit fliegenden Zöpfen vor seinem Bruder weg und rammte mir die Rübe in den Schritt. Ohne Vorwarnung. Ich hab das Tablett fallen lassen, Wonton-Suppe über ihrem Haar und meinen guten Hosen. Eltern schreien auf Chinesisch herum. Kleines Mädchen im Schritt. Ist es das, was du willst?«

»Hör schon auf damit«, sagte ich. »Ich finde es toll hier. Ich könnte nicht glücklicher sein.«

Er rief nach der Kellnerin und raunte mir zu: »Sieh zu, dass du einen Eierschutz trägst, ist das letzte, was ich dazu sage.«

Als unsere Kellnerin, die Wong hieß, kam, bat Dad um die Weinkarte. Sie schüttelte den Kopf und sagte: »Probieren Sie 47201.«

»Schon mal von dem gehört?«, fragte mich Dad, aber bevor ich antworten konnte, zischte Wong: »Probieren«, und verschwand.

»Immer ein Abenteuer«, sagte Dad.

Wong kam mit einer Flasche italienischem Pinot Grigio

zurück. »47201«, erklärte sie und hielt die Flasche wie ein Baby.

»Wie viel?«, fragte Dad.

»Egal«, sagte sie. »Ausgezeichnet gut.«

Dann schenkte sie uns ein und nahm unsere Bestellung auf. Als sie weg war, zeigte Dad auf den kleinen rosa Aufkleber unter dem italienischen Etikett.

»Sie hat die Seriennummer gelesen, deswegen diese Zahl. Ich wollte ihr reinen Wein einschenken, aber warum Wong wehtun? Hauptsache ›ausgezeichnet gut‹.«

Ich verdrehte die Augen, aber war überrascht – nicht wegen seines semi-rassistischen Spotts, sondern wegen seiner Zurückhaltung. Wenn es darum ging, mich in Verlegenheit zu bringen, zögerte er nie. Eigentlich wollte ich ihn wegen Ivys Freundin zur Rede stellen, aber da er offenbar seinen liebenswürdigen Tag hatte, beschloss ich, die Sache sanft anzugehen und den Ball erstmal flach zu halten.

Wong servierte Wantans in Rinderbrühe in Silber-Terrinen, im Grunde Streetfood mit zweihundert Prozent Aufschlag. Aber in Dads Philosophie stand Qualität proportional zum Preis. Das war auch Nanas Credo gewesen: *Nur das Beste kaufen.* Argumente hatte sie keine, aber die brauchte sie auch nicht. Teure Dinge waren einfach besser. Wong brachte Bambuskörbchen mit Schweinefleisch-Wantans und Essigdip, Senfkohl, Austernpilze, grüne Bohnen mit Schwein, gebratene Nudeln, ein in Kohl gewickeltes Gericht, das sich laut Karte »Huhn ohne Sexleben« nannte, und eine gebratene Taube, die wie ein Schmetterling auf dem Teller lag, mit erhobenem Kopf, den Schnabel halb geöffnet zur Decke gereckt.

Dad kostete eine Bohne und verzog das Gesicht. »Quietscher«, nörgelte er und legte sie angebissen zurück. Ich riet ihm, den Teller zurückgehen zu lassen, aber er schüttelte den Kopf. »Wozu der Ärger?«

Ich wusste, was er spielte. Er benahm sich gut, weil er spürte, dass irgendwas in der Luft lag. Oder vielleicht war ich paranoid. Schwer zu sagen. Bei einem wie Dad, der so gut im Manipulieren war, konnte man nie wissen, wann er ehrlich war. Wir tunkten unsere Stäbchen in die Schale mit *Lajiao* – gehackten Kräutern in rotem Chili-Öl – und machten uns über die verschiedenen Gerichte her, ein jedes kommentierend, und redeten über das gute Geschäft. Ich wartete, bis ich Dad das zweite Glas 47201 einschenkte, bevor ich beiläufig sagte: »Ich habe gehört, dass wir die *Hukou*-Papiere einer Arbeiterin zurückhalten, weil sie uns Geld schuldet. Weißt du was darüber?« Ich achtete darauf, Ivy herauszuhalten.

»Ich weiß rein gar nichts«, antwortete er, aber mir war nicht entgangen, dass er eine Millisekunde beim Kauen innegehalten hatte. »Wie war das Wort?«

»*Hukou.* Der Registrierschein, auf dem steht, wo man sich aufhalten darf.«

Dad starrte nachdenklich den Kerzenleuchter an. »Nein, nie davon gehört. Woher hast du das? Hat diese Ivy dir das erzählt?«

»Nein«, sagte ich. »Die Leute reden. Ich kriege einiges mit.«

»Mhm«, machte er, in die Brust der gebratenen Taube sägend. »Was läuft da eigentlich? Zwischen dir und Ivy. Erst besuchst du ihre Großmutter, jetzt ist sie das Fußmodel, was eine gute Idee war, das muss ich dir lassen. Besser als die alte Methusalea. Also, was ist das für eine Geschichte? Du spielst doch nicht mit dem Gedanken, was mit ihr anzufangen, oder?«

»Nein.« Abwesend schob ich die Nudeln und den Ingwer auf meinem Teller herum. »Natürlich nicht. Wir sind nur Freunde.« Ich bildete mir nicht ein, dass er mir den Quatsch abkaufte, also ging ich vorsorglich in die Defensive. »Darf ich in China keine Freunde haben? Bloß weil du keine hast? Na ja, zumindest eine Freundin hast du, von der ich weiß. Du hast Karri.«

Ich lehnte mich zurück und trank einen Schluck Wein. Die indonesische Sängerin hatte das Mikrofon vom Ständer genommen und bewegte sich zu den Tischen, um die Gäste anzuschmachten.

»Na schön«, sagte Dad, »du weißt von Karri. Ist kein großes Geheimnis. Irgendwann hätte ich es dir erzählt. Auch wenn ich dich nicht über jeden Furz, den ich lasse, informieren muss. Wir sind ja nicht die Manson-Familie.«

»Ich habe keine Ahnung, was du damit meinst«, sagte ich.

»Hör zu, ich bin schon lange in diesem Geschäft.«

»In welchem?« Ich zog die Brauen hoch.

»Schuhe. Schuhe sind meine einzigen Freunde. Glaubst du, ich habe mit Absicht keine Freunde? Glaubst du, ich bin in China, um es krachen zu lassen? Früher hab ich im Hotel National gewohnt – dem einzigen Hotel damals, das Ausländer akzeptierte. Kissen hart wie Wackersteine. Das meine ich buchstäblich – die Dinger waren aus Stein, Waffen für den Fall, dass die Japsen wieder einmarschieren. Nur Spaß, du Trauerkloß, es waren keine Waffen, aber ich hab auf Steinen geschlafen und mir mit Bier die Zähne geputzt, weil das Wasser tödlich war. Das kannst du mir glauben. Ich sitze hier schon ein Viertel meines Lebens ab. Wofür? Meiner Gesundheit zuliebe? Nein, deinetwegen, für dich und deine Schwester und deine Mutter. Alles für euch.«

Der Hattrick der jüdischen Schuldkomplexe. Aber da musste sich Dad schon mehr anstrengen. Offenbar hatte ich einen wunden Punkt getroffen, und das könnte sich noch als praktisch erweisen. Genau wusste ich es noch nicht.

»Erklär mir doch mal, wie es läuft«, sagte ich mit sanfter Stimme. »Du kennst die Firma wie deine Westentasche.« Ein klassischer Wurf, den er mir beigebracht hatte. Schmier dem Gegner Honig um den Bart. Gib ihm das Gefühl, geschätzt zu werden, wichtig zu sein, gib ihm das Gefühl, er ist der Experte und du bist bloß ein ahnungsloser *Schmock*, und wenn er sich entspannt, gehst du ihm an den Kragen. »Angenommen, jemand will bei uns arbeiten. Sagen wir, eine Arbeiterin, die Ruxi heißt. Also, zuerst braucht Ruxi die Arbeitserlaubnis der Stadt und die Arbeitserlaubnis der Firma.«

»Nein, zuerst legt sie ihren *Hukou* vor …«

»Ich dachte, du weiß nicht, was das ist? Das hast du eben noch gesagt.«

»Ach, du meintest den *Hukou*«, sagte Dad. »Natürlich. Das ist so eine Art Personalausweis. Du hast es nicht richtig ausgesprochen.«

Ich hatte es genauso ausgesprochen wie er, aber ich hielt den Mund. »Und was passiert, wenn die Arbeiterin das Geld für die Arbeitserlaubnis nicht im Voraus hat?«

»Dann schießen wir ihr das Geld vor. Wir wollen ja, dass sie bei uns arbeiten, Alex. Gott weiß, wir brauchen Hilfe. Wir brauchen so viele, wir kriegen können.«

»Okay, ich verstehe. Aber was ist, wenn die Frau wieder gehen muss? Ohne *Hukou* kann sie nicht weg. Ohne *Hukou* ist sie illegal hier. Bekommt sie den Lohn, den wir ihr schulden? Bekommt sie ihren *Hukou* zurück? Das ist eine ganz einfache Frage.«

Dad legte die Stäbchen quer über den Teller, um Wong zu zeigen, dass er fertig war – ganz Gentleman –, dann schob er den Stuhl zurück, tupfte sich mit der rosa Stoffserviette die Mundwinkel ab und schlug die Beine übereinander.

»Lass uns diese Unterhaltung draußen beenden«, sagte er. »Wir haben schon wieder zu viel bestellt. Ich fühle mich wie ein Ballon. So was passiert einem am Buffet. Warum hast du mich so viel bestellen lassen? Halt mich nächstes Mal zurück.«

Es war warm draußen und duftete nach Jasmin. Wir schlenderten durch den Garten des Hotels, einen im französischen Stil angelegten Park, alles in perfekter Ordnung und Symmetrie, jeder Busch gestutzt, jeder widerspenstige Zweig gekappt, jede Blume beschnitten. Dann folgten wir einem Plattenweg zwischen hüfthohen Hecken, die so lang waren wie die Fließbänder in unserer Fabrik.

»Es ist kompliziert«, sagte Dad. »Was du wissen willst. Es gibt mehr Variablen, als du denkst. Aber ich vertraue Yong. Wenn Yong sagt, sie schuldet uns sechs Monate, dann ist das so. Aber wir würden nie jemanden gegen seinen Willen dabehalten.«

Dann wusch Dad seine Hände in Unschuld.

»Yong kümmert sich um die Anlagen und das Personal, verstehst du? Er spricht ihre Sprache. Konzentrier du dich auf die Produktentwicklung. Schuster, bleib bei deinen Leisten, okay? So machen wir das hier. Andere Länder, andere Sitten. Du passt dich an und kümmerst dich um deine Angelegenheiten, das ist alles.«

»Richtig«, sagte ich. »Aber du hast mich hergeholt, um die Firma von dir zu übernehmen, und dazu muss ich die Zusammenhänge kennen. Ich muss wissen, wie hier alles läuft. Egal, ob ich der Designer oder der Hausmeister bin. Ich trage die Verantwortung. Ich hafte dafür, falls wir untergehen.«

»Das ist eine Frage, die ich Yong stellen muss«, sagte Dad.

»Nein, ich frage ihn selbst.«

»Junge, wir sind hier nicht im Ferienlager.« Dad warf die Hände in die Luft. »Manche dieser Mädchen haben es sicher hart. Stell dir vor, du müsstest tagein, tagaus die gleiche Handbewegung machen. Da drehen wahrscheinlich manche durch. Aber ich weiß auch, dass viele von ihnen dankbar sind. Sie müssen nicht mehr auf dem Feld stehen. Sie sind raus aus ihrem Dorf und haben es besser. Sie sind da, wo wir vor siebzig Jahren waren. Das ist der freie Markt.«

»Ich habe einfach das Gefühl, in der Firma passieren Dinge, von denen ich nichts weiß. Dinge, mit denen ich nicht einverstanden wäre. Wenn wir ein paar kleine Veränderungen vornehmen könnten, die die Arbeitsbedingungen verbessern, ohne unserer Gewinnspanne zu schaden, was würde dagegensprechen?«

»Hat Ivy dir diese Ideen eingetrichtert? Das stimmt

doch, oder? Den trotzkistischen Schwachsinn hast du von ihr. Früher hast du nie so geredet. Das ist neu. Du hast keine Ahnung, was Ärger ist. Wenn Ivy hier ist, um Ärger zu machen, sorge ich dafür, dass Yong sie loswird.«

Dad ließ die Muskeln spielen, und er wusste es. Er würde sie feuern. Nichts leichter als das. Wir nahmen eine Abzweigung zu einem Teich mit einem nicht sehr französisch anmutenden achteckigen Pavillon, an dessen Traufen rote Papierlaternen hingen. Es duftete nach den Lotosblüten, die auf dem Wasser trieben, die roten Laternen spiegelten sich zitternd im Teich, und in ihrem Schein sah ich das erschöpfte Gesicht meines Vaters. Er beugte sich seufzend über das Geländer.

Ich starrte geradeaus, aber ich spürte, dass Dad mich von der Seite ansah. Ich wusste genau, was er dachte: *Ich habe dich erschaffen.* Wie die alten Rabbis sich aus Lehm einen Golem formten, damit er ihre Befehle ausführte – ich glaube ernsthaft, das bedeutete Vaterschaft für meinen Dad. Und jetzt fürchtete er, dass seine Schöpfung sich gegen ihn wandte. Ich nahm es aus dem Augenwinkel wahr. Wie schwer er mit der Frage rang, sodass ich fast den Tiefgang seiner Stimme hörte: *Hey, Schmekel, wendest du dich gegen mich?*

»Sie macht keinen Ärger«, sagte ich. Aus irgendeinem Grund hatte ich das Bedürfnis, ihn zu beruhigen. »Sie will nur ihrer Freundin helfen, mehr nicht, okay? Niemand macht Ärger. Ihre Freundin tut mir leid. Wenn es stimmt. Es ist schwer, am Fließband zu arbeiten. Das weißt du selbst. Du gehst ja nicht mal in der Halle vorbei.«

»Wegen meiner Allergien.«

»Trotzdem. Wie du sagst. Es ist kein Ferienlager.«

Ich konnte die Silhouetten der Nachtkraniche ausmachen, die auf einem Bein am Ufer des Teichs standen. Dad legte den Arm um meine Schultern. Ich spürte das Gewicht im Nacken, die kratzigen Borsten seines Unterarms.

Er sagte: »Wir müssen langfristig denken, du und ich. So habe ich in China alle geschlagen. Die anderen haben irgendwann hingeschmissen, die Firma abgewickelt oder Bankrott gemacht. Aber ich habe voraus gedacht. Nicht eine Woche, einen Monat. Ich meine fünf, zehn Jahre voraus. Wo siehst du dich? Ich kann dich hinbringen, aber du musst aufhören, ein Idiot zu sein. Ich weiß, dass ist schwer für dich, aber versuch es. Lass die Finger von diesen Mädchen. Bist du einsam? Geht es darum? Reicht dir meine Gesellschaft nicht?«

»Nein, nein.« Jetzt hatte er meinen wunden Punkt getroffen. »Darum geht es nicht.«

»Alex, wir produzieren eine Viertel Million Paar Schuhe in dieser Saison – na gut, das ist viel weniger als im letzten Jahr und im Jahr davor – aber das Fließband läuft auf Hochtouren. Wir brauchen Leute wie Ruxi. Eine einzige Chinesin schafft so viel wie fünf Amerikaner. Sie haben die richtigen Werte hier. Die gleichen wie wir. Wir brauchen sie. Gib mir Arbeiter. Kommunisten, Faschisten, Vagabunden – es ist mir egal, wo sie dazugehören. Ich brauche Leute an den Fließbändern.«

Er war in Fahrt. Hangelte sich immer weiter weg von meinen Fragen.

»Antworte mir einfach. Wusstest du über Ruxi und ihre Situation Bescheid?«

»Kein bisschen«, entgegnete er. »Ich lüge dich doch nicht an. Ehrlich gesagt, hatten wir schon Tausende von Arbeitern, und ich habe noch nie mit einem geredet.«

»Und du findest dass nicht seltsam, dass du noch mit keinem deiner Arbeiter je geredet hast?«

»Da gibt es nichts zu reden. Sie sprechen kein Englisch. Sie sind nicht gebildet. Ich habe andere Sorgen. Ich muss Aufträge reinholen und Bestellungen ausliefern. Was kümmert es mich, wie ihr Leben ist?«

»Verdammt, das sollte dich aber kümmern. Mich kümmert es. Fangen wir da an. Wenn du nichts über die Sache weißt, will ich mit Yong darüber reden.«

»Halt dich da raus, Alex. Markier nicht den Helden. Weißt du, wer ein Held ist? Der Rabbi, der dich beschnitten hat. Der Tausende von Jungs beschnitten hat. Kleiner Ausrutscher, und du ruinierst einem Mann das Leben. Ha, das ist ein Held! Spiel dich nicht als jemand auf, der du nicht bist.«

»Hör auf mit den Witzen«, sagte ich mit erhobener Stimme. »Reden wir endlich Tacheles.«

»Na gut, reden wir Tacheles. Ich glaube, du interessierst dich nur für das Thema, weil du scharf auf Ivy bist. Das glaube ich. Du willst ihr an die Wäsche.«

»Pass auf.«

»Hör auf mit dem Stochern«, sagte Dad, und erst jetzt fiel mir auf, dass ich den Zeigefinger in seine Brust bohrte und ihm so nah auf den Pelz gerückt war, dass ich die sanduhrförmige Narbe neben seinem Auge sehen konnte, wo Nana ihn mit dem Stöckelschuh fast geblendet hatte, weil er eine Schickse heiraten wollte.

»Wir sind hier nicht im Camp Wekeela, Alex.« Er schob meinen Finger weg. »Es gibt keine Latkes mit Apfelbrei am Freitag, und nicht jeder kleine Scheißer, der lebendig aus dem Pool kommt, kriegt eine Medaille.«

»Du bist so ein Arschloch.«

»Das ist nicht dein Bier. Diese Ruxi. Es hat nichts mit dir zu tun. Weißt du, was dein Problem ist? Deine Mutter hat dich verweichlicht. Hat dich zum Nabel der Welt gemacht. Meine Schuld, weil ich dich mit ihr allein gelassen habe. Sie hat dich verhätschelt wie ein krankes Kind. Wie es Nana bei mir gemacht hat. Ich musste dich retten. Deswegen hab ich dich hergeholt. Hab dich gerettet. Oder wolltest du für den Rest deines Lebens mit einem Sonnenschirmchen rumlaufen?«

Ich lief rot an und ballte unwillkürlich die Fäuste. Mom hatte mich gezwungen, überall mit einem weißen Schirm herumzulaufen, der mich vor dem Todesengel beschützen sollte. Sie war immer frommer geworden, bis sie übergeschnappt war. Aber Dad war mindestens genauso schlimm, noch zehnmal schlimmer, und jetzt stellte er sie als Psychopathin hin, dabei hatte er sie mit zwei Kindern allein gelassen, während er durch den Fernen Osten bummelte. Natürlich hatte sie sich dem Glauben zugewandt. Dass Dad sich jetzt die Rolle des Erlösers zuschrieb, war reiner Wahnsinn. Es hatte keinen Sinn, mit ihm zu reden. Ich drehte mich um und ging zurück zum Hotel, zurück durch die rautenförmigen Hecken und die Baumtunnel, die plötzlich eine ganz andere Gestalt annahmen – das Dach aus Zypressen und Tannen dicht und hoch, drängte sich zu mir.

Ich hörte seine Stimme. »Wo willst du hin? Der Van fährt

nicht ohne mich. Jianguo ist mein Chauffeur. Er ist loyal. Sie sind *alle* auf meiner Seite. Ich habe dieses Imperium aufgebaut.«

Am Himmel eine Formation von Wildgänsen auf dem Rückweg in den Norden, die einander etwas zuriefen, auch wenn es sich so anhörte, als lachten sie mich aus.

Hinter mir die heisere Stimme meines Vaters. Seine Schritte auf den Steinplatten. Lauter werdend. »Wir haben eine Schuhfabrik im Arschloch der Welt, Prinzessin. Und du bist jetzt hier. Es gehört alles dir, Schätzchen, und eine verdammte chinesische Bäuerin wird daran nichts ändern.«

Bevor er reagieren konnte, hatte ich mich umgedreht und ihn am Kragen gepackt. Ich versuchte ihn zu Boden zu werfen, aber er leistete Widerstand, verbreiterte seinen Stand und griff nach meiner Krawatte, zitternd, mit stumpfen, schwarzen Augen, durch die Nase schnaufend.

»Komm runter«, ächzte er. »Cohens sind keine Tiere.« Ich machte einen Schritt, stellte meinen linken Fuß hinter seine Wade und versuchte, ihn zu Fall zu bringen. Ein Grunzen, seins oder meins, zu nah, um es auseinanderzuhalten. Sein Knie gab nach, der Oberkörper knickte ein, er wankte, doch er stürzte nicht. Hielt immer noch meine Krawatte, aber seine rechte Hand war frei. In der Reserve in Shelby, Mississippi, war er als Boxer ungeschlagen geblieben, aber nur, weil die Gojim sich geweigert hatten, gegen einen Juden anzutreten. Ich wusste, dass mein Kinn ungedeckt war – wenn er gewollt hätte, hätte ein Haken genügt. Auch er bemerkte es, schlug aber nicht zu. Wahrscheinlich sah es so aus, als tanzten wir. Gleich würde er einen schlechten Witz darüber reißen. *Was wird uns der chi-*

nesische Punktrichter geben? Aber ich würde ihn nicht lassen. Strich ihm das Jackett an den Schultern glatt und richtete ihn auf. Was sollte das Ganze? Selbst wenn ich ihn zu Boden rang, würde er immer wieder aufstehen und immer wieder angreifen.

»Was hattest du vor?«, fragte er keuchend, Hände auf die Knie gestützt, um Luft zu holen. »Nur so aus Neugier.«

»Dich umbringen.«

»Sehr gut. Dein Instinkt, mein ich. So was kann man nicht lernen. Und jetzt ziel damit aufs Geschäft statt auf einen alten Sack wie mich.« Er nahm meine Krawatte und schob den Knoten an die richtige Stelle. »Die hätte ich fast ruiniert. Tut mir leid. Ich liebe diese Krawatte. Erinnerst du ich an Levenstein's?«

Levenstein's war der beste Herrenausstatter in Lynn. Dad war mit mir dort gewesen, um mir den Anzug für die Bar Mitzwa zu kaufen und eine rote Seidenkrawatte mit kornblauen Blumen, die mir viel zu lang war und über den Pimmel hing, aber er wollte mir auf keinen Fall eine Kinderkrawatte kaufen. *Die Krawatte macht den Mann*. Er war ein Mistkerl. Dachte, ich falle darauf rein. Ein bisschen Schmalz, und alles wäre vergeben.

»Bevor ich mit dir zu Levenstein's ging, warst du praktisch noch ein Wilder. Hast dich in den Hemdzipfel geschnäuzt, weißt du noch? Und sieh dich heute an. Ein echter Cohen. Die Chinesen sehen das auch. Oder warum, glaubst du, lieben sie uns so? Sie wissen, dass wir keine gewöhnlichen Leute sind. Du lachst, aber es stimmt. Tut mir leid, dass ich dich so angegangen bin.«

Er hielt mein Kinn. »Ich werde nicht zulassen, dass du

alles in den Sand setzt, wie es mein Vater getan hat.« Er tätschelte mir die Wange und ließ die Hand dort.

»Und jetzt gehen wir heim und bestellen uns im Amazonia einen Drink«, sagte er. »Ich schulde dir noch einen verdammten Drink. Zweihunderttausend Paar Schuhe an einem Nachmittag. Dafür muss sich keiner schämen. Und denk dran, dass die Kollektion fast ganz aus deiner Feder stammt. Sie ist dein Baby.«

Er wischte sich mit dem Handrücken über die Augen.

»Jesses, Dad, weinst du?« Vielleicht aus Stolz auf meinen Erfolg, oder weil ich versucht hatte, ihn niederzuschlagen. So oder so schämte ich mich und wich seinem Blick aus.

»Nein.« sagte Dad ergriffen. »Spinnst du? Na ja, ein bisschen vielleicht. Ich hab Papa nur einmal weinen sehen. Oder zweimal. Ein bisschen, als ich den Schulabschluss machte, aber dann richtig, als ich das Haus mit dem Swimmingpool in Swampscott kaufte. Stand wie angewurzelt da. Die Hände vorm Gesicht. Werde ich nie vergessen. Sagte: ›Hätte nie gedacht, dass es ein Kind von mir mal so weit bringt.‹«

Zurück im Hotel nahm ich den Fahrstuhl in den 48. Stock. In meinem Zimmer empfing mich eine unangenehme Wolke Zimt-Raumspray. Alles war auf Anfang: mein Waschzeug versteckt, meine Bücher im Koffer, die Broschüren auf dem Schreibtisch aufgefächert und das Zimmer blitzsauber, selbst der kleinste Hinweis darauf, dass jemand hier wohnte, vaporisiert. Jede Nacht hier war meine erste Nacht.

Auf dem Tisch stand außerdem ein Silbertablett mit einer Flasche Wein, einer langstieligen Rose in einem Champagnerglas und einer Schachtel Godiva-Pralinen. Selbst die Geschenke waren ein Witz: Hier, genieß einen langen, romantischen Abend allein. Eine Aufmerksamkeit des Hotels, einmal in der Woche für Ambassador-Mitglieder. Ambassador-Status erreichte man automatisch, wenn man mehr als Dreiviertel des Lebens in Hotels der Kette verbrachte. Außerdem galt der Status für Familienmitglieder, ein unverdientes Erbe. Tod durch Luxus.

Langsam zog ich mich aus und stellte mich unter die Dusche. In meiner Kindheit hatten wir unendliche Vorräte an Mini-Seifen und Mini-Shampoos gehabt, die Dad in Hotels rund um die Welt mitgehen ließ. Auch die Bitte-nicht-stören-Schilder hingen bei uns an jeder Tür. *Ich bin beschäftigt, komm später wieder. Kannst du nicht lesen?*

Das Bad war von allen vier Seiten verspiegelt. Niemand sollte so viel von sich sehen. Ich versuchte, meinen Gedanken freien Lauf zu lassen, aber ich landete ausgerechnet bei dem Sommer, in dem ich als Huhn-Entbeiner in einer Filiale von Boston-Rotisserie gearbeitet hatte und ein Haarnetz tragen musste – selbst das hatte irgendwie zu meinem Schicksal gepasst. Quer über die Stirn geschrieben wie das hebräische Wort für *Wahrheit,* das den Golem zum Leben erweckte. Ich war in das Geschäft hineingeboren, oder? Rinder, Hühner. Warum töteten wir so viel? Meine Familie. Waren wir Metzger? Mussten wir gewesen sein. Waren es noch.

Ich ließ mir das Wasser auf die Schulter prasseln, in den Mund laufen – *nicht schlucken!* – und wieder raus. Dachte ans Duschen früher als Kind, wenn meine Mutter vor der Tür auf ein unheilverkündendes Poltern lauschte. Einen perversen Momentlang sehnte ich mich nach ihrer Stimme, weil ihr Wahnsinn irgendwie beruhigend war: »Ich will nicht, dass du ausrutschst und dir den Schädel brichst, Alex! Dein Hirn gehört nicht dir allein, Alex. Es ist ein Privatschul-Hirn! Ich schütze nur meine Investition.«

Elsa und Fedor. Mom und Dad. Die auf keiner Ebene zusammenpassten.

Wann war meine Mutter endgültig durchgedreht? Vielleicht an dem Tag, als sie mit uns in die Chagall-Ausstellung im Museum of Fine Arts in Boston gegangen war. Ich war jung. Ein Kind. Ich hatte meine Mutter noch nie so glücklich gesehen. Als sie vor dem Bild *Ich und das Dorf* stand, zitterten ihre Knie, und sie sprach in dem Flüsterton, der sonst nur für UFO-Sichtungen reserviert war. *Das ist der Granatapfel, im Innern so weich wie die Sterblichen, und das ist das Widderhorn, in das Elija bläst, um die Toten zu wecken* – bis Dad sie rüde unterbrach: *Und was ist mit der blöden Ziege?* Meine Mutter stieß einen Seufzer aus, den sie seit einer Ewigkeit aufgespart hatte, und stürmte davon. Diese eine Ziege kostete mich Jahre an Therapie, wo mir, um es kurz zu machen, eine reizende Frau *zu vergeben* riet, aber sie kam zu spät, um die alte Botschaft der Sonntagsschule auszumerzen, die da hieß: *Niemals vergessen.* Therapeuten und Rabbis auf Kollisionskurs. Aber meine Mutter – mein lieber Mann – sagte für den Rest des Tages kein Wort mehr.

Kurze Zeit später schloss sie sich dem Damenclub der Synagoge an, und sie restaurierten ein wundervolles Wandgemälde, das sie entdeckt hatten. Das Bild war fast ein Jahrhundert alt, aber niemand hatte von seiner Existenz gewusst, bis die schmuddelige Wandfarbe abblätterte, unter der es verborgen war.

Von da an rutschte meine Mutter immer tiefer hinein. In die Orthodoxie. Dabei war sie es auch, die mir beigebracht hatte, wie man *leck mich* auf Russisch sagt. Oder am oberen Eingang der Haltestelle Boylston Street eine Orange vom Obststand klaut, wenn der Verkäufer nicht hinsah. Ich meine, sie konnte auch anders. Wenn man einen Spachtel nahm und an der Oberfläche kratzte, verbarg sich etwas unter der Farbschicht.

Ich kam aus der Dusche und trocknete mich ab. Dann stellte ich mich nackt ans Fenster und sah hinaus auf den Qiangling-See mit den dunklen Silhouetten der Drachenboote, die mit einheitlichen Ruderschlägen geschmeidig übers Wasser glitten, während der Bootsführer auf seiner ledernen Trommel den Takt angab, ein dumpfes Pochen in meinem Ohr. Sahen sie mich hier oben, splitternackt und voller Angst, am Fenster im 48. Stock? Ich wollte Ivy auf dem Handy anrufen und sie fragen, wie der weiß blühende Baum unter der Laterne am Ufer hieß. Wie sollte ich mich in einem Land auskennen, wenn ich nicht mal den Namen dieses Baums kannte? Was war ein Drachenboot überhaupt? Auf Mandarin, auf Kantonesisch, auf Englisch, auf Pnyin, ganz egal, sag mir alle Namen, weil mir von all der Unwissenheit schwindelig wurde, weil sie mir eine Heidenangst einjagte. Hielten wir wirklich Arbeiter als Geisel? Konnte Ruxi nicht einfach gehen? Im Fenster sah ich den See, aber auch meinen nackten Körper, die haarige Brust, den schlaffen Bauch, die Plattfüße – Ivy wollte wahrscheinlich einen Mann wie Trotzki, schlank, sehnig, mit hohem

Fußgewölbe, durchtrainiert genug, um eine Palastmauer zu stürmen. Keinen teigigen Juden. Jetzt ruderte das Drachenboot in meine Richtung, durchbohrte meine Brust, passierte mich, in der Scheibe überblendet, schwebte durch mich hindurch wie ein Geisterschiff, oder ich durch es. Was fürchtete ich so? Dass ich immer jemanden brauchen würde, der die Welt für mich übersetzte.

4

Im Lastenaufzug der Fabrik hingen zwei Schilder auf Englisch:

SPRENGSTOFF VERBOTEN.

STECKEN GEBLIEBEN? RUHE BEWAHREN UND AUF HILFE WARTEN.

Darunter, mit einem Messer eingeritzt, standen die Initialen eines Liebespaars. Gleich am Morgen war ich hoch in den zweiten Stock gefahren, um Shen, den Herstellungsleiter, nach Ruxi zu fragen. Hätte ich mich direkt an Yong gewandt, hätte Dad Wind davon bekommen, und falls er sich aufregte, würde er Ivy am Ende noch feuern.

Der Fahrstuhl öffnete sich zu einer Halle in der Größe eines Flugzeughangars, und die feuchte warme Luft aus den Trocknern legte sich wie ein Kissen über mein Gesicht. Ein Junge mit Irokesenschnitt sah mich grimmig an; sein rechter Unterarm war nur noch ein Stumpf, unter dem Ellbogen abgetrennt von der Stahlplatte der Lederprägemaschine. Ein Mädchen, die Augen gelb, benommen von den ersten Anzeichen einer Benzolvergiftung durch die Klebstoffdämpfe, kratzte sich am Arm. Überall Menschen und Maschinen. Die Sandpapierwalze wirbelte Staub auf, gelbe Plättchen schwebten vor dem fahlen Gesicht eines Mädchens, das am Ende des Fließbands eine Stahlrolle mit Leder schulterte. Am Boden schimmerten Eisenspäne. Das konstante blecherne Hämmern, das sich mit jedem Schlag tiefer in meinen Schädel bohrte, das Sirren des Schruppschleifers, der süßliche Gestank des Klebstoffs, von dem sich mir die Zehennägel aufrollten. Schilder überall: Nicht spucken – 50¥ Strafe. Die stampfenden, sabbernden, überhitzten Maschinen und die gnadenlose Ehrlichkeit der Hebel, Räder, Ritzel und Knöpfe.

Das war der Grund, warum ich nicht gerne herkam. Es war ein Wunder, dass die Arbeiter an den Produktionstrecken nicht reihenweise in Ohnmacht fielen. Dad hatte seine eigenen Ausreden, warum er einen Bogen um die Halle machte – seine Allergien, seine Lungen, seine Trommelfelle, und vielleicht war das so ehrlich, wie er es überhaupt konnte.

An der Wand über Shens Tisch am Anfang des ersten Förderbands hing eine Fu-Fledermaus aus rotem Papier, aber Shen war nicht da. Ich wollte gerade zum anderen Ende gehen, als einer der Vorgesetzten, um vor mir anzugeben, zwischen zwei kichernden Näherinnen auf den Tisch schlug, weswegen ich erst bemerkte, dass Dad auf mich zukam, als er mir das Spezifikationsblatt eines Reitstiefels in die Hand drückte. Ich warf einen Blick auf das Papier, auf dem oben *Lt. Peanut* stand.

»Wer ist Lieutenant Peanut?«, fragte ich.

»Das ist die Farbe, du Blödmann. Light Peanut. Hellbraun. Wo hast du deinen Kopf?« Keine Ahnung. Er ging in sein Büro zurück. Es war schwer, sich in der Halle zu konzentrieren. Alle hier waren nur auf der Durchreise. Jeder redete sich ein, es sei sein letzter Tag. Nur so hielt man durch. Egal, was sie einem vom Scheck abzogen. Was *wir* ihnen abzogen. Wir, nicht sie. Wenn ich auch sonst nichts konnte, dann wenigstens die Pronomen. Ich hasste die Fließbänder, weil sich alles, was mir vertraut war, hier auflöste, abbrach, weggekarrt wurde wie Granitbrocken. Draußen war Frühling, aber hier herrschte ewiger Hochsommer, die Kleider hart und grob, steif vom Schweiß, man spürte ununterbrochen die Reibung, wie eine zweite fremde Haut.

Shen stand am fünften Band neben Xiafei, dem Industrial-Engineering-Leiter. Xiafei, ein zierlicher junger Mann in bis über den Bauchnabel hochgezogenen Kakihosen, hielt in einer Hand ein Klemmbrett und in der anderen eine Stoppuhr, die er an einem Band um den Hals trug. Beide beobachteten eine junge Frau, die eine Schneidemaschine bediente. Sie sah aus wie Anfang zwanzig, mit flacher Nasenwurzel, bräunlichem Haar, einer weiten gelben Tunika und Jeansshorts. Shen und Xiafei stoppten, wie lange sie brauchte, um Muster aus einem Stück Leder zu schneiden. Jedes Mal, wenn die Arbeiterin die Auslöser drückte, zischte die Hydraulik und eine riesige Stahlplatte senkte sich über eine Matrize, die ein tiefes Schmatzen von sich gab, als würde sie ins Leder beißen.

Nach kurzer Begrüßung konzentrierten sich die beiden wieder auf die Bewegungen der jungen Frau. »Schneller«, rief Shen. Ihre Hände zitterten. Xiafei, der die Welt in Millisekunden maß, sagte, den Stiefelschaft zuzuschneiden, dürfe 13,57 Sekunden dauern, sie aber brauche 14,16 Sekunden, ohne die Matrize zu wechseln. Mit der rechten Hand griff das Mädchen nach links, wo die nächste Viertelhaut fertigen Leders lag, und die Muskeln ihrer Schultern zuckten.

»Verschwendung!«, schrie Shen. Er verabscheute Verschwendung mit jeder Faser seines Wesens. »Warum greift sie nicht mit ihrer linken Hand? Sie hat 1,15 Sekunden verschwendet.«

»So faul«, sagte Xiafei.

»Sie muss die Produktivität steigern«, sagte Shen. »Xiafei!«, brüllte er den Mann an, der genau neben ihm stand. »Wie viel kostet uns das?«

Xiafei legte sich den Radiergummi seines Bleistifts an die Lippen und erklärte mit eiserner Stimme, dass die Arbeiterin an einem Tag siebzig Yuan verschwendete. Shen fuhr sich mit den Händen über das Gesicht, dann beugte er sich zu mir und fragte: »Stimmt es, dass man in Ihrem Land Menschen schlagen kann, die kleiner sind? Ist das Gesetz?«

»Weder dort noch hier ist es erlaubt, Menschen zu schlagen«, antwortete ich. Die junge Frau merkte, dass es nicht gut lief. Ihr Blick huschte hin und her. Sie arbeitete schneller. Ein Schweißtropfen sammelte sich im Pfirsichflaum ihrer Wange. Nach Xiafeis Rechnung verschwendete sie achteinhalb Minuten pro Woche, womit sie zu den untersten zehn Prozent der Arbeiter gehörte.

»Vergiss Atmen nicht«, sagte Xiafei zu Shen, um ihn zu trösten.

»Atmen ist für Mönche«, gab Shen zurück, der inzwischen lila angelaufen war. Er stampfte mit dem Fuß auf. »Ich toleriere keine Kontraeffizienz. Achteinhalb Minuten! In der Zeit kann man seiner Frau ein Kind machen. Xiafei! Stimmt doch?«

»Ich habe nie gestoppt«, sagte Xiafei, wurde rot und ließ die Stoppuhr sinken.

»Shen«, unterbrach ich die beiden, »ich muss mit einer Arbeiterin sprechen.«

»Natürlich, Alex. Aber bitte lassen Sie mich erst hier fertig machen. Danach reden wir, so viel Sie wollen.« Er wandte sich wieder an Xiafei. »Ich fürchte, bei dieser Arbeiterin gibt es nur eins zu tun.«

»Sie können Sie nicht feuern«, mischte ich mich ein. »Dazu sind Sie nicht befugt.«

»Feuern? Nein, ich wollte sie umbringen.«

Xiafei sagte: »Warum sperren wir sie nicht in Hundezwinger?«

»Es gibt einen Hundezwinger?«, frage ich entgeistert. Ich hielt mich am Tisch fest, um nicht umzufallen.

Shen lachte. »Nein, natürlich nicht. Xiafei übertreibt alles.«

Aber Xiafeis Gesicht verriet ihn, und mir begann zu dämmern, dass es zwei Fabriken gab: die eine, die ich zu sehen glaubte, und die andere, die hinter meinem Rücken existierte.

»Diese Frau ist tüchtig«, sagte ich. »Merken Sie nicht, dass Sie sie nervös machen? Unter solchen Bedingungen kann keiner arbeiten. Schulen Sie sie, dann werden ihre Zahlen besser. Und jetzt entschuldigen Sie sich bitte in meinem Namen bei ihr.«

Die Arbeiterin wurde dunkelrot, als sich die beiden bei ihr entschuldigten, und verbeugte sich.

»Shen«, sagte ich. »Ich muss mit einer Arbeiterin namens Ruxi sprechen. Unter vier Augen.«

»Ruxi?«, sagte Shen und starrte die Stahlträger an der Decke an. »Wir haben ein paar Ruxis.«

Xiafei sagte: »Er muss Arbeiter 329 017 meinen.«

»Oh, 329 017! Natürlich.« Shens Blick verfinsterte sich. »Sie ist wie ein Bandwurm in meinem Bauch. Endlich sind Sie aufmerksam geworden. Höchste Zeit sie zu feuern. Heute ist ein guter Tag. Sie ist weder ehrgeizig noch fleißig. Xiafei! Die Zahlen.«

»Unterste fünf Prozent. Brandsohlenpresse. Band drei.«

Auf dem Weg zum Band drei joggte Shen fast voraus und meinte, er brauche jemand von ganz oben, um ihr den Schädel einzuschlagen. »Ich habe ihr gesagt, dass Sie sie holen würden. Sie ist vom Nahi-Stamm im Norden, deswegen ist sie so faul. Meine Empfehlung ist, wir nehmen niemand mehr von dieser Minderheit. Außerdem essen sie ihre Kinder. Das ist Tatsache.«

Ich bekam Kopfschmerzen von ihm. »Ich kümmere mich darum.« Jetzt war nicht der Zeitpunkt, ihm zu erläutern, warum ich Ruxi wirklich sehen wollte. Ich musste sie unter vier Augen sprechen. Ich brauchte ihr Vertrauen. Dann blieb Shen vor einem Mädchen mit Pferdeschwanz stehen.

»Das ist die beklagenswerte Arbeiterin«, sagte er.

Beim Klang von Shens Stimme erwachte die junge Frau aus ihrer Trance und drehte sich erschrocken mit gesenktem Kopf zu uns um.

In meinem schrecklichen Mandarin fragte ich sie nach ihrem Namen. Mit leiser Stimme nannte sie ihre ID-Nummer, und ich spürte Hitze im Nacken aufsteigen.

»Nein, dein richtiger Name.«

»Ruxi«, antwortete sie.

Ich hielt ihr die Hand hin. Sie wischte sich mit dem aus Stoffresten selbst genähten Ärmelschoner den Schweiß vom Gesicht und streckte die Hand aus, aber dann zögerte sie und hielt die Hände hoch, um mir zu zeigen, wie schmutzig sie waren, ihre dünnen Finger schwarz gefärbt von Maschinenöl und -fett.

»Macht nichts«, sagte ich und hielt ihr die Hand hin, und dann nahm sie sie. Ihre Handflächen waren schwielig. Ihr Händedruck schlaff.

Aus irgendeinem Grund hatte ich sie mir älter vorgestellt, aber sie war sehr jung, mit langen Wimpern, die auseinanderstanden, und hohen Wangenknochen. Sie trug ein T-Shirt mit der Aufschrift »Baby Love«, Dreiviertel-Jeans und alte, ehemals weiße Keds.

»Ich muss sie dauernd bestrafen«, sagte Shen. »Ich habe jede Folter probiert, aber nichts hilft. Sehen Sie sich bloß ihren Stapel an im Vergleich zu den anderen.«

Es gab vier Brandsohlenpressen, die nebeneinanderstanden, mit deren Metallkiefern die dünne Faserpappe an den Leisten geklebt wurden. Die Arbeiterinnen stapelten die fertigen Leisten in Plastikbehältern. Auf einen Blick hatte Ruxi vielleicht ein Drittel dessen geschafft, was die anderen produziert hatten.

»Ich muss mit Ihnen beiden allein sprechen«, sagte ich zu Shen. »In meinem Büro.«

Shen übersetzte, und Ruxis Augen weiteten sich. Als sie die Ausweiskarte vom Tisch nahm und sich an den Gürtel klippte, ließ ein erstes Donnergrollen das Gebäude erzittern. Das vormittägliche Gewitter begann heute früh. Zu dritt durquerten wir die Produktionshalle und nahmen die grüne Treppe zur Verwaltungsetage, doch im Flur fing mich Dad ab, nervös, mit hervortretenden Augen und zwei riesigen Einkaufstüten in den Händen. Er wollte, dass ich für ihn zur Gerberei in Tai-San fuhr und Peng, dem Ortsvorsteher, diese Geschenke vorbeibeibrachte.

»Das ist nicht meine Aufgabe«, sagte ich. Er war verrückt, wenn er glaubte, ich würde Botengänge für ihn erledigen. Doch als ich versuchte, an ihm vorbeizugehen, hielt er mich fest.

»Es *ist* deine Aufgabe.«

Shen und Ruxi wandten sich aus Respekt ab und taten so, als würden sie sich für die antike Holzrikscha in der Ecke interessieren, auf deren Bank ein bleicher Kuhschädel lag, dem der halbe Kiefer fehlte und dessen hohlen Augen uns hasserfüllt anstarrten.

Als mir klar wurde, dass Dad nicht nachgab, bat ich Shen und Ruxi, das Gespräch auf den Abend zu verschieben. Dann zog ich Dad in mein Büro. Er stellte die schweren Tüten auf meinem Tisch ab.

»Ich bin jetzt Partner«, sagte ich. »Nicht dein Laufbursche.«

»Eben. Am Anfang habe ich es gemacht. Jetzt bist du dran. Der Fahrer wartet unten.« Er verschränkte die Arme.

Ich warf einen Blick in die Tüten. Zigarettenstangen, Flaschen mit *baijiu,* einem teuren Hirseschnaps, und eine Blechdose, die aussah, als enthielte sie Weihnachtsplätzchen. Ich öffnete sie. Sie war mit Hundert-Dollar-Schein-

Bündeln gefüllt, die mit Gummibändern zusammengehalten wurden.

»Ach du Scheiße«, sagte ich. »Wie viel ist das?«

»Genug.«

»Das trage ich nicht durch die Gegend. Was ist, wenn uns die Polizei anhält?«

»Dafür reicht es auch.«

Jetzt erinnerte ich mich an all die Male, die ich Don Bauer mit diesen Taschen zur Gerberei hatte fahren sehen, und ich Dummkopf hatte gedacht, sie enthielten Ledermuster. Auch Dad war manchmal hingefahren.

»Schick Don«, sagte ich. »Ich mache das nicht.«

»Don ist oben im Norden und sieht sich einen neuen Zulieferer an.«

»So muss es nicht laufen.«

»Bring Peng einfach die verdammten Taschen, okay? Ich sag ja nicht, dass du mit ihm schlafen sollst. Peng spricht Englisch, das schaffst du schon, aber ich gehe trotzdem nirgendwo ohne Dolmetscher hin. Nimm Taishu von der Laufsohlenanlage mit, wenn du willst. Er kann bestimmt ein bisschen frische Luft gebrauchen.« Als er das Wort Dolmetscher sagte, kam mir eine Idee. »Na gut. Aber nur dieses eine Mal.«

»Geht doch. Guter Junge. Der Wagen wartet. Wir sehen uns beim Abendessen«, sagte er und ging.

Ich ignorierte Dads Vorschlag, Taishu mitzunehmen, und schrieb stattdessen eine SMS an Ivy, die sie nach zehn Minuten beantwortete, dann nahm ich die Tüten vom Tisch und trug sie nach unten auf die Straße.

Ivy stand am Pförtnerhaus und streckte die Hand in den

Regen, der wie ein grauer Vorhang vom Himmel fiel, die Entwässerungsgräben flutete und in den Gullis blubberte, bis er plötzlich, ohne Vorwarnung aufhörte. Sie machte einen Schritt auf mich zu, und ich bemerkte, dass sie unterschiedliche Sandalen trug: eine schwarz, die andere grün.

Sie war sehr schön, was ich ihr gern gesagt hätte, aber ich war mir sicher, dass sie es wusste, und ich war mir sicher, dass sie es viele Male gehört und die Nase voll davon hatte, vielleicht war es schrecklich, so schön zu sein. Deshalb sagte ich nur: »Tut mir leid, dass ich dich gestern gestochen habe.«

Sie lachte und zuckte die Schultern. »Mir tut es auch leid.«

Es war schon wieder heiß. Der Asphalt dampfte, die Fischschwanzpalmen glitzerten in der Sonne und der Wind trug den süßen Duft der Frangipani-Bäume vom Fluss herauf.

»Also«, sagte sie mit einem wissenden Blick auf die Tüten, die ich trug, »wir fahren nach Tai-San, um die Freundschaft zu pflegen?«

»Ja, leider. Es ist das erste Mal, dass ich so was mache.« Ich erzählte ihr, dass wir ein Joint Venture mit dem Ortsvorsteher Peng hatten, der in der Gerberei die Mehrheit besaß und die Preise bestimmte. Ich würde eine SMS an Shen schicken, damit er Bescheid wusste, dass ich sie als Dolmetscherin mitnahm.

»Danke«, sagte sie.

»Also kommst du mit?«

Sie lächelte. »Nimm es nicht persönlich, aber alles ist besser, als hier zu arbeiten.«

»Es ist am Strand«, sagte ich, als ich hinten in den Van stieg, und sie machte eine Grimasse, noch bevor ich merkte, wie dumm ich klang. Ivy öffnete die Beifahrertür, um sich neben den Fahrer zu setzen, doch ich bat sie, zu mir nach hinten zu kommen. Ich hatte noch nie vorne gesessen.

»Das geht nicht«, sagte sie. »Dann kommt sich Jianguo vor wie der Chauffeur.«

Ich zog die Schultern hoch. »Er ist eine Art Chauffeur. Oder nicht? Er ist unser Fahrer.«

»Auf dem Rückweg vielleicht«, sagte sie und setzte sich auf den Beifahrersitz, den Jianguo hastig von seiner Zeitung, den Zigaretten und dem Handy befreite. Er warf mir einen fragenden Blick zu. Ich zuckte die Schultern. Jetzt, da sie vorne bei Jianguo saß, schämte ich mich plötzlich, dass ich mich immer nach hinten setzte und dass ich Jianguo seit einem ganzen Jahr kannte, aber immer nur durch Schulterzucken, Nicken und Handbewegungen mit ihm kommunizierte.

Ivy sagte über die Schulter: »Na, fühlst du dich wie der Laufbursche deines Vaters?«

»Nein, eher wie ein Diensthund.«

»In China kennen wir keine Diensttiere.«

»Du schon«, sagte ich und grinste, und sie lächelte zurück, dann wandte sie sich wieder nach vorn.

Jianguo fuhr aus der Stadt auf den Highway und etwa eine Stunde nach Süden bis Tai-San. Wir folgten einem schmalen Fluss und kamen an einen kleinen Hafen voller Tintenfisch-Fischerboote. Ivy sagte, es sei gerade Paarungszeit, und die Fischer durften nicht rausfahren. Sie saßen mit freien Oberkörpern um Tische und spielten Würfelpoker und Schach, auf der Straße vor ihren sogenannten »Handschlag-Häusern«, die so dicht beieinanderstanden, dass man dem Nachbarn durchs Fenster die Hand geben konnte. Wir umkurvten die Spieler und bogen in eine ungepflasterte Straße, die hinunter zum Südchinesischen Meer führte. Die Gerberei befand sich auf Sumpfland, das wir mit dem Aushub der letzten Drumlins aufgeschüttet hatten, bevor alles im Matsch versank. Einer der Eiszeithügel war in der Mitte zerteilt wie von einer Guillotine. An der Schnittkante waren die einzelnen Lehm- und Erdschichten zu sehen, doch auf dem Rücken wuchsen Reihen junger grüner Bäume ohne jegliches Unterholz.

»Diese Bäume«, fragte ich, »was sind das für welche?«

»Ich weiß nicht, wie Sie auf Englisch heißen. Koalabären fressen sie.«

»Eukalyptus?«

»Ja. Aus Australien. Unsere Regierung lässt sie überall anpflanzen. Sie wachsen schnell und hoch, aber sie verbrauchen alle Nährstoffe im Boden und schaden den anderen Pflanzen. Sehr schlecht. Ich glaube, man nennt es biologische Invasion. Ich weiß nicht. Irgendwer macht viel Geld damit.«

Ich hatte das Gefühl, sie sprach von mir. Ich wusste, dass es so war, aber ich wollte nicht nachfragen und paranoid klingen, auch wenn ich vielleicht auf dem besten Weg war, paranoid zu werden.

Wir fuhren auf das Gerbereigelände und parkten zwischen einer großen Halle und einem riesigen in den Boden eingelassenen Wasserbecken. Durch das offene Hallentor sahen wir Arbeiter mit Strohhüten, Gummihandschuhen und Stiefeln, die mit Schrubbern Rinderblutpfützen in schmale Abflussrinnen schoben.

»Schöner Strand«, bemerkte Ivy, als wir ausgestiegen waren. Wir hielten uns mit den Ärmeln die Nase zu. Der Gestank war abartig: faule Eier, Fleisch und Fäkalien. Ein Gestank, bei dem mein Magen verkrampfte und ein Adrenalinstoß zur sofortigen Flucht aufrief.

Als wir zehn Minuten gewartet hatten, fuhr ein schwarzer Audi vor, und Peng, der Dorfvorsteher, stieg aus, in einem roten Scottie-Pippen-Bulls-Trikot, Acid-Wash-Jeans und schwarzen Ledersandalen. Ich hatte mir vorgenommen, nicht nur das Schmiergeld abzuliefern, sondern auch nachzusehen, ob sie die nötigen Teile für die Recycling-Anlage installiert hatten. Der Bürgermeister von Foshan, der sein Onkel war, verlangte, dass wir bis 2016 25 % unseres Abfalls recycelten, sonst würde er uns rausschmeißen.

»Wer ist das?«, fragte Peng als Erstes, nachdem er ausgestiegen war, und grinste Ivy mit schiefen gelben Zähnen an. Statt des üblichen Bürstenschnitts trug er ein Toupet, das scharf nach rechts gekämmt war, zumindest hielt ich es für eins. Ich war ihm ein paar Mal begegnet, als er die Fabrik besuchte. Jetzt schüttelte er mir flüchtig die Hand. Auch Ivy hielt ihm die Hand hin, um sich vorzustellen, aber Peng machte eine Verbeugung und küsste galant ihren Handrücken. Er zog eine richtige Show ab, und während er sich verbeugte, hob er den Blick und zwinkerte anzüglich. Ivy zog die Hand zurück.

»Sie ist meine Dolmetscherin«, sagte ich.

»Alex, du weißt, ich spreche gut Englisch. Da muss etwas anderes los sein. Schön. Geht mich nichts an.«

Ivy warf mir einen Blick aus dem Augenwinkel zu. Peng richtete sich auf und säuselte: »*Enchanté.*« Eine Pause entstand. »Das war Französisch«, erkläre er. Ivy lachte und sagte, es sei offensichtlich, dass ein sehr bedeutender Mann vor ihr stehe.

Ohne Ironie beglückwünschte Peng sie zu ihrem guten Geschmack und sagte, er habe auf den ersten Blick gewusst, dass sie eine herrliche Blume war, eine seltene Blume, nicht das typische Mädchen vom Land.

»Sie haben ja keine Ahnung«, sagte Ivy.

Er warf einen Blick auf die Tüten in meiner Hand. »Warum gehen wir nicht in mein Büro.«

Wir folgten der Terrazzo-Treppe in den ersten Stock zu einem Büro mit hohen Decken und einem langen Eichentisch. Pengs Sekretärin brachte eine Schale mit grünem Tee und schenkte dampfendes Wasser in unsere kleine Tassen. Als sie fertig war, legte Ivy zwei Fingerknöchel auf den Tisch, um sich zu bedanken, das Symbol für eine sich verbeugende Person, und Peng sagte mit hochgezogenen Brauen: »Du musst Ms. Li nicht so viel Respekt zeigen. Sie ist meine Sekretärin.«

»Dann hat sie umso mehr Respekt verdient«, gab Ivy zurück.

Peng klatschte in die Hände. »Ah, Schönheit und Gesundheit, tadellose Manieren, und dazu noch ein weiches Herz? Du vereinst wirklich alle Tugenden. Ich sollte meine Frau verlassen und dich heiraten.«

»Ich bin nicht zu haben«, sagte sie. »Außerdem sind Sie mir zu alt.«

»Alter«, schniefte er. »Was ist schon Alter? Mit Alter kommt Weisheit. Weisheit und *Erfahrung*.« Wieder zwinkerte er anzüglich, und ich hätte ihm am liebsten eine geschmiert.

Dann sagte er, er nehme die Ablehnung nicht persönlich, denn er habe bereits eine Geliebte, viel zu jung, die sich für eine Schauspielerin hielt. »Wenn ich sie sehen will, muss ich für alles bezahlen. Sie sagt, sie liebt mich, aber das sagen sie alle. Sie soll es beweisen. Sie kann mich auch mal zum Essen einladen, nur ein Mal, oder? Etwas beisteuern. Mir zeigen, dass sie es ernst meint.«

»So etwas darf einem bedeutenden Mann wie Ihnen nicht passieren«, sagte Ivy.

»Genau«, rief er und schlug sich mit der Handfläche an die Stirn. »Siehst du, du verstehst mich.«

Ivy rollte kaum merklich die Augen in meine Richtung. In mir wuchs der Wunsch, einfach aufzustehen, zu erklären, dass wir von nun an keine Geschäfte mehr machten, und mit Ivy zu gehen, aber ich schob den Gedanken weg. Gib ihm die Tüten und dann raus hier. »Von meinem Vater«, sagte ich, ein kläglicher Versuch, die Verantwortung abzuwälzen, und schob die Tüten über den Tisch. Ich wusste nicht, ob es für Schmiergeld eine Etikette gab, der wir zu folgen hatten. Ob ich wie an Weihnachten zusehen sollte, wie er die Geschenke auspackte. Er nahm die Tüten entgegen, warf einen Blick hinein, stellte sie auf den Boden und sagte mit zufriedenem Grinsen: »Gut.« Er machte sich nicht einmal die Mühe, irgendetwas herauszunehmen.

»Richte deinem Vater danke aus«, sagte er, »und Preise bleiben natürlich, wie sie sind.«

Ich wusste, dass ich Dankbarkeit zeigen musste. Ivy sah weg. Ich presste ein gemurmeltes Danke heraus.

»Und sag ihm, die Betriebsprüfung in diesem Quartal wird in Ordnung sein«, sagte Peng.

»Woher wissen Sie das?«, fragte ich, obwohl ich genau wusste, warum wir nie Probleme mit dem Finanzamt hatten. Ich war nur neugierig, ob er es zugab.

Peng griff nach einer Packung Zahnstocher, die auf dem Tisch lag, und begann, sich die Zähne zu reinigen, aber er hatte nicht die Klasse, die Hand vor den Mund zu halten. Er bohrte und schmatzte und fuhr sich mit der Zunge über die Zähne.

»Ich sitze im Prüfungsausschuss. Es ist ein Privatunternehmen.« Ivy lachte laut auf, dann hielt sie sich die Hand vor den Mund. Peng starrte sie an. »Was ist so witzig?«

»Sie lacht über mich, Peng«, sagte ich schnell, und fast glaubte ich es selbst. Warum das Offensichtliche ansprechen? Natürlich verdiente er Geld mit seinen eigenen fingierten Betriebsprüfungen.

»Oh«, Pengs Blick wurde wieder weich. »Dann kannst du lachen, so viel du willst.«

Ich stand auf. Ich hielt es keine Sekunde länger in seinem Büro aus. »Können wir das Recycling-Programm sehen?«, fragte ich.

Draußen war es heiß und stickig. Peng warf mit einer Handvoll Steine nach einem räudigen Hund, der von

Wunden übersät war. Das Tier bellte einmal, dann verzog es sich schnell. Wir gingen über das holprige Pflaster auf die erste Halle zu, wo der Gestank intensiver wurde, verfaultes Fleisch gemischt mit einer salzigen Brise.

Die Arbeiter, durchweg Männer, durchweg jung, starrten uns an, als wir an den glänzenden rosa-braunen Rohhäuten vorbeigingen, die in Salz gepackt auf Holzpaletten gestapelt waren. Sie trugen Schlachterschürzen, Jeans, Gummistiefel, Kettenhandschuhe und T-Shirts, die Arme durch zusammengeflickte Gummiärmel geschützt. Ein paar von ihnen hängten die Häute an zwei Ecken an Fleischerhaken auf, die von einer Deckenlaufbahn hingen, während andere mit Schaufeln auf die Häute einschlugen, um das Salz und den Sand zu entfernen, und eine letzte Gruppe den Dreck und das Salz und das Haar, die von den Häuten fielen, zu hohe Haufen zusammenfegten, aus denen ein paar Kuhschwänze ragten.

Peng beugte sich vor und raunte: »Kein Ort für ein hübsches Mädchen wie dich, Miss Ivy.«

Sie winkte ab und betrat die Halle. Bis auf die offenen Türen der Laderampen und ein paar Standventilatoren gab es keine Belüftung. An Fleischerhaken bewegten sich Dutzende von Rohhäuten wie zerschlissene Segel durch die Halle, riesige, zerfetzte Fahnen aus Haut, die schwer und schlaff herabhingen.

Vor uns schoben die Arbeiter die Rohhäute in die lauten Entfleischungsmaschinen, deren Messerwalzen und Schleifsteine die Fett- und Muskelreste entfernten.

Alles war von einer grünen Rostpatina bedeckt, und die Maschinen wirkten, als hätte man sie vom Meeresboden aus einem Schiffswrack geborgen. In den Abflussrinnen zu unseren Füßen trieben Haare, Chrom und Kalk, Fettklumpen in Lauge und blaugrüner Schlamm in die offenen Recyclingbecken unter freiem Himmel.

»Seht ihr«, sagte Peng, »ich habe meinen Teil des Deals eingehalten. Wir recyceln.« Sein Handy klingelte. »Entschuldigt mich.«

Ivy und ich gingen allein weiter, an den Spaltmaschinen vorbei, wo vier Männer die im Kalk aufgequollenen Häute einer Bandsäge zuführten. Die Unterseite war Wildleder, die Oberseite Narbenleder. Man konnte nicht viel sehen, aber keiner hier trug eine Maske. Wildleder staubte so sehr, dass manche Gerbereien es gleich weiterverkauften, um nichts damit zu tun zu haben, aber wir machten gute Geschäfte mit Wildleder. Dann passierten wir Arbeiter, die minderwertiges Leder – Stücke mit Fehlern und Riefen – mit künstlicher Narbung versahen. Prägemaschinen stempelten mit tonnenschwerem Druck Straußen-, Schlangen- oder Krokodil-Narbung darauf. Um uns herum standen erhöht auf einer Stahlplattform riesige Holztrommeln – dort wurden die Häute in Alkali, Sulfid und Ammoniumsalzen eingelegt.

Schließlich kamen wir zum letzten Raum, wo eine steile Treppe zu einem riesigen Silo führte, in dem das Rinderhaar recycelt wurde. Die Abteilungsleiterin trug ein T-Shirt mit einem Strass-Teddy und Sandalen mit Keilabsatz, eine Strähne ihres Haars war Pink gefärbt, das Haar mit einer Spange zurückgehalten. Sie begrüßte uns auf Chinesisch. Es war nicht zu übersehen, dass sie jeden Morgen Zeit für ihr Äußeres aufwand, obwohl sie bis auf die Sekretärin die einzige Frau in der Fabrik war, obwohl sie am Arsch des Kontinents arbeite und ihre Tage mit beiden Beinen in Scheiße, Dreck und Blut verbrachte. Wir nahmen die vier Treppenläufe zur Spitze des Silos. Die Abteilungsleiterin wippte unsicher mit den Füßen auf der Außenkante, während sie uns erklärte, wie beim Haar-Recycling das Eiweiß vom Wasser und Ausschuss getrennt wurde. Dann wurde heiße Luft hineingeblasen, wodurch ein Pulver entstand, das wie Schnee herabrieselte. Dieses Pulver ließ sich als Füllmaterial für Kissen und Sofapolster verwenden, oder auch als Dünger oder Tierfutter. Inzwischen war Peng zurück und machte ihr die Hölle heiß, weil es hier oben weder Geländer noch Sicherungsseile gab, und während sich die beiden stritten, stahl sich Ivy davon. Ich folgte ihr nach unten, und sie öffnete lächelnd die Tür des Silos. Wir gingen hinein, und wirklich, es schneite.

»Ich habe noch nie Schnee gesehen«, sagte sie, als sie die Hand ausstreckte. Das Pulver fiel sanft auf ihr Haar und ihre Schultern. Dicke, wirbelnde Flocken, die mich an die Fliegen in der Kantine erinnern.

»Fühlt sich Schnee wirklich so an?«, fragte sie. »Echter Schnee?«

Ich sagte ja, nur kälter. »Komm. Ich glaube nicht, dass das Zeug gut für die Haut ist.«

»Es ist wunderschön.« Sie streckte die Zunge aus und ließ sich den Schnee oder das Kuhhaar, oder welcher Scheiß das auch war, auf die Zungenspitze fallen.

»Mach das nicht«, sagte ich.

Sie schloss die Augen.

»Was soll das?«, fragte ich.

»Ich versuche, mir Kälte vorzustellen«, sagte sie. »Ich stelle mir vor, ich stecke im Schnee fest, ganz allein, und ich weiß, dass ich erfrieren werde, wie Trotzki in Sibirien. Aber dann wurde er von einem jüdischen Bauern mit einem Pferdekarren gerettet, wusstest du das? Der Bauer war auf dem Heimweg, um seiner Frau eine Ente zu bringen, die sie an dem besonderen Tag der Woche braten sollte. Wie heißt der bei euch?«

»Sabbat.«

»Genau. Der Bauer war wegen der Ente weit gefahren, weil er seine Frau glücklich machen wollte. Das war das erste, was ich über die Juden gelernt habe, sie wollen, dass ihre Frauen glücklich sind, ist das wahr?«

Ihre Schultern waren mit Schnee bedeckt, und ihr Haar auch. Ich konnte eine Seite ihres Gesichts erkennen, auf das ein kleines Lichtquadrat durch die Isolierglasscheibe an der Eingangsluke fiel. »Nicht immer. Es gibt da kein Gesetz.«

»Trotzki«, fuhr sie fort, »versteckte sich die Ente haltend unter der Decke, und der jüdische Bauer fuhr an der letzten Wache am Fluss vorbei und betete. Aber dann hörten sie die Ente. Die Ente spielt verrückt und bellt. Nein, Enten bellen nicht. Ich weiß das englische Wort nicht.«

»Quaken.« Es schneite immer mehr. Leicht und weich. Verfing sich in ihrem Haar. Ich konnte meinen Atem nicht sehen.

»Richtig, quaken. Und da sagte Trotzki, tut mir leid, mein Freund, aber ich muss das tun. Er drehte ihr den Hals um. Und sie fahren die ganze Nacht und Trotzki erlangte die Freiheit. Es gäbe also keine Revolution, wenn es den jüdischen Entenbauern nicht gegeben hätte. Aber mir tut seine

Frau leid, die ihn wahrscheinlich angeschrien hat. Sie wusste nicht, wie viel ihr Mann riskiert hatte. Er war auch ein Vater der Revolution, selbst wenn er bloß ein Bauer war. Denkst du manchmal darüber nach, Alex? Wir sind beide kleine Menschen. Du bist sehr reich, aber trotzdem klein. Fragst du dich manchmal, ob jemand Größeres in dir steckt? Jemand wie der Entenbauer?«

»Ich mag dich«, sagte ich einfältig. Etwas anderes fiel mir nicht ein.

Ivy lächelte mich im Dunkeln an, das Kästchen auf ihrer Wange leuchtete, und ich wollte dieses Kästchen küssen.

»Ich mag dich auch«, sagte sie.

»Warum?«

»An der Uni gab es eine Regel – frag nie warum.« Sie stand direkt vor mir. Ich spürte ihren Atem. Mir war kalt nach ihrer Geschichte. Sie kam noch näher. Hob den Kopf, und das Lichtkästchen fiel auf ihren weißen Hals. Sie hob den Finger und berührte meine Lippen, dann neigte sie den Kopf, und ihre Lippen bedeckten meine. Ihre Zunge drehte sich in meinen Mund, als versuche sie sich einzuhaken. Ihre Hände wanderten meinen Rücken herauf; ihre Haut roch ein bisschen nach dem süßlichen Klebstoff der Schuhfabrik und ein bisschen nach Talkumpuder, um uns wirbelnde Weiße, und dann zog sie den Kopf ein wenig zurück. Es war still bis auf unsere leisen schnellen Atemzüge.

»Du hast gerade gesagt, du warst an der Uni«, murmelte ich.

»Das war ich«, antwortete sie.

»Warum arbeitest du wirklich in der Schuhfabrik? Niemand, der studiert hat, arbeitet in einer Fabrik.«

»So viele Fragen.« Sie legte die Hand auf meine Brust. »Kannst du mich in den Arm nehmen?« Sie hob meine Hände an ihre Hüften.

»Erzähl mir etwas. Sag mir, was am Platz des Himmlischen Friedens passiert ist.«

Plötzlich hörten wir ein Hämmern von außen gegen die Silowand, ein dumpfes hohles Scheppern, und Pengs Stimme: »Hallo? Seid ihr da drin? Wo sind sie nur hin?«

»Ich war dort.« Ihre Stimme war rau.

»Was ist passiert?«

»Hallo?«, rief Peng. »Ich habe sie verloren. In meiner eigenen Gerberei. Wo verstecken sie sich? Hallo? Mr Younger Cohen und schöne Ivy?«

»Was ist passiert?«, fragte ich.

»Meinetwegen wurde meine Schwester getötet.«

Die Luke ging auf und im hereinflutenden Licht sah ich ihr schmerzverzerrtes Gesicht.

»Wen haben wir denn da«, sagte Peng. »Zwei Spatzen im Nest. Ivy, du betrügst mich schon, dabei haben wir uns gerade erst kennengelernt. Ich könnte dir romantischere Orte als die Gerberei zeigen.«

Ich ließ die Hände sinken. Sie auch. »Tut mir leid«, sagte ich, aber sie ging schon zur Luke; und der Schnee fiel von ihrem Haar und ihrem Rücken und bildete hinter ihr eine Spur.

»Einen Moment noch«, sagte ich zu Peng und folgte Ivy, die den Hof überquert hatte und auf der Mauer stand, von der aus sie aufs grüne Meer sah.

Einen Moment fühlte ich mich, als wäre ich am Strand in Lynn.

Die kleinen Granithügel, der Geruch der Salzmarsch, das hohe Schlickgras, gebogen wie Sensen.

»Ignorier ihn einfach«, sagte ich. »Er ist ein Arschloch.« Sie antwortete nicht. »Bist du wütend, weil ich dich geküsst habe?«

»Ich würde gern ehrlich mit dir sein«, sagte sie. »Aber es gibt so viel, was du nicht weißt.«

Hier war kein Strand, hier war nur verlassene Küste und der Wind, der an der Tür einer baufälligen Fischerhütte rüttelte.

»Du musst es mir nicht erzählen«, sagte ich. Das war eine Lüge.

»Doch«, sagte sie. »Ich muss. Ich werde dich brauchen.«

Im Van saß Ivy hinten bei mir. Ich machte keine große Sache daraus, ich war froh darüber. Wir sahen, wie die Frau mit dem Teddybär-T-Shirt uns zum Abschied winkte. Dann fragte Ivy, ob wir auf dem Rückweg im Wuling-Tal Halt machen könnten. Sie wollte mir dort etwas zeigen.

»Ich weiß nicht. Ich habe meinem Vater versprochen, auf direktem Weg zurückzukommen. Er braucht mich für die Muster der Kollektion für Abelson's. Tut mir leid.«

Sie rückte von mir weg. »Dein Vater muss es nicht erfahren. Jianguo verrät uns nicht. Komm schon. Die Fabrik läuft dir nicht weg. Sie wartet auf dich.«

»Tut mir leid.«

Ich sagte es zehnmal im Kopf, um den Satz endlich loszuwerden. Ich hatte das Gefühl, ich würde mich nur noch entschuldigen. Wie konnte *Mea culpa* eine andere Sprache als Jiddisch sein? Das hatte mich schon in der Mittelstufe verblüfft.

»Hast du schon mal ausprobiert, nicht auf ihn zu hören?«, fragte Ivy. »Nur um zu sehen, was passiert?«

In der Schule war ich immer an der dritten Base stehen geblieben. Damals auf Duggar's Field in Lynn, selbst wenn ich gerade einen Fastball über den rechten Feldspieler gejagt hatte, der ihn bis zum Zaun verfolgte, und locker die zweite Base umrundete. Der Third-Base-Coach gab mir das Zeichen – Hände flach vom Körper weg – stopp. Bleib stehen. Drück es den lahmen Andover Pirates nicht rein, wir liegen sowieso in Führung. Ich war nie auf die Idee gekommen, sein Zeichen zu ignorieren. Gemächlich joggte ich zur dritten Base und blieb dort, und mein Vater war nicht da, wahrscheinlich war er gerade in der deutschen Pension in Tiachung, als es das erste Mal passierte, und setzte sich kerzengerade im Bett auf, als Gott zu ihm sprach: »Der Junge erhört die Zeichen«, und rieb sich die Augen und sagte: *Der Junge hört? Er ist ein guter Junge? Nicht der Schlimmste? Danke, Amen, oder was auch immer …*

Wir rumpelten auf einer Holzbrücke über den Bei Jiang, und unter uns glitt der Sampan eines Fischers vorbei, am Bug ein glänzender Kormoran mit einer Schlinge um den Hals, und die Schnur endete in der Faust seines Besitzers.

»Na gut«, sagte ich. »Weißt du was? Scheiß drauf. Gehen wir.«

5

Nachdem Ivy Jianguo den Weg beschrieben hatte, verließen wir den Highway und fuhren an Brunnenkresse- und Gänse-Farmen und raschelnden Reisfeldern vorbei, die sich in die Täler zwischen den Karstbergen schmiegten. Das Geräusch der Reifen änderte sich je nach Terrain: erst pockennarbiger Asphalt, dann Kies, dann Lehm, bis wir schließlich in einem Dorf namens Yingde vor einem Haus mit einem halbmondförmigen Teich stehenblieben. Die Häuser hatten Wok-Henkel-Dächer – glockenförmige Giebel, die mit Krabben, Kranichen und Hähnen verziert waren. Als wir ausstiegen, knatterten ein paar Jungs auf Motorrollern vorbei und winkten Ivy zu.

»Kennen sie dich?«, fragte ich.

»Natürlich.« Sie zeigte auf das Haus. »Hier bin ich aufgewachsen.«

Der weiße Putz schälte sich von der Giebelwand, und man sah die unterschiedlichen Generationen an Ausfachung – Ziegel, Stampflehm, Hüttenlehm und in jüngerer Zeit Zement –, wie man an den Ringen eines Baums sein Alter ablas. Wir betraten das Haus durch eine Flügeltür, und über die Lehmwände eines kleinen quadratischen Raums ohne Möbel huschten Eidechsen. Ivy führte mich in den nächsten kahlen Raum.

»Das war mein Zimmer. Aber es wohnt schon lange keiner mehr hier.« Ich betrat den nackten, unverputzten Raum. Es war niemand da. Ich berührte die kühlen, feuchten Wände. Bis auf die Frösche im Teich und das Zirpen der Zikaden war es unheimlich still.

»Wo sind alle?«, fragte ich.

»Heute leben nur noch Alte und Babys hier. Die anderen sind in die Städte gegangen«, sagte sie schlicht, als verstünde es sich von selbst, dass am Fließband zu stehen und in einer Schuhschachtel zu hausen besser sei als das Leben hier.

Das Haus hatte drei quadratische Erkerzimmer und einen engen Lichthof in der Mitte. Wie heute Morgen auf dem Fabrikgelände streckte Ivy die Hand aus, als erwartete sie, dass von der Traufe Regen tropfte.

Sie zeigte auf ein Einschussloch. »Mein Großvater«, sagte sie. »Er besaß viel Land. Während der Anti-Rechts-Bewegung haben sie ihm die Augen verbunden und an der Mauer seines eigenen Hauses erschossen, genau hier.«

»Wer *sie*?«

»Nachbarn. Seine eigenen Leute. Sie haben ihn an der Stelle in den Fluss geworfen, wo das Hausboot meiner Großmutter liegt. Sie ist später dorthin gezogen. Sie ist keine *Tanka* wie die anderen Fischer. Meine Großmutter ist dort, um über meinen Großvater zu wachen.«

»Das ist schrecklich«, sagte ich unbeholfen. Ivy fuhr mit der Fingerspitze über das Einschussloch.

»Ich habe dir erzählt, dass er als junger Mann für die Gesellschaft zur Emanzipierung der Füße gearbeitet hat. Das ist so lange her, aber wenn ich mich umsehe, kommt mir

China immer noch vor wie eine alte Frau mit goldenen Lotusfüßen.«

»Meinst du wirklich? China entwickelt sich doch mit Lichtgeschwindigkeit. In fünfzehn Jahren habt ihr geschafft, wofür der Westen das gesamte zwanzigste Jahrhundert gebraucht hat.«

»Nein«, sagte sie, »ich meine nicht Wirtschaft und Industrie. Ich meine, die Revolution ist gescheitert. Die Menschen haben Angst. Seit Tian'anmen haben die Menschen Angst vor radikalen Ideen. Doch die sind nötig. Hast du mit deinem Vater wegen Ruxi gesprochen?«

Erst jetzt fiel mir ein, dass ich mich am Abend mit Ruxi und Shen treffen wollte. Das hatte ich völlig vergessen. Ich sah auf die Uhr. Wenn wir gleich weiterfuhren, könnte ich es noch schaffen.

»Ich habe mit meinem Vater geredet und ein Treffen mit Ruxi vereinbart.«

»Danke.« Sie berührte meinen Arm.

»Wir können die Bestimmungen ändern.«

»Warum tut ihr nicht einfach, was richtig ist?«

»Wir ändern die Bestimmungen, damit getan werden kann, was richtig ist.«

Sie runzelte die Stirn und schüttelte den Kopf.

»Morgen«, sagte ich. »Ich habe alles verabredet.« Vor lauter schlechtem Gewissen sah ich weg.

»Das ist gut. Ruxi ist verzweifelt. Sie sagt verrückte Dinge.«

Ivy führte mich wieder nach draußen. Hier war die Luft viel leichter. Während ich tief einatmete, kamen ein paar ältere Frauen aus dem Labyrinth der Gassen, Gesichter wie gebläutes Leder, und redeten mit Ivy. Ein dürres Kätzchen rieb das Ohr an einer Säule, aber als ich es streicheln wollte, lief es davon.

Ich folgte Ivy durch ein Mondtor in den Hof eines kleinen Tempels. Vom Dachfirst hing eine schaukelnde Papierlaterne, die rotes Licht verbreitete. Am Boden lagen die Hülsen verbrannter Feuerwerkskörper. Eidechsen sonnten sich in Flecken aus Sonnenlicht. An der Rückwand war ein langer Tisch mit Ahnentafeln. Sandelholzstäbchen ließen gekräuselte Rauchfahnen aufsteigen. Dahinter standen zwei Steintafeln mit den Namen der Dorffamilien in wunderschöner Kalligraphie und ein kleines gerahmtes Foto einer Frau. Jung. Sie hatte etwas vom Glamour des alten Schanghai. Fuchspelz und Perlen. Das Haar in Wasserwellen. Sie war wunderschön. Wie Ivy. Ich fragte mich, wer sie war. Versuchte mir meine Mutter in dieser Aufmachung vorzustellen. Früher musste sie genau so schön gewesen sein, und plötzlich wünschte ich mir nichts sehnlicher, als ein Foto meiner Mutter wie dieses zu besitzen. Denn solch ein Foto sagte über etwas dich aus. Dass du gewisse Dinge wusstest, dass nicht mehr jung und naiv warst.

Wir zogen die Schuhe aus, knieten uns auf zwei dicke rote Kissen, und ich sah Ivy beim *Kotau* zu, sie beugte sich nach vorn, murmelnde Lippen, Füße unter dem Po, und berührte fast mit der Stirn den Boden. Ich tat es ihr nach, zwei oder drei Mal. Erst war mein Kopf leer, aber dann hatte ich das Gefühl, der Respekt verlange es, also entschuldigte ich mich im Stillen bei meiner Mutter, dass ich gewünscht hatte, sie würde schneller sterben, nur damit ich ein Erinnerungsfoto von ihr hätte.

Dann entschuldigte ich mich bei Ivys Ahnen. Ich wusste nicht einmal wofür. Vielleicht dafür, dass in ein paar Jahren ihr Dorf eine Starbucks-Filiale hätte, vielleicht dafür, dass die jungen Leute zwischen 16 und 45 in die Städte zogen und nicht zurückkamen. Ich war mir nicht sicher. Es war heiß und ich schwitzte und ich sehnte mich nach einer Klimaanlage, und auch dafür entschuldigte ich mich bei Ivys Ahnen.

Verstohlen sah ich Ivy an. Sie betete immer noch mit geschlossenen Augen. Ihr Haar war natürlich gewellt. Die Perücken meiner Mutter hatten echt ausgesehen. Es waren keine billigen synthetischen mit abstehenden Strähnen oder Perückennetz. Einmal hatte ich als Kind durch den Türspalt gelinst, als meine Mutter sich vor dem Abendessen die Perücke aufsetzte. Ich wusste, dass ich etwas Verbotenes tat, aber ich starrte wie hypnotisiert hin, als sie die Perücke sorgfältig nach außen drehte und sich die Spitzenhaube über den Schädel zog, der rosa und schuppig und faltig war: ihr wahres Ich. Irgendetwas verschob sich damals in mir. Ihr Kopf war hässlich, und ich hasste mich dafür, dass ich das dachte. Dann sah ich zu, wie sie die Perücke aufsetzte und ihre Schläfen berührte, um zu prüfen, ob sie schief saß. Sie steckte sich das Haar mit Klammern hinter den Ohren fest, sah in den Spiegel nach losen Strähnen, und bevor sie sich hätte umdrehen können, lief ich durch den Flur davon.

Ivy hob die Hand und strich sich das Haar hinters Ohr, eine Geste, die mich berührte, der plötzliche Anblick ihres Ohrs, so nah, die Windungen und Falten dieses zarten, rosabraunen Ohrs. Als ich klein war, war ich ständig mit Mittelohrentzündung beim Arzt gewesen, und sie setzten mir

Paukenröhrchen ein. Fast wäre ich taub geworden. Einmal versuchte ich, mit einer Taschenlampe, einer Spitzzange und einer Lupe im Spiegel mein Trommelfell zu sehen, als meine Mutter hereinkam und rief: »Fedor, der Idiot versucht schon wieder, sich umzubringen!« Mit »schon wieder« war der Tag gemeint, als ich barfuß zum Baseballfeld ging, und mir Mom von der Haustür hinterherrief: »Es gibt so was wie Tetanus, weißt du! Woran, glaubst du, ist Thoreau gestorben?« Damals war ich acht. Sie machte mir schreckliche Angst. Es dauerte Jahre, bis ich wieder wagte, ohne Hausschuhe einen Teppich zu überqueren. Doch jetzt stand ich barfuß in einem Tempel und wünschte mir von Ivys Ahnen ein Otoskop, um ihr ins Ohr zu sehen, der Biegung ihres Organza-zarten Gewebes zu folgen bis zum sanft pulsierenden Trommelfell, das in der Tiefe milchig schimmerte wie eine Salzwasserperle. Vielleicht war das Verlangen, das kräuselnd in mir aufstieg wie der Sandelholzrauch vor den Steintafeln, der Wunsch, mit Ivys Ohren zu hören, zu verstehen, was zur Hölle hier mit mir geschah.

Alles war still, bis Ivy fragte: »Kannst du Fahrrad fahren?«

»Fahrrad fahren? Ja, klar.«

»Ich frage nur, weil du groß bist.«

»Du meinst dick.«

»Nein, nicht in deinem Land«, sagte sie.

Wieder draußen ging ein alter Mann ohne Hemd und ein leeres Zigarettenpäckchen schüttelnd an uns vorbei, ohne uns zu sehen. Ivy öffnete einen kleinen Schuppen und holte zwei Fahrräder heraus, eines davon ein altes Mädchenrad mit Lenkerkorb und rosa Aufklebern am Rahmen. »Versuch es damit. Meine Cousine Jin San war das dickste Mädchen im Dorf.« Sie hob einen langen Stock vom Boden auf, den sie mir reichte.

»Wozu brauch ich den?«

»Tollwütige Hunde. Falls es spät wird. Nachts spielen die tollwütigen Hunde verrückt.«

»Großartig.« Ich fuhr mit dem Rad im Kreis und machte ein paar Übungsschläge in die Luft.

»Wo fahren wir hin?«, rief ich. Ivy war schon ein Stück voraus.

»Zur Pfirsichblütenquelle.«

Meine Reifen schlingerten auf den schmalen Sandwegen zwischen den jungen Reispflänzchen. Dann führte Ivy uns über die Pfade der Bananenplantage, wo es unter den schattigen Palmen kühl war, und die Bauern auf den Feldern blickten unter ihren kegelförmigen Strohhüten auf. Ich sah einen Wasserbüffel, der mit dem Bein in den Zinken einer Egge steckte, Blut floss und der kahle Besitzer kniete im Schlamm und zerrte um ihr Leben, und schon waren wir vorbei. Gänse flatterten vor meinem Vorderrad davon. Es ging bergauf, wir traten fest in die Pedale, ich spürte das Brennen in den Waden, und die Räder quietschten mit jeder Umdrehung.

Wir kamen an eine Weggabelung. Zwei steile Serpentinen den Hang hinauf.

»Welche Richtung?«, fragte ich.

»Ich nehme immer die kleine Straße«, sagte Ivy, sich schon in die Kurve lehnend, und die Horstgräser peitschten gegen unsere Knöchel.

Nach langer steiler Fahrt erreichten wir ein Plateau mit einem Teich und einer kleinen Hütte. »Es ist wunderschön hier«, sagte ich und blickte auf den Teich und das Tal dahinter.

Ich stieg ab und lehnte mein Rad an den Stamm einer feuerroten Kreppmyrte. Statt ihres auf die andere Seite zu stellen, registrierte ich, dass Ivy ihr Rad an meins lehnte, Sattel an Sattel, die Lenker verschränkt.

Wir gingen auf die kleine Hütte zu. Die Luft war vom süßen, üppigen Duft des Orangenjasmins erfüllt. Sie sagte, man nenne ihn den Sieben-Meilen-Geruch.

Die Hütte hatte kein Dach. Sie bestand nur aus vier Wänden, was sehr seltsam wirkte, als hätte man sie über Nacht aufgestellt. Es gab auch keine Fensterscheiben, aber dafür eine voll eingerichtete Küche mit Spüle.

»Das ist mein Haus«, erklärte Ivy. »Ich habe es letztes Jahr gekauft und selbst gebaut.« Sie lachte. »Willst du es sehen?« Wir traten durch die Tür in den einzigen Raum, und erst jetzt begriff ich, dass die Küche in Wirklichkeit eine Fototapete war, das Bild einer französischen Landhausküche mit Herd und Spüle und Teekessel.

»Magst du ein Stück Brot?«, fragte Ivy lachend und legte die Hände auf das dampfende Baguette auf der Anrichte, als würde sie es mir hinhalten.

»Das verstehe ich nicht«, sagte ich. »Das ist alles nicht echt.«

»Nachdem ich das Stück Land gekauft hatte, haben sich plötzlich die Bestimmungen geändert, und die Gegend galt nicht mehr als Ackerland, sondern als Wohngebiet. Es gab Pläne, das Land zu erschließen. Wir sind hier noch im

Großraum von Foshan, und wenn die Stadt weiterwächst, ziehen die Menschen immer weiter raus. Um eine Niederlassungserlaubnis für mein eigenes Grundstück zu bekommen, musste ich plötzlich beweisen, dass ich hier wohne. Sie haben lokale Beamte zur Kontrolle hergeschickt. Also habe ich eine Hütte mit vier Wänden gebaut, aber als die Beamten mit ihren Fotoapparaten kamen, sagten sie: ›Das sind bloß vier Wände, hier wohnt keiner, Erlaubnis abgelehnt.‹ Ich sagte: ›Gebt mir eine Woche.‹ Sie gaben mir zwei Tage. Also habe ich ein Sofa vom Schrottplatz heraufgeschleppt, eine alte Strohmatratze und einen kaputten Stuhl, den ich am Straßenrand gefunden habe, und als Küche habe ich die Fototapete an die Wand geklebt. Eine Woche später kamen dieselben Beamten und sagten: ›Sehr schöne Küche. So gemütlich. Sie haben ein schönes Haus. Aber Sie brauchen fließendes Wasser.‹ Ich habe auf die Tapete mit dem laufenden Wasserhahn gezeigt, und da haben sie genickt und Fotos gemacht. Dann haben sie die Fotos ans Amt geschickt, und alle waren sich einig, dass es ein schönes Haus ist. Ich habe die Niederlassungsbewilligung bekommen. So ein Schwachsinn.«

»Ich liebe China«, sagte ich.

»Ich habe ihnen kein Schmiergeld gegeben oder so was. Und jetzt ist das mein Haus, und ich kann die Gräber meiner Großeltern beschützen. Meine Großmutter und meine Großtante wollen hier beerdigt werden. Würden ihre Gräber zerstört und entfernt, müssten ihre Seelen unglücklich umherwandern. Irgendwann machen sie den Tempel kaputt, den ich dir gezeigt habe. Und das Fischerdorf auch. Sie haben nur noch ein paar Jahre. Und weil meine

Schwester tot ist und die anderen Enkel weggezogen sind – einer nach England, einer nach Amerika –, bin ich als einzige übrig, und es ist meine Pflicht.«

»Und du musst auch hier beerdigt werden?«, fragte ich und merkte, dass ich es aus egoistischen Gründen tat.

»Ja. Die Toten halten sich an den Lebenden fest. Ich träumte davon wegzugehen, nach London oder nach New York. Die Städte zu sehen, vielleicht dort zu leben. Die Welt ist so groß. Ich kann mir hundert Leben vorstellen. Ich kenne Leute, die mir helfen können, aus China rauszukommen. Wie oft habe ich die Koffer gepackt. Aber es geht nicht.«

Sie kniete sich vor eine alte VBA-Munitionskiste, die in der Küche stand, öffnete die rostigen Riegel und nahm eine Pergamentrolle mit zwei goldenen Griffen heraus. Es sei das einzige Kunstwerk, dass sie besitze, sagte sie, natürlich eine Fälschung, aber ihr Großvater hatte es ihr geschenkt. An den goldenen Griffen zog sie die Rolle auseinander. Sie war aus Seide, mit schwarzer Tinte bemalt. Das Bild hieß *Traumreise zur Pfirsichblütenquelle*. Die linke Seite zeigte die Wirklichkeit: dramatische Berggipfel mit Wolkenbändern, knorrige Bäume mit klauenartigen Ästen. In der Mitte führte ein Bach zum Eingang einer Höhle, vor dem ein Fischer hockte, bereit, ein Paradies roter Pfirsichblüten zu betreten, wo die glücklichen Menschen arbeiten, essen, spielen.

»Wunderschön«, sagte ich.

»Die Menschen sind so klein«, bemerkte sie. »Verglichen mit den Bergen und den Bäumen. Als wären sie nichts. Aber vielleicht verstehe ich nicht viel von Kunst.«

»Wovon handelt die Geschichte?«

Jedes Schulkind kannte das Märchen, sagte sie. Ein unbedeutender Fischer rackert sich ab, um seine Familie durchzubringen, bis er sich eines Tages mit seinem *Sampan* verirrt, weil ihm der Duft von Pfirsichblüten in die Nase steigt. Er folgte einem kleinen Bach, der ihn zu einer Höhle führte. Als er sich durch die Höhle zwängt, findet er auf der anderen Seite ein Dorf. Utopia. Eine Welt wie ein Garten. Die Menschen sind glücklich und satt und leben in Frieden. Doch der Fischer beginnt bald, seine Frau und seine Kinder zu vermissen, und so verlässt er den Ort und verspricht, das Geheimnis zu hüten. Als er wieder zu Hause ist, konnte er jedoch der Versuchung nicht widerstehen, seiner Frau davon zu erzählen. Gemeinsam gingen sie zurück. Sie folgten dem Bach, aber sie fanden keinen Garten, kein Paradies. Der Fischer sucht die ganze Nacht, doch er fand den Ort nie wieder.

Es muss schlimm für den Fischer gewesen sein, den Ort seiner Frau nicht zeigen zu können, aber andererseits war er zu ihr zurückgekehrt. Er hätte auch im Paradies bleiben können. Ich wäre geblieben. Oder? Eine schwere Entscheidung. Und so sehnte sich der arme Mann für den Rest seines Lebens nach einem Land, das er nicht wiederfinden konnte.

Ich erzählte Ivy die Geschichte aus dem *Talmud,* an die meine Mutter glaubte. Bevor wir zur Welt kommen, bringt uns ein Engel alles bei, was wir im Leben wissen müssen, er führt uns durch alle Tage und wieder zurück, stellt uns die Menschen vor, zeigt uns alles, und wir lernen die *Tora* im Mutterleib beim Licht einer schwachen gelben Lampe.

Doch kurz vor der Geburt gibt uns der Engel einen Klaps auf den Mund, und wir haben alles wieder vergessen. Unser ganzes Leben versuchen wir uns an das zu erinnern, was wir vergessen haben. Aber erst in der Kommenden Welt, die so etwas ist wie der Himmel, schaffen wir es.

»Eine schöne Vorstellung«, sagte Ivy. Wir schwiegen eine Weile, dann fügte sie hinzu: »Du hast nie die Brühe der alten Lady Meng getrunken.«

»Was bedeutet das?«

»Wenn man Lady Mengs Brühe trinkt, verliert man das Gedächtnis. Ein alter Ausdruck. Albern. Aber ich glaube, ich verstehe deine Bedeutung. Ich bin jemand, der nicht vergessen kann.«

»Das ist kein Segen.«

»Nein.«

Sie wollte wissen, ob jeder seinen eigenen Engel habe, aber ich wusste es nicht. »Vielleicht bin ich dein Engel«, sagte sie halb im Scherz. »Schlägt der Engel fest zu?«

»Na ja, im *Talmud* steht nicht, wie stark der Engel ist, aber er trifft diese Stelle hier, über dem Mund. Deswegen haben wir das Grübchen unter der Nase.« Ich hob die Hand, langsam, um sicherzugehen, dass sie mich nicht wegstieß. Dann berührte ich das Grübchen über ihrer Oberlippe, dieses kleine Tal. Sie lächelte und nahm meine Hand runter.

»Aber wir sind weder im Mutterleib noch im Pfirsichgarten. Das ist das Problem. Außer, dass du reich bist. Vielleicht bist du mit deinem Vater im Pfirsichgarten, und euch stellt sich die gleiche Frage wie dem Fischer. Würdet ihr bleiben oder zurückkommen?«

»Zu dir würde ich zurückkommen«, sagte ich.

»Das versprechen die Männer immer.«

»Aber ich meine es ernst.«

»Haben wir uns geküsst? Heute Mittag, meine ich«, fragte sie. »Haben wir? Und es dann vergessen?«

Sie beugte sich vor und berührte meinen Mund mit ihren Lippen. Dann nahm sie meine Hand und zog mich zum Bett, und wir küssten uns beim Rückwärtsgehen. Meine Hände waren auf ihrem Gesicht, und unsere Gesichter drängten zueinander, nagten an den Lippen des anderen, und dann wand sich wieder ihre Zunge in meinem Mund, warm und impulsiv, wir fielen auf das Strohbett und sie zerrte an meinem Gürtel. Ich schob die Träger ihres Kleids herunter, ihre Schultern waren kühl, und ich küsste ihren Hals, hinunter bis zu ihren Brüsten, die mit Gänsehaut überzogen waren, ihre geschmeidige, butterzarte Haut, die Brustwarze in der Farbe ihrer Zunge, und ich umschloss sie mit meinem Mund, und als sie mich berührte, zuckte ich in ihrer Hand, ich zog mir in einer Bewegung die Hose runter, während sie die Beine um meine Taille schlang und mich in sich zog, wo sie feucht war, und wir stöhnten beide, als ich in sie glitt, immer tiefer, sie legte den Kopf in den Nacken, ihre Hand auf meinen Hintern zog sie mich tiefer hinein, sagte etwas auf Chinesisch, halb erstickt, und mir zitterten die Knie, und sie bog den Rücken durch und sagte, sieh mich an, wenn ich komme. Danach, als ich mich wieder bewegen wollte, hielt sie mich fest, die Arme um meinen Hals geschlungen, ihre Muskeln immer noch leicht zuckend, dann drehte sie den Kopf zur Seite und seufzte leise, als wir uns trennten. Ich rollte mich neben sie, und wir verharrten beide vollkommen reglos und still.

Wir lagen da und sahen einander in die Augen.

Dann hörten wir ein leises Rascheln draußen, das Ivy abzulenken schien. Ihre Gedanken wanderten. Sie lächelte mich an. Eine letzte Verbundenheit, dann war es vorbei.

Sie setzte sich auf. Sah zum Fenster.

Es war still bis auf das kurze Trillern der gelben Ammern, die wir überall gesehen hatten, und es war, als hätten wir gerade auf einem riesigen Grab miteinander geschlafen. Ivys Ahnen unter uns. Unter der Erde. Viele Generationen. Ich fragte mich, ob sie das gleiche dachte.

Ohne den Blick vom Fenster zu nehmen, sagte sie leise: »Früher haben wir Vögel gejagt.«

Sie legte sich wieder hin und sah mich an. Hand unter der Wange, flach auf dem Kissen.

»Mein Vater«, erklärte sie.

Soweit ich mich erinnerte, war es das erste Mal, dass sie von ihm sprach.

»Rebhühner. Er hatte eine große Schrotflinte. Er wollte immer, dass ich mitkam. Also kam ich mit, um eine artige Tochter zu sein. Ich glaube, ich bin eine gute Tochter. Ich musste nach den Rebhühnern Ausschau halten. Rebhühner sind leise Vögel. Man hört sie besser, als man sie sieht. Schwer zu finden. Wir gehen gebückt. ›Nur sehen und lauschen‹, sagt er. Stundenlang. Es war Folter für mich. Ich wollte reden. Lachen. Irgendwas. Aber immer: ›Leise.‹«

Ivy schwieg einen Moment.

»Mein Vater hat es als Kind gelernt. Mao sagte, tötet alle Spatzen. Und mein Vater hat darauf gehört. Ist rausgelaufen und hat alles abgeschossen, was am Himmel flog. So hat er gelernt. So denkt mein Vater. Man muss hören. Ärger fängt mit einem großen Mund an. Bemerkt zu werden ist schlecht. Das hat mich wütend gemacht. Ich hatte eine andere Meinung. Er nicht. Deshalb haben wir gestritten.

Manchmal fanden wir ein Rebhuhn, und dann gingen wir in die Hocke und schlichen uns an. Man muss sie überraschen. Aber bevor mein Vater bereit war, machte ich ein Geräusch – hustete, trat auf einen Ast, stellte eine Frage – und die Vögel flattern davon. Dann schrie er mich an: ›Blödes Mädchen. Warum bist du nicht gehorsam? Du bist wie deine Schwester. Du verdienst tausend Schläge.‹ Ich sagte, es wäre ein Versehen gewesen, aber ich glaube, er wusste es besser.

Er meckerte herum, dass er Mao vermisst, dass er sich nach Ordnung und Regeln sehnt, ein Land mit Werten und Moral. Das vermisst er. Meine Generation ist zu wild. Wir haben keine Ehre. Sind egoistisch und habgierig. Keine wahren Chinesen.

Damit hat er mich so wütend gemacht. Und einmal, das letzte Mal, gingen wir in den Wald, und ich wollte meine Meinung sagen. Großer Streit. Er hörte mir nicht zu. Auf alles, was ich sagte, antwortete er nur: ›Das akzeptiere ich nicht.‹«

Ivy hielt einen Moment inne. Schluckte. Ich sagte nichts. Rührte mich nicht.

»Ich glaube, er hätte lieber einen Sohn gehabt. Ich weiß es. Dann gingen wir nach Hause. Am gleichen Tag. Mit nur einem Vogel. Ich halt ihn an den kleinen Füßen. Mein Vater geht ins Haus, groß und stolz. Ich gebe den Vogel meiner

Mutter. Sie schneidet den Kopf ab. Hängt ihn auf. Kocht. Wir sitzen am Tisch, sie bringt das Essen, und ich will nicht. Mein Vater sitzt gegenüber. Starrt mich an. Hasst mich. *Iss,* sagt er. Und ich schüttle den Kopf. Mutter starrt in ihre Schale. Mein Vater sagt: *Iss.* Wieder schüttle ich den Kopf. Er starrt mich an, und vielleicht denkt er an die Spatzen. An Pflicht. Ehre. Denkt zurück an die Kulturrevolution. Ich verbiete dir, diese Worte in meinem Haus zu sagen. Sein Gesicht reglos. Sein Blick heißt: ›Du sagst nein zu mir?‹ Zu einem großen Mann mit Schrotflinte? Zu einem früheren Offizier der Roten Armee? *Iss jetzt.*«

»Er hat dich gezwungen?«, fragte ich.

»Nein. Ich habe die Arme verschränkt. Habe mich geweigert.«

Ivy lächelt, als sie sich erinnert.

»Ist er ausgerastet?«

»Keiner hat ein Wort gesagt. Er hat nicht mehr geredet. Lange. Wir waren nie wieder zusammen im Wald. Es war nicht mehr dasselbe. Wir haben nicht gesagt: ›Das ist das Ende‹, aber es war das Ende. Wir sind in verschiedene Richtungen gegangen.«

»Aber du bist zurückgekommen«, sagte ich. »Hierher. Auf sein Land.«

»Er hat sein Land verlassen. Als die schwarzen Autos kamen, sind wir in die Stadt gezogen. In China ist es immer das Beste zu verschwinden. Denkt er. Jetzt ist er Archivar in irgendeinem Keller der Regierung.«

»Ich verstehe«, sagte ich.

Sie runzelte die Stirn. Ich wusste, dass sie noch etwas sagen wollte. Dann dachte ich an meinen Vater. Ich musste zurück in die Fabrik. Ich spürte seinen missbilligenden Blick hinter dem Schreibtisch. Das war das schlimmste. Schlimmer, als wenn er herumschrie. Dieses wütende Funkeln. Mir wurde eiskalt davon. Aber wenn es sein musste, konnte er auch zuhören. Das konnte er wirklich, dachte ich. Ich war nicht bloß sein Handlanger. Wir standen uns nah. Auch wenn Dad der letzte Mensch war, an den ich nach dem Sex denken wollte. Oder Ivys Vater. Alle Väter. Trotzdem fühlte ich mich geehrt, dass sie mir von ihrem Vater erzählt hatte.

»Schade, dass ihr euch nicht versteht«, sagte ich. »Was will er eigentlich von dir?«

»Ich glaube, am liebsten wäre ihm, wenn ich einen Jungen aus dem Dorf heirate, schwanger werde und Kuchen backe. Zwei oder drei Enkel. Das ist optimal, hat er gesagt. Als wäre ich eins seiner Hühner.«

Ich musste lachen. »Tut mir leid, aber so, wie du es sagst, hört es sich lustig an.«

»Schon gut, Alex. Deswegen erzähle ich es dir. So bin ich hierhergekommen. Heute. Weg von meinem Vater, von Maos Geist, von der Roten Armee. Von allem. Ich glaube, ich wollte sagen, dass ich schon als kleines Kind so war.«

»Wie?«

»So.« Sie lachte über sich. Ihre Stimme war eine Oktave nach oben gerutscht. »Ich versuche es zu erklären, aber ich kann nicht.«

»Du erklärst es perfekt. Ich verstehe es. Jedes Wort.« Sie senkte den Blick. »Ivy?«, sagte ich.

Sie nickte. Und dann sah sie wieder auf und lächelte mich an. »Schon gut«, sagte sie. »Ich versuche es ein andermal.«

Sie stand auf und ging zum Teich, und ich folgte ihr und sah zu, wie sie mit den Händen Wasser schöpfte, um sich unter den Armen und zwischen den Beinen zu waschen. Nur in Boxershorts stand ich auf der Wiese. Ich war barfuß, Mutter, scheiß auf Thoreau. Ich streckte die Arme über dem Kopf aus und mein Rücken knackte.

Friedlich radelten wir den Berg hinunter ins Dorf, wo Ivy die Räder an einen alten Banyanbaum lehnte. Sonnenstrahlen sickerten durch das Dach aus breiten Blätter und spiegelten sich im Chrom. Jianguo stand am Van und aß gedünsteten Mais. Ich hatte ein schlechtes Gewissen, weil wir ihn so lange hatten warten lassen.

Er lächelte, als wir auf ihn zugingen, genug Abstand zwischen ihr und mir, um keinen Verdacht zu erregen, aber ich hatte das Gefühl, er wusste Bescheid. Warum lächelte er sonst? Vielleicht verriet uns mein Haar. Ich strich es glatt. Im Augenwinkel sah ich, dass Ivy das gleiche tat. Dann redete sie auf Kantonesisch mit Jianguo und er sagte: »Ah, ah, ah«, stieg ein und ließ den Motor an.

Ivy setzte sich zu mir nach hinten. Ich sah Jianguos Blick im Rückspiegel. Ein heftiger Nachmittagsregen trommelte auf das Dach. Draußen drängten sich unter den Bananenbäumen die Schweine zusammen, und ich legte die Hand zwischen uns auf den Sitz und ließ sie dort, denn ich wagte nicht, Ivy zu berühren. Ich hatte das Gefühl, Jianguo beobachtete uns. Was, wenn er meinem Vater Bericht erstattete? Ich kam mir vor wie ein Teenager, aber ich durfte das Risiko nicht eingehen. Wenigstens konnten wir reden, weil

Jianguo kein Englisch verstand, also mussten wir uns damit begnügen.

»Du bist mein Erster«, sagte Ivy, aber sie schürzte die Lippen, als unterdrücke sie ein Grinsen.

»Das hat sich anders angefühlt«, gab ich zurück.

Sie lachte. »Ich habe gelogen. Männer hören so was doch gerne, oder? Bist du traurig, dass du nicht der Erste bist?«

»Im Gegenteil. Erste Male sind ziemlich schlimm. Ich war viel zu jung. Ich dachte, man müsste das Kondom vorher testen – Dad sagte, man müsse aufpassen, dass man kein Schlechtes erwischt –, also habe ich es vor dem Sex mit Wasser gefüllt. Keine Löcher. Perfekt. Dann lief ich zum Bett zurück und versuchte es mir überzuziehen. Unmöglich. Als wollte man einen Säugling in einen Taucheranzug stecken.«

Sie lachte. »Das kann ich mir nicht vorstellen.«

»Warum lachst du dann?«

»Die Art, wie du es erzählst«, sagte sie.

»Wie auch immer. Ich habe drei Kondome geprüft. Als es endlich zur Sache ging, war es ein Alptraum.«

»Du hast recht«, sagte sie. »Bei mir war es so ähnlich. Ein französischer Kommilitone an der Universität. Er hat Sex gemacht, als würde er für einen Film posieren. Mit ihm habe ich Französisch im Bett gesprochen. Mit dem Engländer Englisch. Lauter Fremdsprachen. Ich weiß nie, was ich sagen werde. Was habe ich bei dir gesprochen?«

»Chinesisch«, antwortete ich, und meine Hand auf dem Vinylsitz neben ihr schwitzte.

»Das ist sehr gut! Ich bin froh, dass es nicht Englisch

war«, sagte sie. »Mit dir fühlte ich mich anders. Die anderen waren nur Steine im Fluss der Männer.«

»Ein ganzer Fluss?«, fragte ich.

»Warte, nein. Ich habe nicht mit einem ganzen Fluss geschlafen. Unsere Sprichwörter funktionieren auf Englisch nicht.«

Draußen liefen die Karsthänge in staubigen, roten Lehm aus, und es begann zu dämmern.

»In Amerika haben wir wiedergeborene Jungfrauen«, sagte ich. »Hast du schon mal davon gehört? Es ist eine Art Religion. Wenn man beitritt, gehört alles Schlechte der Vergangenheit an. Ein reiner Neuanfang.«

»Wie die Reinkarnierten. Sind das Buddhisten?«

»Nein, eher das Gegenteil.«

»Ich finde nicht, dass Neuanfangen so einfach sein sollte. Außerdem haben mich alle schlechten Erfahrungen auf heute vorbereitet. Wie könnte ich *das* hier erleben, wenn ich das andere vergesse? Selbst das, was ich bereue. Ich will nichts auslöschen.«

Die Straße machte eine Schleife, und dann glitten wir in einen Tunnel, der sich in den Kalkstein bohrte, und das Prasseln des Regens verstummte. Im Dunkeln flocht Ivy ihre Finger in meine.

6

Am nächsten Tag kam ich spät zur Arbeit, und im Flur begegnete mir Gang, der gerade aus dem Büro meines Vaters trat. Er trug einen zweiknöpfigen olivgrünen Schurwolle-Kaschmir-Anzug mit Seidenkrawatte und Lederschuhen.

»Alex«, sagte er und schüttelte mir die Hand. »Schön Sie zu sehen. Ihr Vater sagte, Sie hatten ein wichtiges Meeting heute Morgen.«

Ich schluckte. Dad hatte eine Ausrede für mich erfunden.

»Ja«, sagte ich, »im Hotel. Nur ein paar Leute. Freunde. Ich weiß nicht.«

»Man muss wissen, wer seine Freunde sind.«

»Das tue ich. Ich meine, ja, natürlich weiß ich, wer sie sind. Mir wir nicht klar, dass Sie *Namen* wollten – jedenfalls war es sehr erfolgreich.«

»Ausgezeichnet«, sagte Gang. Er stand breitbeinig da, und unbewusst imitierte ich seine Haltung. »Schwaches Exportvolumen in den anderen Fabriken. Aber Fedor sagt, ihr habt kein Problem hier.«

Ich nickte. Noch eine Lüge.

»Gut. Arbeiten, arbeiten. Immer arbeiten. Reich werden ist ruhmvoll.«

»Deng Xiaoping«, sagte ich.

Er klatschte. »Sehen Sie? Sie sind schon fast Chinese. Ich kann Ihnen vertrauen. Wussten Sie, dass die Kommissare in Beijing Foshan als Modellstadt sehen? Unsere Zahlen führen das ganze Land an. Wir tragen Verantwortung.« Er sah auf die Uhr. »Ich muss los. Ins Zentrum. Eine Mitarbeiterin des Wohnungsamts hatte einen Unfall. Ist gestürzt und gestorben.«

»Wie furchtbar«, sagte ich.

»Sehr traurig. Beste und vielversprechendste Kontrollbeamtin. Jung. Ganz am Anfang ihrer Karriere.«

Ein kalter Schauer lief mir über den Rücken.

»Sehr traurig, diese Unfälle«, fuhr er fort und schüttelte den Kopf. »Ich gehe jetzt dahin, aber zu Mittag esse ich in meinem Lieblingsrestaurant für Meeresfrüchte in Lon Yuan Xi. Suche mir den Fisch selbst aus dem Aquarium aus. Hier ist mein Tipp.« Er beugte sich vor. »Sehen Sie sich die Augen an. Augen müssen klar sein. Trübe Augen, nicht gut. Alter Fisch. Kranker Fisch. Stimmt was nicht. Er muss helle Augen haben.«

In diesem Moment bellte Dad meinen Namen.

Gang trat zur Seite.

Ich verbeugte mich kurz, dann betrat ich Dads Büro. Ich ließ mich in den Sessel vor dem Schreibtisch sinken und atmete tief durch.

Dad klappte den Finanzbericht zu. »Du sollst nicht mit ihm reden.«

»Er hat mich angesprochen. Was sollte ich tun? Ihn ignorieren? Unhöflich sein?«

»Das hat dich noch nie aufgehalten. Hör zu. Warte.« Er

griff in die Schreibtischschublade und sprühte sich Nasivin in die Nase. Zwei Mal. *Damit meine Nebenhöhlen Ruhe haben.* »Du siehst erholt aus«, sagte er. »Ist es das Hemd? Irgendwas ist anders.«

Na gut, ich ließ ihn das Thema wechseln. Dad wollte mich vor Gang beschützen. Schön. Aber was er neulich gesagt hatte stimmte. Wir standen alle in Gangs Dienst. Die ganze Stadt.

Mein Hemd sei alt, sagte ich ihm. Ein schwarzes Hemd im Cowboy-Stil mit Metalldruckknöpfen. Ich hatte es von der Heilsarmee.

Dad verdrehte die Augen. »Mein Sohn shoppt mit den Obdachlosen.« Im gleichen Moment klopfte es energisch, und Yong steckte den Kopf herein, um Dad zu sagen, dass Januar-ab-Werk-Datum zu spät für die Sommersaison sei. Er müsste mit Luftpost verschicken. Dad nickte. Yong sagte: »Tolles Hemd, Alex«, und schlüpfte hinaus.

Dad warf die Lesebrille auf den Tisch. »Spinnen jetzt alle? Mit der *Schmatte* würde ich nicht mal Geschirr abtrocknen.«

»Es ist hip«, sagte ich.

»Ach, auf einmal bist du hip und cool. Da habe ich wohl was verpasst.« Eine Weile starrte er verwirrt die Papiere auf seinem Schreibtisch an, als hätten sie sich aus dem Nichts materialisiert. Er murmelte vor sich hin und schob Stapel hin und her, und ich machte es noch schlimmer, indem ich leise mit den Knöcheln auf die Armlehne klopfte.

»Hör auf damit.« Er ließ die ganzen Papiere fallen und sah zu mir auf. »Du siehst viel zu gut gelaunt aus.«

»Ich werde mir Mühe geben, unglücklicher zu sein«, sagte ich.

»Es ist diese Ivy, oder? Hast du sie *geschtupt*?«

Ich schwieg. Blinzelte nicht einmal. Dad hatte keine Beweise, nichts, er zog bloß voreilige Schlüsse.

»Jianguo hat erzählt, du hast sie als Dolmetscherin mitgenommen. Ich hatte dir doch gesagt, du sollst Taishu nehmen.«

»Er hatte keine Zeit. Und du hast gesagt, es wäre eilig.«

»Das ist das falsche Land für derart schlechte Lügner«, sagte Dad. »Komm runter von deinem Atompilz und hör mir gut zu. Du verlierst deinen Fokus, wenn du diesen Weg einschlägst. Glaub mir. Das ist sie nicht wert.«

Jetzt war er in seinem Element. Preschte voran mit seinen Schlüssen. Woher zum Teufel wusste er alles? Aber er wusste gar nichts. Ich musste überhaupt nichts zugeben. »Es war rein geschäftlich«, sagte ich. Wahrscheinlich die falsche Wortwahl.

»Ach, du denkst wohl, harmloser Spaß?«, sagte Dad. »Falsch gedacht. Hier gibt es keinen Spaß. Du musst leiden. Du musst Bitterkeit essen, wie der Chinese sagt. Ist dein Rotz schwarz? Erst wenn dein Rotz schwarz ist, hast du genug gearbeitet.«

»Ich weiß nicht, wovon du redest«, sagte ich. Ich lümmelte im Stuhl wie ein Teenager, der sich eine Standpauke abholte. »Ich weiß, wo mein Fokus ist.«

»Du lässt sie zu nah ran. Wozu? Ich hoffe, dir ist klar, dass du kein Chinese bist. Die haben hier schon einen Gott der Schweineställe, du bist also disqualifiziert.«

»Ich versuche überhaupt nicht, Chinese zu sein.«

»Hast du mal einen der chinesischen Juden aus Kaifeng gesehen? Mit Kippa im Mao-Anzug. Die können ihren Arsch nicht von ihrem Kaiser unterscheiden.«

Ich richtete mich im Stuhl auf und sagte: »Tut mir leid, dass es gestern spät geworden ist. Wir haben die Tüten abgeliefert, und dann waren wir mit Kayaks auf dem Fluss.« Es war die erstbeste Ausrede, die mir einfiel, aber ich merkte sofort, wie bescheuert sie klang.

»Im Kayak auf dem ekelhaften Perlfluss? Statt zu arbeiten? Ein Mann lebt für die Arbeit, vergiss das nicht. Übrigens die beste Art, dir eine üble Krankheit zu holen. Denkst du, wir wären hier in Venedig? Lass dir mal den Unterschied zwischen dem Perlfluss und dem Po erklären – von einem, der beide kennst. Mal abgesehen von Gondolieri, Geigen, Weinbergen und dem ganzen Scheiß. Ich sage, was der Unterschied ist: *Polio.* Polio ist wieder da. Was du wüsstest, wenn du die CDC-Webseite gelesen hättest, zu der ich dir den Link geschickt habe. Auch die Masern sind zurück. Dengue ist ein Hit. Asiatische Grippe. H1N1. Alle wieder da. Du bist verrückt, wenn du irgendwo hingehst.«

Seine Tirade war kaum noch aufzuhalten. Ich versuchte das Thema zu wechseln. »Peng hat die Geschenke angenommen und lässt ausrichten, die nächste Betriebsprüfung geht glatt. Die Lederpreise bleiben stabil. Er hofft, du besuchst ihn bald wieder.«

»Unmöglich«, Dad winkte ab. »Ich kann da nicht aufs Klo. Wie sollte ich das machen, hocken? In einer Gerberei. In meinem Alter. Bei dem Schmutz, den Keimen und den Krankheiten? Neben diesen … diesen Schlachtern?«

»Wenn das Schlachter sind, was bist du dann?«, fragte ich.

»*Wey is mir!* Wir sind Schuhleute, Alex, Künstler! Habe ich in letzter Zeit einen Stier geschlachtet? Du vielleicht? Ach, verschwinde.« Er wedelte mit der Hand. »Ich muss arbeiten.«

Ich ging rüber in mein Büro, schloss die Tür und setzte mich an den Schreibtisch. Von meinem Platz aus sah man den obersten Stock von Anlage B, knapp zwanzig Meter entfernt, eine Fensterreihe mit schmutzigen durchscheinenden Vorhängen, hinter denen ich die Umrisse der Arbeiter sah, das Gewirr von Händen an Maschinen, während die Schuhe auf dem Weg durch die Produktionslinie Gestalt annahmen, bis sie zu den jungen Frauen kamen, die sie in Seidenpapier einschlugen und behutsam wie ein Paar Enten mit eingeklappten Hälsen in die Schuhkartons von Abelson's setzten. Über den Fenstern: nur die Plastikstoppeln der Belüftungsrohre, ein grauer Streifen Himmel und eine Silhouette, die sich über das Dach bewegte. Ich beugte mich vor.

Eine Frau. Sie trat näher. An die Brüstung. Sie trug ein weites weißes Kleid, Paisleymuster, mit einer Schleife um die Taille, das lange Haar von einem Haarreif zurückgehalten. Sie war schön. Sehr blass und weiß. Und ich rieb mir die Augen, weil es nicht wahr sein konnte. Sie musste ein Geist sein. Da oben hatte keiner etwas verloren. Meine Brust zog sich zusammen. Ich sprang vom Stuhl, starrte hinaus, überzeugt, dass ich übergeschnappt war, weil sie wie Ruxi aussah. Bevor ich an die Scheibe klopfen konnte, war sie an der Dachkante. Kein Blick in die Tiefe. Sie machte einen Schritt einfach ins Nichts. Es war Ruxi.

Im Fallen neigte sich ihr Kopf nach vorn, die Arme wie Flügel ausgebreitet, und dann hob sie für einen Sekundenbruchteil das Kinn, richtete den Blick auf mein Fenster, wo ich an der Scheibe klebte, und sah mich an, sie muss mich gesehen haben, ihr Gesicht vollkommen im Frieden, keine Spur von Panik oder Angst. Dann klappte ihr Körper zusammen und schoss nach unten, Beine bleich und gestreckt, und prallte mit einem dumpfen Schlag auf dem Pflaster auf. Ich hatte das Geräusch noch nie gehört. Ich hatte noch nie einen Menschen sterben sehen.

Ich starrte zum Dach, wo sie eben noch gestanden hatte, sah noch nicht nach unten, hoffte, sie würde nicht daliegen, wenn ich hinsah. Hoffte, sie wäre einfach weitergeflogen, durch das Pflaster, das Erdreich, das Grundwasser und das flüssige Gestein, bis sie auf einer Rattanmatte in ihrem Heimatdorf gelandet wäre. Ich hoffte, sie wäre einfach nach Hause gefallen. Dann sah ich hin. Ruxi lag im Hof, Gesicht nach unten, die Wange am Boden zerschmettert, und um ihren Kopf breitete sich eine Blutlache aus.

Einen Moment war es vollkommen still. Kein Mensch draußen, der ihren Sturz gesehen hatte, und plötzlich war da der Gedanke, dass ich zuerst da sein musste, dass ich ihre Leiche bergen musste, bevor jemand sie sah. Ich befahl meinen Beinen zu rennen, aber der Boden schien unter meinen Füßen nachzugeben, als würde ich umfallen, wenn ich mich bewegte, aber ich wusste, ich musste da raus.

Dann lief ich durch den Flur, die Treppe hinunter und hinaus in die schwüle, hartnäckige Hitze. Ich ging auf sie zu. Es war immer noch keiner da. Ich näherte mich langsam, als fürchtete ich, dass sie sich aufsetzen würde. Kniete mich hin. Es sah aus, als würde sie mit verdrehten Beinen schlafen. Eine kleine Blutlache unter ihrem Ohr.

Ich stützte die Hände auf die Knie. Ich konnte den Duft von köchelnden Wurzeln und Kräutern aus der kleinen chinesischen Apotheke riechen. Mir war schlecht. Ich war schuld an ihrem Tod. Vergib mir. Erst hatte ich unser Treffen verschoben, dann hatte ich es geschwänzt. Wenn wir nicht in Ivys Dorf gehalten hätten, wenn ich gleich zurückgekommen wäre, wäre das nicht passiert. Alles, was mein Vater prophezeit hatte, hatte sich erfüllt. Ich hatte den Fokus verloren. Er hatte mich gewarnt.

Jetzt kamen die drei Kantinenköche auf den Hof. Schüchtern näherte sich der Sohn des Leistenmachers, der noch keine sechzehn war, Plastikspäne im Haar wie Girlanden.

»Alex.« Ivys Stimme. Ich hob den Kopf. Sie hielt sich die Hand vor den Mund.

»Eben war sie noch da«, murmelte ich. Ich blickte nach oben, aber auf dem Dach war niemand, nur der trübe, elende Himmel.

Ivy kniete sich neben mich und drehte Ruxi auf den Rücken.

Sie legte zwei Finger an ihren Hals, suchte nach Leben unter ihrer Haut.

»Nichts«, sagte Ivy.

Ich sah Ruxi an. Ihre Wange war bis zum Augenwinkel schwärzlich, dunkelviolett verfärbt. Eingedrückt. Ihre Unterarme waren blutig, Splitt glitzerte in den Handflächen.

Auch die Beine waren aufgeschürft. Die Knie offen. Ich hörte mich selbst stöhnen.

Beim Aufprall war eine ihrer Sandalen weggeschleudert worden. Sie lag einige Meter entfernt und ich sammelte sie hastig ein. Eine von unseren. Weiches Atanado-Leder. Ich hatte die Sandale scheußlich gefunden, aber Dad hatte nicht auf mich gehört. Ich hatte gesagt, machen wir sie lieber ganz in Schwarz. Dieses Color-Blocking, leuchtendes marokkanisches Blau und Fuchsia, sagte ich zu Dad, tut in den Augen weh.

Ich nahm Ruxis Fuß.

»Was machst du da?«, fragte Ivy. Sie legte die Hände auf meine Schultern und schüttelte mich. Kaum ließ sie los, vermisste ich ihre Berührung.

Vorsichtig schob ich Ruxis großen Zeh in die Zehenschlinge, bettete ihren Fuß in den Schuh und zog den Riemen über ihren Knöchel.

»Sie kommen«, sagte Ivy. Die Arbeiter. Ich hörte ihre Schritte, bevor ich sie sah, zu Hunderten aus allen Türen strömend, drängelnd, schiebend, einen Kreis um uns bildend, zehn Menschen tief, in zerschlissenen Hosen, Jeans, Overalls, high von Klebstoff. Weinend, schreiend, sich Luft zufächelnd.

Longwei, der Wachdienstleiter, steif und zugeknöpft, bahnte sich den Weg zur Mitte des Kreises. Dünn wie ein Streichholz. Er entsicherte seine polierte Pistole, zielte in den Himmel und feuerte ein paar Mal in die Luft, das bleierne Echo rollte über uns hinweg.

»Haben Sie noch alle Tassen im Schrank?«, schrie ich und sprang auf die Füße.

»Ich will keinen Aufstand«, sagte er auf Englisch.

»Hören Sie auf zu schießen«, keuchte ich atemlos. »Das können Sie nicht machen.«

Hinter ihm sah ich Dad, der ein Stück entfernt stand und sich die Ohren zuhielt, wie ein Kind bei einem Horrorfilm, und ich winkte ihn heran. Er schob sich durch die Menge, und als er Ruxi sah, legte er mir eine kalte Hand auf den Ellbogen und drückte.

»Mein Gott«, sagte er. Er schwitzte.

Ich bat Longwei, die Menge zu ordnen, damit wir mehr Platz hätten. Longwei steckte die Waffe ein und schrie die Arbeiter auf Chinesisch an. Aber keiner wich zurück. Sie kamen näher. Drängten zur Mitte.

»Longwei«, sagte ich. »Schicken Sie die Leute in die Wohnheime zurück.«

»Sie hören nicht auf mich, Mr Younger Cohen. Ich benutze mein Tränengas.«

Er zog eine graue Metalldose aus dem Gürtel und legte den Finger auf den Abzug.

»Nein«, sagte ich. »Auf keinen Fall. Das führt zu Krawallen.«

Ich sah Hongjin, der mit ausgebreiteten Armen die Arbeiter zurückhielt. Sie wollten zu Ruxi. Ihre Leiche sehen. Ich kniete mich wieder neben Ivy.

»Wir rufen am besten die Polizei«, sagte ich.

»Nein«, entgegnete sie. »Die äschern sie sofort ein. Ihre Leiche muss in ihr Heimatdorf zurück. Sonst muss ihre Seele für immer wandern.«

Ruxis Haar lag ausgebreitet auf dem Pflaster wie blutgetränkte Wasserlinsen. Lange Schatten auf ihrer Leiche. Ich starrte sie an, als würde sie jeden Moment aufhören, tot zu sein, als würde sie sich aufsetzen und mit uns reden.

»Alex«, flüsterte Ivy. »Ich kann helfen. Ich kann die Leute beruhigen. Aber du musst mir auch helfen.«

»Alles«, versprach ich.

Sie strich über Ruxis Augen, dann stand sie auf, hielt die Arme über den Kopf und rief etwas auf Chinesisch, und die Menge zog sich langsam zurück.

»Wir müssen sie hier wegbringen«, sagte ich.

»Meinst du?«, fragte Dad. Seine Augen groß und beklommen. »Rufen wir lieber die Polizei.«

»Keine Polizei. Die machen uns für eine Woche das Werk dicht«, erklärte ich, was vielleicht stimmte, aber ich dachte nicht an die Fabrik. Ich musste das Richtige tun. Und die einzige Chance, die wir hatten, damit Ruxis Leiche zu ihren Eltern kam, war, sie selbst dorthin zu schicken. Aber wir konnten ihre Leiche nicht einfach die Treppe hochtragen. Ich wollte nicht, dass noch mehr Leute sie so sahen. Wir mussten sie zudecken.

Ich bat Dad, zu bleiben, und lief zur Veredelungsanlage. Hinter dem Tor schlug mir eine Wand aus Lederstaub und Schimmelgestank entgegen. Ich suchte nach irgendwas: einer Trage, einer Schubkarre, einem Klapptisch oder auch nur nach einer Decke. Nichts. Nur Lederreste. Dann fiel mein Blick auf eine Palette mit ganzen Häuten, die in der Ecke stand. Ich trug eine hinaus, während Longwei und Hongjin die Arbeiter in die Wohnheime führten.

»Was soll das?«, fragte Dad, als er die Haut sah. Ich wusste, was ihm auf der Zunge lag: *Du hast doch nicht vor, eine Fünfzig-Dollar-Haut zu ruinieren?* Er öffnete den

Mund, doch ich sah ihn so finster an, dass er sich nur kehlig räusperte.

»Hilf mir«, sagte ich zu Ivy. Wir rollten die dunkelbraune Haut auf dem Pflaster aus, deren steife Ecken nach oben standen. Die Haut hatte Narben am Hals, wo der verängstigte Stier sich beim Fluchtversuch am Stacheldraht verletzt hatte.

Die Wachleute waren beschäftigt, und Dad stand immer noch wie angewurzelt da. Ich sah Ivy an.

»Nimm die Füße.«

Sie griff nach Ruxis Knöcheln. Ich packte ihre Hände, aber sie waren zu schlaff, um daran Halt zu finden, also ging ich in die Hocke und nahm ihre Unterarme. Ich zögerte einen Moment. »Werden die Arbeiter mit der Polizei reden?«, fragte ich.

Ivy schüttelte den Kopf. »Niemals. Sie haben große Angst vor der Polizei. Kein Vertrauen.«

Als wir Ruxi anhoben, fiel ihr Kopf zurück, und sie starrte mich kopfüber an, das Gesicht so ruhig wie das eines Kindes, aber dann klappte ihr Mund auf und entblößte die Zähne, und ich sah nur noch Schmerz, einen stummen Schrei.

Wir legten sie auf das Leder und begannen sie einzurollen. Es war unangenehm, wie leicht sie sich drehen ließ. Ich kniff die Augen zusammen, bis nur noch ihre Füße unten heraus sahen und eine Handvoll schwarzes Haar am anderen Ende.

»Wir tragen sie ins Büro«, sagte ich. Hongjin kam gerade von den Wohnheimen zurück, und ich bat ihn, uns den Weg freizumachen. Dad stand immer noch wie versteinert da. Ivy und ich hoben Ruxi an. Mit kleinen holprigen Schritten trugen wir sie zum Fahrstuhl und dann durch den Flur im zweiten Stock. Ich ging rückwärts und sah über die Schulter. Ivy stolperte hinterher, bat mich, langsamer zu gehen, aber meine Hände brannten. Ihre wahrscheinlich auch. Bei jedem Schritt rutschte das Leder, nur noch ein paar Meter, nur noch ein Stück den Flur runter.

»Wohin?«, fragte Ivy. Sie keuchte.

»Konferenzraum«, japste ich. Dort stand der einzige Tisch, der groß genug war. »Nicht fallen lassen.«

Hongjin öffnete uns die Tür, und wir legten sie ab.

»O Gott«, stöhnte ich.

»Geh nach den Arbeitern sehen«, sagte ich zu Hongjin, der offensichtlich unter Schock stand. Er verschwand, ohne ein Wort zu sagen.

Ivy wischte sich mit dem Ärmel über die Stirn. Dann berührte sie Ruxis Haar, das aus dem Ende der Lederrolle fiel. »Glaubst du, sie weiß, dass sie tot ist?«

Ich sagte, ich wisse es nicht. Als ich Ruxis Gesicht gesehen hatte, kam sie mir vor, als wüsste sie alles. Als bekäme sie weiterhin alles mit. Auf dem Flur waren Schritte auf dem Linoleum zu hören. Vielleicht Dad. Oder weitere Wachleute. Ivy sah mich an, und ich spürte, wie sich die Dunkelheit in ihrem Blick auf mich übertrug. »Am besten wir verstecken sie«, sagte sie. »Wenn die Polizei sie findet, wird sie eingeäschert. Denk dir irgendwas aus. Ihr müsst die Sache vertuschen. Wir können uns nicht darauf verlassen, dass sie sie zu ihrer Familie schicken und die Wahrheit zugeben. Verstehst du?«

Ich nickte.

Ivy drückte meine Hand und sagte leise: »Ich muss dich heute Abend sehen.«

7

Ich spähte aus der Tür. Im Flur links – freie Bahn bis zur improvisierten *Churrascaria*-Küche, die Yong letztes Jahr eingebaut hatte. Zeit, sich in Bewegung zu setzen, bevor jemand kam. Ohne sie aus ihrem ledernen Leichentuch zu wickeln, lud ich mir Ruxi auf die Arme, die sich mit der einsetzenden Leichenstarre wie ein Holzbalken anfühlte.

Ich schleppte sie zur Tiefkühltruhe in die Küche. Mit abgespreiztem kleinem Finger öffnete ich den Deckel. Kalter Dampf stieg mir entgegen und hüllte mich ein, ein dichter, milchiger Nebel, durch den ich plötzlich meine Arme nicht mehr sah, als wäre ich es, der tot war, und da war kein Pfirsichgarten, keine nächste Welt, nur dieses graue Miasma, diese Rauchschwaden, aber als der Nebel sich wieder auflöste, waren da Unterarme, meine, die sich scharf abhoben, und Ruxis Leichenleder, und die Plastiktüten mit den Rinderrippen, Hühnerherzen, Flügeln, Schultern, Hüften, Lebern, Zungen, von glitzernden Eiskristallen überzogen – alles fand zu seiner Gestalt zurück.

Ich holte tief Luft und legte sie auf die Plastiktüten. Doch als ich den Deckel schließen und verschwinden wollte, stolperte ich über einen Gedanken. Bei den Buddhisten heißt es, nach dem Tod verweile das Bewusstsein noch drei Tage im Körper, was bedeutet, dass Ruxi, auch wenn sie eingepackt war und die Augen geschlossen hatte, mich möglicherweise noch wahrnehmen konnte. Vielleicht lag sie da drin und beobachtete mich.

Laut bat ich sie um Verzeihung. Es war meine Schuld. Hätte ich mich etwas schlauer angestellt oder ein bisschen mehr Glück gehabt, hätte ich es verhindern können.

Trotzdem war es ein schwacher Trost von jemandem, der dich gerade in einer Kühltruhe versteckte. Das einzige, was ich wusste, war, dass sich nichts mehr richtig anfühlte. Weder die Fabrik, noch mein Beruf, noch die Hitze. Nichts. Ich klappte den Deckel zu, schnitt den Dampf ab, der meinen Kopf einhüllte, und fast wirkte alles wieder normal.

Ich ging den Flur hinunter und setzte mich an meinen Schreibtisch, mit den Rücken zu dem Dach, von dem Ruxi gesprungen war, und fragte mich: Warum? Wofür? Was hatte sie mit dem Sprung erreicht? Ich ermahnte mich, keine Minute länger mit der Vergangenheit zu hadern. Was geschehen war, war geschehen. Es war nicht meine Schuld.

Ungefähr das hatte Trotzki damals in der Bronx im Triangle Diner zu meinem Großvater gesagt, als Zeyde ihn beharrlich Lev Bronstein nannte, und Trotzki sich an den Zipfel seiner wollenen Budjonowka tippte und ohne jeden Groll sagte: »Ich heiße jetzt Trotzki«, als hätte die Revolution den Juden in ihm ausgemerzt. Doch Zeyde gab nicht nach; wahrscheinlich aß er wie jeden Morgen sein Pflaumenmus und bohrte weiter. Im *Talmud* steht, es gibt drei Arten von Tränen – ausgelöst durch Rauch, Kummer oder Verstopfung. In unserer Familie ließ man nicht locker, bis alles draußen war. Also fragte Zeyde nach, welche Russen

Trotzki am Ende retten wolle, die Arbeiter oder die Juden, und Trotzki nahm den Zwicker ab, die Augen in seinem rautenförmigen Wolfsgesicht leuchtend blau wie eine Gasflamme, und antwortete ganz ruhig: »Genosse, ich bin Marxist. Für die Haut kann ich nichts.«

»Was ist los mit dir?«, fragte Zeyde. »Was ist mit Kischinew? Den Schwarzen Hundertschaften?«

»Der Triumph des Kommunismus wird es richten«, erklärte Trotzki.

»Das ist Amerika«, prustete Zeyde, »hier können wir wählen, falls es dir noch nicht aufgefallen ist, du Leuchte!«

»Wer ist wir?«, gab Trotzki zurück und griff nach der Rechnung unter seiner Kaffeetasse, doch Zeyde riss sie ihm aus der Hand und sagte, er würde nicht zulassen, dass Trotzki die Arbeiterklasse degradierte, indem er für eine warme Mahlzeit zahlte.

Darüber dachte ich nach, als ich runter zur Kantine ging. Ich hielt es mit Trotzki. Für die Haut konnte ich nichts. Was mich irgendwie tröstete. Tatsache war, manche Schuhe fielen durch die Qualitätsprüfung, manche Hände fielen Maschinen zum Opfer und manche Chinesinnen in Sommerkleidern fielen an sonnigen Tagen vom Himmel. Warum das so war, wusste keiner. Trotzki würde mir raten, je eher du akzeptierst, wer du bist, desto schneller kriegst du deinen Scheiß geregelt.

Als ich die Stahltür aufschob, schlug mir die Hitze ins Gesicht wie ein heißer Wischmopp und versengte mir die Lungen.

Doch ein leiser Zweifel meldete sich. Wo blieb ich überhaupt, wenn wir bloß von irgendeiner unsichtbaren Hand herumgeschoben wurden? Und wenn Ruxis Tod nichts mit mir zu tun hatte, dann blieb genau noch was? Das alte Rätsel, das dem Leben zu Grunde lag. Ich wollte einfach kein Arsch sein, kein Niemand – was ich am allermeisten fürchtete, war die Qual, gewöhnlich zu sein.

Ich roch die Ziegelhütte hinter der Fabrik, süßlicher, gebrannter Blauton. Ein angenehmer Geruch. Vor Anlage B saß ausgerechnet Die Jo auf einer Bank, das ehemalige Fußmodell, und klopfte ein Päckchen King's gegen ihr Handgelenk. Sie lächelte höflich, und ihre Lippen bewegten sich, den Blick nach schräg oben gerichtet, als probte sie ihren Text, dann sagte sie: »Hallo Süßer, hallo Ärger«, ganz langsam, als würde sie die Worte vom Teleprompter ablesen.

Ich grüßte zurück.

»Der große Schlaf«, sagte sie.

Vielleicht meinte sie Ruxi, aber vielleicht redete sie von dem Film.

»Keine Bullen. Ich schweige wie das Gras, Junge«, erklärte sie und zwinkerte mir zu, womit klar war, was sie meinte.

Dann zog sie die schwarzen Stoffschuhe aus, schob sie unter die Bank und stellte die nackten Füße auf den nassen kühlen Boden. Jeden Tag vor dem Mittagessen spritzte der Hausmeister den Hof ab, und ich hatte ihn schon für verrückt gehalten – ein alter Mann im blauen Pullover, der das Pflaster goss. Aber jetzt begriff ich, dass er es für Die Jo tat. Eine nette Geste. Damit sie, wenn sie nach dem Essen ihre Zigarette rauchte, auf dem Pflaster ihre nackten Füße kühlen konnte, die schmal und schlank waren, mit weinrot lackierten Nägeln. Sie pflegte sie gut. Und der Hausmeister half ihr, sie kühl zu halten, an drückend heißen Tagen wie diesem, wenn man davon träumte, die Füße in einen Eimer Eiswürfel zu stecken, damit die Haut zu kochen aufhörte.

Ich winkte ihr kurz zu, und sie schwenkte elegant den Arm, als würde sie mir zum Abschied mit einem Taschentuch winken und als wollte sie sagen: »Du bist dieser Sache nicht gewachsen, Junge. Du hast keinen blassen Schimmer von uns.«

Abends fuhren Dad und ich schweigend zum Hotel zurück. Er fand eine Cremetube in der Gürtel-Apotheke, drückte sich einen Klecks auf die Hand und rieb sich mit den Fingerspitzen das Gesicht ein, in sorgfältigen kleinen Kreisbewegungen. Wahrscheinlich Sonnencreme für die letzten drei Meter vom Van in die Lobby.

Es war sieben, als wir ankamen, und Dad sagte, er gehe früh ins Bett und esse auf dem Zimmer, was er sonst nur tat, wenn er ernsthaft krank war.

»Ein schwarzer Tag«, sagte er. »Zwanzig Jahre in China. Gleich nach Nixon, aber das war mein erster Springer.«

Mein Auge zuckte. *Springer*. Ich dachte, er würde noch etwas sagen, aber er seufzte nur, machte einen zögernden Schritt auf Karris leeren Schalter zu, dann kehrte er plötzlich um, als wollte er eine Umarmung. Doch kurz bevor er bei mir war, blieb er stehen. Räusperte sich. Okay, dachte ich, jetzt kommt's. Gewichtige Worte. Endlich ein bisschen Ehrlichkeit.

»Wie ist meine T-Zone?«, fragte er.

»Deine was?«

»Mein Gesicht.« Er zog die Creme aus der Gürteltasche. »Das Zeug, das Karri mir gegeben hat. Anti-Aging.« Er sah mich ungeduldig an. »Ein Serum«, erklärte er, als hätte ich gefragt. »Gingseng strafft. Beseitigt Schwellungen. Sehe ich ungeschwollen aus?«

Am liebsten hätte ich ihn gepackt und in den Fahrstuhl geworfen. Ich wollte schreien: Ich scheiße auf deine T-Zone.

Er drehte die Tube um und las die Rückseite. »Summer-Glow für'n Arsch. Leuchte ich etwa?«

Ich starrte ihn durchdringend an. Normalerweise vermied ich es, ihm zu lange oder zu direkt ins Gesicht zu sehen, als wäre er eine Gorgone oder so was. Ich meine, jeder Vater ist die Schöpfung seines Sohnes – das ist unsere einzige Rache. Aber diesmal zwang ich mich hinzuschauen – seine Haut, die schlaff von seinem Gesicht und Hals hing, rot und schuppig, das Haar längst grau.

Er machte einen Schritt vor, stand jetzt direkt vor mir. Sonst hielt er Abstand, wenn wir uns unterhielten, also dachte ich, jetzt ist der Zeitpunkt für die krampfige Umarmung gekommen, aber plötzlich wurde mir klar, dass sein ganzer Kontrollwahn, seine ganze Herumkommandiererei nur die schlichte Tatsache vertuschen sollte, wie sehr er sich vor dem Sturm fürchtete, der vor seiner Tür tobte.

Plötzlich kam die Erinnerung hoch an Jugoslawien, wohin er mich als Teenager mitgenommen hatte, um seine Fabriken abzuwickeln. Meine erste Reiß-Dich-Zusammen-Reise, während ich noch überzeugt war, ich könnte mich mit Bo-Jackson-Collagen über Wasser halten oder auf einem Berg Angora-Kaninchen züchten, alles, Hauptsache nichts mit Schuhen. Bevor mir klar wurde, dass man sich für einen Weg entscheiden musste oder riskierte, nichts zu werden.

Wir hatten Bugojno verlassen und fuhren über Land nach Osten zum Belgrader Flughafen, als wir einen Checkpoint erreichten. Ein bärtiger Soldat in schwarzer Uniform und Barett klopfte mit seiner AK-47 an die Scheibe, drückte meiner Vater die Mündung an die Schläfe und befahl uns, auszusteigen und uns flach auf die Straße zu legen.

Ich erinnere mich, wie ich mit dem Gesicht im Staub lag, den Blick auf eine Obstwiese gerichtet, wo in den Birnbäumen grüne Flaschen glitzerten. Es war ein schöner Tag, die Sonne brannte mir in den Nacken, und ich starrte die blinkenden Flaschen an, die in den Ästen hingen wie grüne Stärlinge, und endlich verstand ich, wie sie die Birnen in die Kruskovac-Flaschen bekamen, das Teufelszeug, von dem ich gestern Abend das Lamm ausgekotzt hatte. Ich hatte ernsthaft überlegt, ob sie das Flaschenglas um die Birne herum bliesen, hatte mir die ganze Nacht den Kopf zerbrochen, wie sie die verdammte Birne in die Flasche kriegten, und jetzt sah ich, dass sie die Flasche einfach über die Blüte schoben und die Birne in der Flasche wuchs wie ein Embryo, Zelle für Zelle, bis sie reif war.

Ich erinnere mich nicht, wie der bärtige Soldat die Autositze aufschlitzte und Dads Schmiergeld zählte, mit dem er uns freikaufte. Ich erinnere mich nur an den Flaschenbirnbaum, und dass ich die Hand nach Dads Hand ausstreckte. Dad sagte immer, Anfassen sei schlecht für die Entwicklung, als wäre Erziehung so ähnlich wie die Zubereitung eines Soufflés – das letzte, was man wollte, war, dass alles in sich zusammenfiel und man noch mal von vorn anfangen musste. Als wir damals auf der Straße lagen, flüsterte er: »Alles klar, Bagel?« So hatte er mich zu Hause genannte. Bagel-Boy. Ich hasste den Spitznamen. Wo ich mir immer solche Mühe gab, so zu tun, als wäre ich kein Jude, nur das goldene Kreuz fehlte noch. Aber in dem Moment, als Dad in der Nähe von Bugojno Bagel zu mir sagte, wusste ich, dass es weniger Name als Hilferuf war. Er brauchte mich. Ich streckte den Arm aus und drückte seine Hand, um ihm zu zeigen, dass ich da war und dass wir, falls wir erschossen und in die Sava geworfen wurden, wenigstens zusammen waren.

Und jetzt in der Hotel-Lobby hatte ich wieder dieses Gefühl – dass eigentlich ich sein Vater hätte sein sollen, dass Gott versehentlich unsere Rollen vertauscht hatte. Also legte ich ihm die Hand auf die Schulter und drückte sie, und ich spürte die vielen Muskeln in diesen Schultern, genau wie bei mir.

Kaum hatte ich ihn berührt, sank Dads Kinn auf die Brust, und er atmete aus, ein Hauch von Pflaumensaft stieg in meine Nase, wie der marmeladige Sliwowitz aus dem Mund des bärtigen Soldaten, der mich schließlich unter den Achseln gepackt und vom Boden aufgehoben hatte, während mir die Pisse das Bein runterrann und auf dem Asphalt eine Pfütze bildete.

Ich dachte, Dad würde gleich anfangen zu weinen. Er wischte sich mit dem Handrücken über die Nase, und ich ließ ihn los.

Scheiß drauf; er sollte ruhig auch mal etwas fühlen, das er nicht kontrollieren konnte. Nur Dad schaffte es, den Selbstmord einer Angestellten in seine eigene rührselige Mitleidsnummer zu verwandeln.

»Ruh dich aus«, sagte ich. Meine Stimme klang schwer. Angestrengt. Ich wollte sagen: Da hast du die Wahrheit, alter Mann. Ruxi geht auf unser Konto. Tu nicht so, als hätte China dich an den Eiern. Es ist umgekehrt. Das hier ist das einzige, was wir kontrollieren. Wir hätten es verhindern können, aber wir haben nichts getan. Wenn du dich zu irgendwas bekennen willst, dann dazu.

»Ja, ja«, sagte er abwesend. »Du auch.« Dann schlurfte er zu den Fahrstühlen, und ich stellte überrascht fest, dass ich ein wenig traurig war, als er gegangen war.

In meinem Zimmer legte ich mich aufs Bett und wartete auf Ivy. Den Blick an die Popcorn-Zimmerdecke gerichtet, hatte ich im Ohr: *Du glaubst, Ruxi hat ein Problem, aber hast du dir meine T-Zone angesehen? Die verdammte Hitze macht mich kaputt.* Dabei hatte ich gedacht, ich hätte es mir abgewöhnt. In seine Stimme zu schlüpfen, um mich vor der Wirklichkeit zu verstecken. Sobald Ivy da war, würde ich ihr die Wahrheit sagen – dass der neue CEO bei Abelson's den Laden an die Wand fuhr, dass die Bestellungen mit jeder Saison weniger wurden. Falls es nicht bald besser wurde, würden wir Leute entlassen müssen. Was sie also davon hielte, einfach durchzubrennen, abzuhauen auf irgendeine Eingeboreneninsel vor Taiwan, wo wir mit Speeren Fische fingen und Birnen zögen. Unseren eigenen Kruskovac brauten. Was brauchte man eigentlich, um Birnen anzubauen? Bienen? Und wahrscheinlich andere Birnbäume.

Viele davon. Das war das Problem. Immer brauchte man zum Überleben Artgenossen.

Um acht fuhr ich mit dem Personalaufzug in die Garage, wo die Bentleys und Rolls Royces parkten. Ich schlich mich gerade aus dem Hintereingang, als am Straßenhand ein blaues Taxi hielt. Die Tür ging auf, und eine unserer kupferroten Gladiatorensandalen trat auf den Asphalt. Ivy stieg aus und kam auf mich zu, in Jeansrock und einem schwarzen Top, das Haar dick und dunkel und lang, mit sanft gewellten Spitzen.

Das Taxi legte den Rückwärtsgang ein, und ein paar Sekunden lang sah ich ihre Silhouette im Gegenlicht, von einem flimmernden Halbschatten umgeben, einem weißen Rauschen, das irgendwie unheimlich aussah, wie ein hungriger, vagabundierender Geist, der die Hand nach mir ausstreckte, aber dann glitt das Taxi davon, und das Licht war fort, und Ivy schlang die Arme um meinen Hals.

Ich brachte sie zum Fahrstuhl. Sie hatte die schlaue Idee mit dem Hintereingang gehabt. Zwar fühlte es sich schäbig an, sie ins Hotel zu schmuggeln, aber der Haupteingang kam nicht in Frage, solange Karri, die Hoteldiener und die Zimmermädchen herumschnüffelten. Das war ein engmaschiges Überwachungsnetz, und sie erkannten sofort, wer nicht dazu gehörte, erfassten den Nettowert eines Menschen mit einem Blick.

Wir folgten einem engen halogenbeleuchteten Flur, nahmen eine Treppe zum Mezzanin, passierten die Hotelbibliothek, deren deckenhohe Eichenregale mit ledernen Buchattrappen gefüllt waren, und die grünen Milchglastüren des Hotelfrisörs, und erreichten dann die anderen Fahrstühle.

Vor meinem Zimmer lag ein Stapel frischer Handtücher, in Seidenpapier eingeschlagen, mit einem Zettel, den ich aufhob und las:

Lieber Alex,
frische Handtücher. Du solltest immer frische benutzen. Wahrscheinlich war das der Grund für deinen Leistenpilz.
Herzlich, Dad

»Was steht da?«, fragte Ivy, ihr warmer Atem an meiner Schulter.

»Ach, nichts.« Ich zerknüllte den Zettel und steckte ihn tief in die Tasche. Es war nur ein Hitzeausschlag. Vor ein paar Tagen hatte ich Dad in der Hotelsauna die roten Bläschen an meinem Schenkel gezeigt. »Dschungelfäule«, hatte er gesagt und leise durch die Zähne gepfiffen. »*Buhao.*« Nicht gut. Nach der Sauna hatte er darauf bestanden, mir zu erklären, wie man sich richtig abtrocknete, jeden Winkel und jede Spalte. »Vergiss deinen Hintern nicht«, hatte er todernst gemahnt, als wäre Moses auf seinen Gesetzestafeln lediglich der Platz für diese Weisheit ausgegangen. *Sagt es euren Söhnen. Sagt es allen. Trocknet euch gut ab und vergesst die Hintern nicht.*

Ivy ging zum Fenster, stellte sich unter den bauschigen Querbehang und rieb sich die nackten Schultern. Der Etagenpage hatte die Klimaanlage auf achtzehn Grad herunter gedreht. Ich gab Ivy eins meiner Sweatshirts, das sie sich über den Kopf zog. Es hing ihr bis zu den Knien.

Ihr Blick wanderte durchs Zimmer und blieb an dem Silbertablett mit dem Wein und dem Obstkorb hängen, das in der Mitte des üppigen Doppelbetts stand, und ich fürchtete, sie hielt es für eine romantische Geste. Ich wollte ihr klar machen, dass ich nicht zu dieser Sorte Mann gehörte. Natürlich hätte ich ihr erklären können, dass das die tägliche Aufmerksamkeit des Hotels für Ambassador-Mitglieder war, aber das hätte noch schlimmer geklungen.

»Willst du duschen?«, fragte ich.

Ivy hatte immer noch die Arme verschränkt. Vielleicht hatte ich sie beleidigt. Vielleicht klang ich herablassend. Aber im Wohnheim mussten sie zum Duschen lange Schlange stehen, und nur morgens um acht und abends um acht war das Wasser heiß, und selbst dann war der Timer auf fünf Minuten gestellt. Ivy fragte: »Mit dir?«, und erwischte mich kalt.

»Es ist eine schöne Dusche«, antwortete ich. »Die Seife ist aus Italien importiert oder so.«

Was zum Teufel redete ich da? Wir hatten schon miteinander geschlafen. Und der Sinn, mit jemandem zu schlafen, bestand darin, endlich zeigen zu können, dass man ein echter Mensch war.

»Ja«, sagte ich. »Zusammen.«

Jetzt lächelte sie. Ich hatte es nicht alles verbockt. Zum Glück. Was für ein Glück, dass ich bei ihr mit allem herausplatzen konnte, was ich dachte, ohne es vorher zerdenken zu müssen.

»Ist das okay?«, fragte ich. Und dachte im Stillen: Hör auf zu denken.

»Ich würde dir sagen, wenn nicht.« Sie legte das Handtuch auf den Stuhl und zog das Sweatshirt aus. »Ich kann gut auf mich aufpassen«, sagte sie und warf es mir zu. Ihr Rock rutschte an ihren Beinen hinunter.

»Auf jeden Fall«, sagte ich.

Ich folgte ihr ins Bad. Und als wir in der Dusche mit all den Spiegeln standen, war das Pochen wieder da. In den Wohnheimen waren Spiegel verboten, weil Yong sagte, Eitelkeit stürze die Fabrik in den Ruin. Für die Mädchen müsse die Fabrik ein Körper, ein Gesicht und eine Stimme sein, sagte er. Ihr seid die Arme und Beine; wir sind der Kopf und die Stimme. Zusammen sind wir eins.

Hier jedoch waren überall Spiegel. Ich stellte das heiße Wasser an, und Ivy schmiegte sich an mich. Presste die Lippen auf meine, und mein Herzschlag beschleunigte, als ich mich auf die Fliesen kniete und ihr mit einem Stück Seife die Füße wusch. Der Kontrast ihrer weißen Füße auf den schwarzen Fliesen. Meine Hand ein Schwamm, der über den Vorsprung ihres Knöchels zum Hohlraum ihres Fußgewölbes glitt, wo ihre Sohlenfältchen – manche stärker, manche schwächer – wie Nebenflüsse erst parallel verliefen und sich dann zu der tiefen Linie vereinten, die zum Ballen führte. Meine Hand folgte der Fußinnenseite, entlang der verzweigte Vene, ein blasses Jeansblau.

Ich richtete mich wieder auf, und sie griff mir zwischen die Beine und drückte sanft zu, hielt mich fest in ihrer Hand, und dann war sie auf den Knien, wusch mich mit Seife und nahm mich in den Mund, und als ich die Augen schloss, sah ich eine bunte Farbenpracht und ich verschwand und etwas anderes kam herein, Gott oder ich weiß nicht was, ich hörte auf zu existieren, und plötzlich hatte ich dieses unbändige Verlangen, ihr Gesicht zu sehen, und ich öffnete die Augen, aber ihr Gesicht war unter ihrem langen Haar verdeckt, und ein Schmerz füllte mich aus bis in die Plomben. Zitternd sah ich Ivys Zunge, rosa und lang, die langsam über meine volle Größe glitt, und dann blickte sie zu mir hoch, die letzte Hemmung verdampfte, und ich zog sie auf die Füße, drückte sie mit dem Gesicht zur Wand, und sie bog den Rücken durch, griff nach hinten und schob mich in sich, ich stöhnte, das Wasser prasselte auf ihren Rücken, schaumige Wellen, und ich war in ihr, und es gab nur uns.

Kein Dad auf dem Klo mit weit offener Tür, der schrie: »Elsa, wo hast du meine gottverdammte Lesebrille versteckt?«

Keine Mutter, die an die Badezimmertür hämmerte und schrie, dass Lilith meinen Samen stehlen und mir Dämonen gebären würde, falls ich masturbierte; dass Gott alles sah, auch das, was sie nicht sah.

Ich schloss die Augen, und Ivy drückte sich gegen mich, stöhnte an mein Ohr, schob sich mir entgegen, meine Knie zitterten und alles wurde schwarz und stürzte ein, als sie halb erstickt etwas auf Chinesisch sagte, den Hals zurückgebogen mit offenem Mund.

Später sah ich zu, wie Ivy sich am Waschbecken abtrocknete. Ihre Gründlichkeit hätte Dad gefallen. Sie vergaß auch den Hintern nicht. Ihre Haut rot und mit Gänsehaut überzogen. Sie knotete das Handtuch vor der Brust zusammen, und dann legten wir uns aufs Bett, und alles fühlte sich ruhig und gut an. Sie schmiegte sich an meine linke Seite. Sie hatte einen Pfirsich mit ins Bett genommen. Als sie ihn mit dem Messer schälte, dachte ich: *So schneidest du einen Pfirsich? Ich würde einen Pfirsich anders schneiden.*

Und dann fragte ich mich, wie ich mit Dads Nonsens-Sprüchen im Kopf durchs Leben gehen sollte. Aber es war nicht purer Nonsens. Es steckte auch mehr dahinter.

Ich erinnerte mich, wie meine Mutter am Küchentisch einen alten mystischen Text aus der Kabbala namens *Sohar* las, und mein Vater hereinkam und sarkastisch sagte: »Elsa, bist du so schlau, dass du das lesen solltest?« Ein Leben lang solche kleinen Seitenhiebe.

»Ich bin eine Cohen, oder nicht?«, giftete sie zurück. Immer lief es darauf hinaus.

»Schon gut, Elsa. Lies dein hochtrabendes Buch.«

Sie ignorierte ihn.

Als er weg war, ging ich zu ihr und sagte: »Hey, Ma«, aber sie sah nicht auf. Ihre Lippen bewegten sich. Lasen die Worte. Im zweiten Jahrhundert waren zwei Rabbis in eine Höhle gegangen, hatten die Kleider ausgezogen, sich im Sand vergraben, und waren zwölf Jahre später mit dem *Sohar* herausgekommen.

Irgendwann bemerkte sie mich, hob dem Kopf und fragte: »Willst du ein Gingerale?« Das sagte sie immer, wenn sie nicht zugehört hatte. Als ließen sich alle Probleme mit einem Gingerale lösen.

Ich schüttelte den Kopf. Eigentlich wusste ich gar nicht, was ich sagen wollte. Sie hatte diesen Ausdruck im Gesicht. Als hätte sie nichts dagegen, sich auch für ein paar

Jahre in einer Höhle zu vergraben. Meine Mutter war auf irgendeiner Insel, wo Dad nicht mehr an sie herankam. Allerdings galt das auch für mich.

Dann strich sie mir übers Haar und sagte: »Alles in Ordnung, Liebling.«

Manchmal übte ich freiwillig Hebräisch zu lesen, nur weil ich es mochte, wenn sie hinter mir stand: ihre Hand auf meiner Schulter, die sie drückte, wenn ich ein Wort verpatzte, und lockerließ, wenn ich meinen Rhythmus fand.

All das wollte ich Ivy erzählen, aber gerade als ich überlegte, wo ich anfangen sollte, kam sie mir zuvor.

»Wer war deine erste Freundin?«

»Danielle Feeley«, antwortete ich. »Sie war im Schwimmteam und hatte immer Fieberbläschen auf der Unterlippe. Ich weiß nicht, ob das eine mit dem anderen zusammenhing.«

Ivy verzog das Gesicht.

»Ich war nicht in der Position, wählerisch zu sein.«

Ich erzählte Ivy, wie Danielle und ich uns in den Harold King Forest geschlichen und uns ins grüne Waldbett gelegt hatten, um rumzuknutschen, was zu meinem ersten Blowjob geführt hatte. Doch beim Abendessen spürte ich ein Jucken, das später zu einem teuflischen Brennen anwuchs, so dass ich mit der Überzeugung im Bett lag, ich hätte mir die Gonorrhö geholt und alles, was meine Mutter über *Gojete* – nicht-jüdische Mädchen – erzählte, wäre wahr.

»Bin ich eine *Gojete*?«, fragte Ivy.

»Eine *Goje*. Auf jeden Fall. Aber wie sich herausstellte, habt ihr nicht alle die Gonorrhö. Abends um zehn erfuhr ich, dass wir uns in *poison ivy*, in Giftefeu, gewälzt hatten. Das ist übrigens kein Witz über deinen Namen. Man nennt ihn wirklich so. Wächst der auch hier?«

Sie verdrehte die Augen. »O ja.«

»Jedenfalls hatte ich das Zeug an meinem Penis und es juckte zum Wahnsinnigwerden. Es war klar, dass ich ins Krankenhaus musste, und so habe ich meine Eltern geweckt. Dad hat im Flur herumgebrüllt: ›An deinem *Schmekel*? Was zum Teufel hast du gemacht?‹ Dann kam meine Schwester im Nachthemd angerannt und schrie: ›Pilzpimmel!‹, und Mom fluchte, und Dad rief: ›Haltet die Luft an, Leute, ich brauche meine Lesebrille.‹«

Ivy runzelte die Stirn und lehnte sich zurück. »Warum wollte er das sehen?«

»Keine Ahnung. Er ist verrückt. Wahrscheinlich, um eine Diagnose zu stellen. So ist er eben. Nicht mal *das* konnte er mir lassen. Mein erster Blowjob. Wurde letztendlich eine einzige Katastrophe. Wie ich im Bad stand. Während Dad leise durch die Zähne pfiff.«

Ich machte sein Pfeifen nach, und Ivy lachte. »Die Geschichte ist schrecklich«, sagte sie. Sie hätte sich eher in einen Brunnen geworfen, bevor sie sich ihren Eltern so gezeigt hätte.

Dann wurde sie ein wenig rot und fragte: »War meiner besser?«

»Viel besser«, sagte ich und lächelte.

Wir schwiegen eine Weile. Ich wollte nach ihrem ersten Mal fragen, aber etwas in ihrem Gesicht verriet mir, dass sie mit den Gedanken woanders war.

»Denkst du an Ruxi?«, fragte ich, die Hände hinter dem Kopf verschränkt.

»Nein.« Sie drehte sich auf die Seite, stützte den Ellbogen aufs Kissen und sah mich an. Dann holte sie scharf Luft. »Alex, ich muss am Wochenende nach Beijing, und ich will, dass du mitkommst.«

»Nach Beijing? Warum? Hast du es deinem Arbeitsgruppenleiter gesagt?« Ein Schatten legte sich auf ihr Gesicht. Oder vielleicht Mitleid, ich konnte es nicht sagen, irgendeine Distanz, obwohl sie sich immer noch an mich schmiegte.

»Ist dir je etwas Schlimmes passiert?«, fragte sie. »Etwas Tragisches?«

Ich schwieg zu lange. Ich hörte Ivy schlucken. »Mmmh«, sagte sie, während ihre Frage im Raum stand. Da war natürlich Ruxi. Aber früher waren es Bernie und ich mit neun, am Bett seiner Mutter, die in eine Serviette spuckte, während sie Bernies Arm streichelte, und ich fand es seltsam und schön, dass sie seinen Arm streichelte, obwohl sie es war, die an Krebs starb, und er hatte den Kopf auf ihre Brust gelegt, ihr Atem ging kurz und keuchend, und ich stand am Fuß des Bettes, stellte mir ihre geschwollenen lila Füße unter der Decke vor, und sie flüsterte Bernie etwas zu, und es war, als hätte sie ihm ihren Geruch übertragen, denn seit dem Tag roch er immer nach ihr. Ein bisschen wie die Hochglanzseiten alter Zeitschriften. Wochenlang, monatelang kam es regelmäßig vor, dass er im Sport den Hockeyschläger oder den Basketball fallen ließ, in die Ecke ging und lebhaft mit der Wand zu reden anfing – er gestikulierte, flehte, diskutierte, und wenn er zurückkam, sagte er, er habe sich mit seiner Mutter gestritten und zeigte zur Wand. *Siehst du sie nicht*? Ich bekam Gänsehaut, als wäre ich in eiskaltes Wasser gesprungen, vor allem, weil Bernies Augen so durchdringend und lebendig waren, schwarz wie frischer Teer, und ich wusste, dass er mich nicht verarschte. Ich wusste, er hatte mit einem echten Geist gesprochen.

Davon wollte ich Ivy erzählen, als mir ein niederschmetternder Gedanke kam – mein eigenes Leben war immer so leicht gewesen, verdächtig leicht, was war, wenn es immer jemanden im Hintergrund gegeben hatte, der die Strippen zog, jemanden, der hinter meinem Rücken die Rädchen ölte, der einen miesen Schüler wie mich auf ein gutes College wie Brandeis bugsierte. Der mir immer wieder dritte und vierte Chancen verschaffte. Der mich beim *Traveler*-Magazin in wenigen Monaten vom Praktikanten zum Festangestellten beförderte. Ich hatte nie gefragt. Hatte mir die schwierigste Frage nie gestellt. Oder vielleicht hatte ich auch immer gewusst, dass mein Dad dahintersteckte. Er war der Strippenzieher. Nicht Gott.

»Erzähl mir von deiner Schwester«, sagte ich. »Ich will alles über dich wissen.«

»Geh mit mir hin«, sagte sie.

»Wohin?«

»Tian'anmen. Wenn du alles wissen willst, komm mit nach Beijing.«

Sie redete leise, aber ihre Stimme war fest und eindringlich.

»Ich kann es nicht mit Worten erklären«, fuhr sie fort. »Wenn ich es versuche, ist es wie ein Kessel, der zu lange kocht, und das ganze Wasser verpufft.«

»Verdampft«, verbesserte ich unwillkürlich.

Sie zupfte an einem losen Faden des Kissenbezugs. Ich wusste, dass ich etwas Falsches gesagt hatte. Dabei hatte ich bloß Angst, und ich schämte mich, weil ich immer so behütet gewesen war, nicht wie Ivy, und jetzt zog ich mich daran hoch, dass ich ihre Worte korrigierte. Ich hatte Angst, dass sie mich für einen Waschlappen hielt. Und recht damit hätte. Die härteste Zeit, die ich je erlebt hatte, waren die vier Monate allein in New York, als ich im Plaza Hotel als Schuhputzer gearbeitet hatte. Bernies Vater hatte mir den Job besorgt. Er kannte den Empfangschef, Anthony, einen alten Schwarzen. »Benutz deine bloßen Hände«, sagte Anthony, als er sah, dass ich die Schuhcreme mit dem Lappen auftrug. Er hatte immer ein Auge auf mir. »Von der Wärme schmilzt die Politur und zieht besser ein. Los. Zier dich nicht. Es tut nicht weh.« Der Mann war ein Heiliger. Ich arbeitete hart für ihn. Auf Knien vor dem Mahagoni-Thron mit den Messingbügeln und den Perlmuttknöpfen. Putzte und wienerte in drei Lagen, benommen vom scharfen Naphtha-Geruch, bis ich mich in den Schuhen spiegeln konnte. Aber ich kann es nicht erklären. Warum ich mich so verloren fühlte. Ich weiß, wie man eine Geschichte erzählt, indem man Wörter in die richtige Reihenfolge bringt, aber das gibt dir noch lange keine Kontrolle über die Sache. Ivy wollte nicht, dass ich es verstand, sondern dass ich es fühlte. Sie bat mich um etwas, und ich musste aufhören, so ein egoistischer Arsch zu sein. Sie wollte mir etwas zeigen. Ich musste einfach die Klappe halten und ja sagen.

Ich erinnere mich, dass manchmal ein Freund von ihm auf dem Thron saß, dann ließ Anthony mich einen Batzen Politur auf die Schuhspitze geben und mit einem Feuerzeug anstecken. Die Flamme brannte hellblau. Ich wünschte, Anthony wäre mein Vater gewesen. Ich glaubte fest, dass ich etwas aus meinem Leben hätte machen können, wenn Anthony jeden Tag für mich da gewesen wäre, und mir gesagt hätte, dass es nicht gäbe, wovor ich Angst haben müsse.

»Gut, ich komme mit«, sagte ich plötzlich, fast zu meiner eigenen Überraschung, und dachte, sie würde sich freuen, aber ihr Mund war eine harte Linie.

»Alex«, sagte sie. »Es ist nicht nur wegen meiner Schwester. Ich habe ein Meeting in Beijing. Ich sage dir lieber alles gleich. Ich wollte es dir schon früher erzählen. Ich bin Mitglied einer Partei, der DRP. Demokratische Revolutionäre Partei. Das ist es, was ich bin.«

»Ist das legal? Die Partei?«

»Nein. Wir müssen im Geheimen arbeiten. Andere haben sich registrieren lassen, LCCP und DCP, doch die sind alle verschwunden oder wurden verhaftet oder sind geflohen.«

»Bis du deswegen heute Abend hier?«

Ihr Blick wurde ausdruckslos. »Nein, ich musste dich sehen. Nur dich. Aber ich musste dir das auch persönlich sagen. Telefon und Computer sind nicht sicher.«

Hatte Gang, der Bürgermeister, alles verwanzt und Kameras installiert, damit er hören und sehen konnte, was er wollte? Hatte er mir nicht im Restaurant gesagt, ich soll auf mich aufpassen, in Foshan verschwänden ständig Leute?

»Bei mir ist es besonders schlimm«, sagte Ivy. »Wegen der Rolle meiner Schwester 1989 überwachen sie mein Handy und meine E-Mails. Meine Eltern auch. Meine Mitgliedschaft in der DRP ist geheim. Noch. Aber sie wollen dich treffen.«

Ich richtete mich auf. »Mich? Du hast ihnen von mir erzählt? Spinnst du? Die könnten die Fabrik dicht machen. Ich könnte ins Gefängnis gehen.«

»Es ist geheim«, sagte sie und hob beruhigend die Hände. »Ich verspreche es. Glaub mir. Keiner findet etwas heraus.«

Einen Moment war es still, während ich versuchte, meine Gedanken zu ordnen, aber sie waren zu schnell und zu wirr.

»Ist es das, was du mir in deinem Dorf sagen wolltest?«

Sie nickte.

»Warum lässt du dich darauf ein? Ich will nicht, dass du erwischt wirst. Was ist mit den Reformern?« Ich hatte keine Ahnung, wovon ich sprach. In den Nachrichten hatte ich von Reformern wie Bo Xilai in Chonqing gehört. Der Kapitalismus war so allgegenwärtig, dass Chinas Kommunistische Partei die Entwicklung sehen musste. Die Demokratie konnte nicht mehr weit sein.

»Die Reformer sind noch korrupter als die Kommunistische Partei. Niemand will seine Macht aufgeben. Kein Autokrat tut so was. Nicht rechtzeitig. Das ist das männliche Ego. Sich lebenslang an der Macht festklammern.«

»Was hat deine Partei vor? Seid ihr Terroristen?«

»Nein. Wir kämpfen für eine neue Gesellschaft. Für freidenkende individualistische Chinesen. Ohne Individualität gibt es keinen Staat. Keine Regierung dient dem Volk mit Korruption, Unterdrückung und Zensur. In meiner Generation glaubt niemand mehr an die Partei, aber seit 1989 haben die Menschen Angst oder sind zu träge, um etwas zu unternehmen. Die KP denkt, Chinas wachsender Wohlstand und wachsende Macht befrieden die Menschen, aber das trifft nur auf einen kleinen Teil der Chinesen zu. Die wenigsten. Wir wollen keine Angst, wir wollen eine Vertretung. Alles fängt bei den Arbeitern an. Ich kenne den Vorsitzenden der CRP von der Uni. Zhang ist ein guter Mann. Er hat mich zu euch in die Fabrik geschickt, damit …«

Als sie die Zweifel in meinem Gesicht sah, brach sie ab. Plötzlich war mir heiß, und ich stand auf.

»Die DRP glaubt, du kannst uns helfen«, sagte sie. Ich begann im Zimmer auf und ab zu gehen. »Ich glaube, du kannst uns helfen. Als ich dir begegnet bin, habe ich gewusst, dass mehr in dir steckt. Du bist nicht glücklich dabei, nur für deinen Vater Schuhe zu machen. Seit ich dich besser kenne, habe ich das Gefühl, du bist jemand, der unsere Seite vielleicht versteht. Jemand, der die Welt besser machen will. Wir hatten noch nie jemanden von deiner Seite bei uns.«

»Von meiner Seite?«

»Privatwirtschaft. Ausländer. Kapitalist. Insider. Wenn du es willst, kannst du wirklich etwas verändern. Und andere werden dir folgen.«

Als sie das sagte, *Insider,* durchfuhr mich ein Stromstoß der Angst und flackerte in mir wie eine kaputte Neonröhre.

Ich merkte, dass ich immer noch auf und ab ging. Ohne nachzudenken nahm ich ihr T-Shirt vom Stuhl und warf es ihr zu. Ich sah den gequälten Ausdruck in ihrem Gesicht.

Dann zog sie mit gesenktem Kopf das T-Shirt an, und es wurde wieder still.

»Was willst du von mir?«, fragte ich. »Mich benutzen, weil ich ein *Insider* bin? Ist es das, worum es geht?«

»Leg mir keine Worte in den Mund, die ich nicht gesagt habe.«

»Weil ich jung bin. Ich bin ein dummer Junge für dich. Sechsundzwanzig.«

»Das denkst du die ganze Zeit? Was soll die Scheiße? Zahlen sind mir egal. Dir nicht? Ich bin älter. Na und? Ich habe keinen Online-Dating-Account, in dem ich schreibe, ich will diese Größe, die Form, die Haare. Ich will einen Menschen. Ich will dich.«

Sie schüttelte den Kopf. Holte tief Luft.

»Ich mag dein Alter«, fuhr sie fort, sanfter. »Okay? Es gefällt mir. Du bist exotisch.«

»Ich bin exotisch?«

»Starke Arme. Große Hände. Breite Brust, Schultern. Das gefällt mir. Gut?« Sie warf die Hände in die Luft. »Warum muss ich erklären, was mir gefällt?«

»Weil«, sagte ich. »Hör zu. Ich habe nicht so viel erlebt wie du. Du hast viel Scheiße hinter dir. Hast viel gesehen. Und ich dagegen? Manchmal komme ich mir neben dir vor wie ein naives kleines Würstchen.«

»Wegen deinem Vater«, sagte sie.

»Ja. Vielleicht. Aber dann erzählst du plötzlich *so was*, und ich kriege Angst. Berechtigte Angst, verstehst du? Dass das ganze eingefädelt ist. Dass du mich benutzt, für deine Sache. Dass das alles ist.«

Es war alles verdammt verworren in meinem Kopf. Ivy

schlug die Decke zurück und streckte die Beine aus, die lang und glatt waren, wie lackiert vom sirupartigen Licht der Natriumdampflampen auf der Straße, und mein Gehirn stolperte, stellte sich plötzlich vor, sie säße am Strand, und ich fragte mich, ob sie die Füße in den Sand bohrte oder an den Knöcheln übereinanderschlug, ein Gedanke, so dumm, so irrelevant, so bedeutungslos. Ihre Augen glänzten feucht, und ich hatte keine Ahnung, was sie als nächstes tun würde. Vielleicht stand sie auf und ging. Oder redete weiter. Erklärte. Ich wusste es nicht. Man konnte nicht wissen, was in einem anderen Menschen vorging.

»Alex«, sagte sie mit kratzender Stimme. »Das ist nicht der Grund. Das sind nicht meine Gefühle. Wenn, dann ist das hier, *wir,* mir in die Quere gekommen. Meine Ziele wären dieselben, auch wenn ich dich nie getroffen hätte. Aber das habe ich. Doch es war nie ein Plan. Das musst du mir glauben. Ich halte es nicht aus, wenn du schlecht von mir denkst. Bitte komm mit nach Beijing. Ich will, dass du alles über mich erfährst. Das habe ich noch nie zu jemandem gesagt. Keine Geheimnisse. Wenn du nicht mit zum Treffen der Partei gehen willst, musst du nicht. Wirklich nicht. Ehrlich.«

Sie wedelte mit beiden Händen, als wollte sie mich aus meinem eigenen Hotelzimmer verscheuchen.

Ich ging immer noch in schnellen Kreisen durchs Zimmer, und Ivy fragte: »Alles in Ordnung?«, während sie das Laken mit der Faust vor der Brust festhielt. Ein leichtes Zittern in ihrer Stimme. Als ich nicht antwortete, senkte sie den Kopf.

Ich glaubte ihr, dass es kein lang gehegter Plan gewesen

war. Das wäre viel zu riskant gewesen. Und vielleicht hatte Ivy recht, vielleicht konnte ich helfen. Vielleicht hatte sie sogar recht, wenn sie sagte, ich hätte ein bisschen Trotzki im Blut. Gegen Blut kommt man nicht an.

Ich würde vielleicht nicht zu Pferd mit goldenem Säbel und Schiffchen auf dem Kopf die Große Halle des Volkes stürmen, aber vielleicht konnte auf andere Art ein wenig helfen? Indem ich anständig handelte. Keine *Hukous* oder Ausweispapiere mehr zurückhielt. Kleine Gehaltserhöhungen gab. Kleine Schritte, die uns nicht gleich den Profit kosteten.

Ohne es mitzubekommen, ging ich bereits ohne einen klaren Gedanken im Kopf auf das Bett zu, und wusste nur eines sicher, nämlich, dass ich nicht für den Rest meines Lebens Dads Handlanger sein würde, sein ewiger Bagel-Boy.

Ich setzte mich neben Ivy aufs Bett. »Wann fährt der Zug?« Lächelnd legte sie die Stirn an meine Brust. Ich nahm sie in den Arm.

»Es sind nur sechzehn Stunden mit dem T98.«

»Zuerst müssen wir Ruxi nach Hause bringen«, sagte ich. »Hongjin wird uns helfen. Ich weiß, dass er uns hilft. Für einen freien Tag tut er alles. Und von dort können wir weiter nach Beijing fahren.«

In der Nacht fanden wir kaum Schlaf. Ivy drückte sich an mich, und ich drückte mich an sie, als kämen wir einander nie nah genug, und ich hoffte inständig, dass wirklich ich es war, wonach Ivy sich sehnte aus der Tiefe ihres Herzens, und nicht irgendeine Idee in ihrem Kopf.

Inmitten dieser Gedanken traf es mich, dass Ivy nicht einmal ihr richtiger Name war. Er war erfunden. Wenn ich schlauer gewesen wäre, hätte ich mir früher zusammengereimt, dass sie einen falschen Ausweis benutzte, weil die Partei sie beobachtete. Natürlich hätte sie in der Fabrik niemals mit ihrem richtigen Ausweis angeheuert. Die Partei wusste alles. Also arbeitete sie mit gefälschten oder gestohlenen Papieren, was mich wütend machen sollte, aber aus irgendeinem Grund nicht wütend machte.

Es war bloß ein Name. Trotzki war Bronstein. Na und? Es spielte genauso wenig eine Rolle wie die Frage, ob Wasser verpuffte oder verdampfte. Ich drückte Ivy an mich. Sie drehte mir den Rücken zu und schmiegte ihre kalten Füße an meine Schienbeine. Dann zog sie meinen Arm um ihre Schulter, und ich hielt ihre rechte Brust, und mir kam der Gedanke, dass ich diese Frau vielleicht wirklich liebte.

8

Zwei Tage später, am Freitagmorgen, saß ich auf dem Rücksitz von Hongjins Jetta, Ivy saß auf dem Beifahrersitz, und Ruxi lag auftauend im Kofferraum. Hongjin erklärte mir, wie er die Federung und die Hydraulik frisiert hatte, Zeug, von dem ich keine Ahnung hatte, aber ich heuchelte Interesse vor. Wie ich gehofft hatte, war er für einen freien Tag zu allem bereit.

Auf der Fahrt nach Norden erzählte Ivy, wie man früher, wenn jemand weit weg von zu Hause gestorben war, den Toten zu Fuß zurück in sein Dorf gebracht hatte. Es war ein richtiger Beruf – wenn auch ein mieser –, Tote nach Hause zu tragen. Leichengeher wurden sie genannt.

»Weißt du das noch?«, sagte sie zu Hongjin. »Die Straßen waren schlecht, ich glaube, es gab noch keine Autos. Gab es Autos?«

»Woher zum Teufel soll ich das wissen?«, antwortete Hongjin.

Ivy ignorierte ihn und fuhr fort, für die Familie sei es eine große Schande gewesen, wenn die Leiche nicht nach Hause kam. Der Geist des Verstorbenen würde sie für immer heimsuchen. Niemals Ruhe finden. Also heuerte die Familie Männer an, die die Leiche unter einer Decke Hunderte von Kilometern zu Fuß nach Hause trugen, und die Leichengeher durften unterwegs nur in bestimmten Herbergen übernachten. Ivy wusste nicht warum.

Hongjin sagte: »Weil sie eine Leiche dabeihatten natürlich. Übrigens glaubt heute keiner mehr an diesen Quatsch, Alex. Das ist *alter* Glaube.«

Hin und wieder hörten wir Ruxi im Kofferraum poltern, wenn der Wagen über einen Buckel im Asphalt fuhr, und Hongjin drehte die Musik lauter.

Dann fingen Ivy und Hongjin an, über die aussterbenden Traditionen in China zu streiten, und ich musste an zu Hause denken, was mich immer müde machte, ich kam nicht dagegen an.

Ich träumte nicht richtig, aber ich sah die Szene vor mir, als meine Schwester und ich mit einem Schraubenzieher zur Haustür geschlichen waren, um heimlich die Mesusa abzuschrauben, die in allen jüdischen Häusern am Türrahmen hing, um der Welt zu zeigen, dass man besonders war. Meine Schwester und ich wollten die kleine Schriftkapsel unter die Lupe nehmen, ich jedenfalls. Alle Familien hatten eine Mesusa, aber niemand hatte sie je geöffnet. Es war ein Riesengeheimnis. Ich schloss meine warme Faust um das Bronzeröhrchen mit der winzigen Glasscheibe und trug es in den Keller, wo ich es auf den Boden legte und meiner Schwester einen Steckschlüssel von der Werkbank in die Hand drückte.

Sie bestand darauf, ein Taschentuch unterzulegen.

»Es ist doch nicht lebendig«, murrte ich, auch wenn ich mir nicht sicher war. Jedenfalls nahm ich ein Taschentuch, legte es ordentlich gefaltet unter die Mesusa und sagte, jetzt mach.

»Und du bist sicher, dass wir dafür nicht in die Hölle kommen?«, fragte sie.

»Wir glauben nicht an die Hölle. Los.«

Sie holte aus, und ich hielt die Luft an, halb fürchtend, aus dem Fensterchen würde uns ein Schwarm Heuschrecken entgegenfliegen. Aber das Glas brach, und nichts passierte. Keine Heuschrecken. Kein Hagel.

»Und was jetzt, Pilzpimmel?«, sagte meine Schwester. Was jetzt wusste ich auch nicht.

Ich glaube, ich wusste vage, dass die Mesusa meinem Großvater gehört hatte, der sie wahrscheinlich in der Unterhose über den Atlantik geschmuggelt hatte, so fürchterlich jedenfalls regte sich meine Mutter auf, als sie später herausfand, was wir getan hatten, aber ich hatte das Geheimnis unbedingt lüften müssen. Welcher Schatz verbarg sich in der heiligen Kapsel, die wir uns alle an die Haustür hängten?

Meine Schwester und ich entrollten das kleine Pergament – es war sehr alt und vergilbt, mit winzigen hebräischen Schriftzeichen bedeckt, die gleichen, die Mom immer zu malen versuchte. Ich wusste nicht, welche Worte so wichtig sein konnten, aber sie waren wunderschön, in schwarzer Tinte, fast mikroskopisch klein, wie man sich vorstellt, dass ein Gefangener seine Lebensgeschichte auf ein einzelnes Blatt Klopapier quetscht. Als bräuchte man einen dieser Rätsel-Decodier-Ringe aus der Cornflakes-Packung, um es zu entziffern.

Alles, woran ich mich dann erinnerte, war, wie ich in dem hohem gelben Cordsessel in der Ecke ihres Schlafzimmers saß und sie weinen sah. Meine Mutter. Die kaputte Kapsel und die Schriftrolle in der Hand, murmelte sie *»Sch'ma«*,

»Höre« auf Hebräisch. Das war offenbar der Inhalt der Rolle, nahm ich an, als sie es ein Dutzend Mal sagte. Das *Sch'ma* ist ein langes Gebet, über das unzählige Bücher geschrieben worden waren, und es geht um Gott oder Zeugnisse oder so was, aber ich kannte nur das erste Wort. *Höre*.

Und kurz bevor mir meine Mutter die Ohrfeige verpasste, wachte ich auch, erschüttert und mit einem Brodeln in der Brust, während draußen ein Kiefernwäldchen und ein paar alte, verfallene Wachtürme mitten im Nirgendwo vorbeirauschten, und Hongjin sagte: »Du bist ein sehr guter Schläfer. Wir sind fast da. Nur noch ein Kilometer …«

»Halt an«, rief ich plötzlich, und Hongjin riss erschrocken das Lenkrad herum, und wir schlitterten in einer Staubwolke an den Straßenrand.

»Scheiße, Mann«, sagte er.

»Was ist los?«, fragte Ivy.

»Wir bringen sie zu Fuß nach Hause«, sagte ich, fast flüsternd. Dieser Gedanke hatte sich mit einer Art religiösen Überzeugung eingestellt, und ich vertraute ihm nur, weil er mir über die Lippen kam, bevor ich wusste, was geschah. Als wäre ich mit einem schweren Gewicht aufgewacht, das auf meinem Gesicht, meiner Brust lastete, und ich konnte es nur auf diesem Weg wieder loswerden.

»Wir sind Ruxis Leichengeher«, sagte ich zu Ivy. »Du und ich. Wir machen es, wie du es beschrieben hast. Wir tragen sie nach Hause. Es stimmt doch, oder? Du hast dir die Geschichte nicht ausgedacht?«

»O Scheiße, Mann«, sagte Hongjin. »Ich habe doch gesagt, daran glaubt heute keiner mehr.«

Ich sagte ihm, dass er uns mit dem Auto folgen solle, dann stieg ich aus. Vor uns lagen ein paar Siedlungen im Abendlicht, flache, ärmliche Häuser mit roten Drachenschuppendächern. Der Kofferraum unter Ruxis auftauender Leiche war nass. Ich ging in die Hocke und zog sie aus dem Wagen, und Ivy half mir, sie zwischen uns auf die Füße zu stellen. Ich nahm Ruxis Arm, aber sie war ganz steif.

»Ich kann sie mir einfach über die Schultern legen«, sagte ich.

»Nein, es muss so aussehen, als würde sie selbst gehen«, gab Ivy zurück.

Also zog ich den Arm über meine Schultern und schob meine Hand um ihre Taille.

»Sie muss zugedeckt sein«, sagte Ivy. »Wenn wir es richtig machen wollen.« Ich drapierte die Kuhhaut auf Ruxis Kopf, die immer noch den erdigen, stechenden Gerbereigeruch verströmte. Von Ruxi waren nur die Fesseln und die Füße in den Sandalen zu sehen. Dann fasste ich sie wieder um die Taille und wir gingen los. Es war nicht leicht, einen Rhythmus zu finden. Wir mussten uns hin und her wiegen, damit es so aussah, als würde sie gehen.

Schwankend schleppten wir uns an einer Reihe von Backsteinhäusern vorbei. Vielleicht tat ich all das nur für Ivy. Oder um mir etwas zu beweisen. Ich wusste, dass ich meine Gründe hatte, auch wenn ich sie selbst nicht ganz verstand.

Als wir noch etwa einen halben Kilometer vom Dorfrand entfernt waren, kamen uns ein paar Kinder entgegengelaufen. Einige rannten geradewegs auf Hongjins frisierten

Wagen zu, aber zwei oder drei gesellten sich zu Ivy und mir, stellten Fragen, zogen an Ivys Arm.

»Sie wollen wissen, was wir tun«, übersetze Ivy. »Ich habe ihnen gesagt, wir bringen sie nach Hause.«

Die Kinder redeten schnell.

Ivy sagte: »Sie fragen, warum sie zugedeckt ist. Ob sie kein Gesicht hat. Ich habe gesagt, fragt eure Mütter.«

Nach und nach umringte uns eine kleine Gruppe. Vielleicht fünf oder sechs Kinder. Ein Junge dribbelte einen Basketball durch die Beine. Ein anderer schob sein Fahrrad. Zwei Mädchen gingen Hand in Hand.

Kurz vor dem Dorf kamen wir an einer zerbröckelten Schattenwand und einem verfallenen Haus aus Stein und Ziegeln vorbei. Der Garten war mit riesigen Banyanbäumen zugewachsen, deren Fühler überall herabhingen. Es roch nach brennendem Feuerholz.

Eine ältere Frau hakte einem der Jungen den Finger in den Kragen und zog ihn weg. Mit kalter krächzender Stimme redete sie auf Ivy ein und warf mir dabei einen Blick zu, von dem ich Gänsehaut bekam.

»Sie will wissen, wer du bist«, sagte Ivy.

»Sag ihr, es war meine Schuld«, antwortete ich.

»Nein.« Ivy schüttelte den Kopf. »Das würden sie dir nie verzeihen.« Sie sprach mit der alten Frau, und die Frau nickte, und dann lächelte sie mir zu. »Ich habe ihr gesagt, dass du ein Freund bist. Dass du weißt, dass Ruxi hierhergehört.«

Das Gesicht der alten Frau wurde weich.

In der Zwischenzeit kamen immer mehr Menschen auf die Straße, es sprach sich herum, was hier vor sich ging.

Ruxi fing an runterzurutschen, und wir blieben stehen, um uns neu aufzustellen. Ich drückte meine Hüfte in Ruxis Seite, um sie aufrecht zu halten. Beim Weitergehen dachte ich darüber nach, wer Ruxi gewesen war. Ich erinnerte mich an das Baby-Love-T-Shirt. Ich fragte mich, ob sie es von ihrem Freund geschenkt bekommen hatte. Ob sie je verliebt gewesen war.

Im Zwielicht hinter einer Haarnadelkurve saß eine Frau auf einem Bündel Bambus und rauchte. Sie nickte mir zu. Kein Lächeln oder irgendwas, aber genug, um mir verstehen zu geben, dass ich kein Fremder mehr war. Mit jedem Schritt als Gruppe verstärkte sich das Gefühl. Weil ich half, ihre Tochter nach Hause zu bringen an den Ort, an den sie gehörte.

Und während ich mich auf jeden Schritt konzentrierte, hatte ich das Gefühl, dass sich unsere Füße vermischten, meine mit den Füßen des Kindes neben mir und denen vor mir, all die Flipflops und Turnschuhe; man konnte nicht mehr, welcher zu wem gehörte. In meinem Kopf vermischte sich alles, wo einer aufhörte und der nächste anfing.

Wir wankten durch die schmalen Gassen des Dorfs, wo ich immer wieder das gleiche Graffito an den Häuserwänden sah – einen Kreis mit einem durchgestrichenen Schriftzeichen.

Dann lief ein Junge auf uns zu, der, als er Ruxis weiße geflochtene Sandalen sah, erstarrte, und ich wusste, dass er ihr Bruder war, weil er die Schuhe seiner Schwester sofort erkannt hatte, weil Schuhe manchmal einfach diese Kraft besitzen.

Er erkannte die Sandalen instinktiv. Seine Nase begann

zu laufen, und er kratzte sich an einer Stelle am nackten Arm, eine Qual in seinem Gesicht, die Art von Schmerz, den ich nicht oft gesehen hatte.

Aus einem der Häuser kam ihre Mutter, man sah es an den quälend langsamen Bewegungen, an den Blicken der anderen. Ihr Gesicht zerfurcht wie minderwertiges Leder, am Stacheldraht zerkratzte Rinderhaut. Ivy sprach sie auf Mandarin an, und ich verstand sie zwar nicht, aber offensichtlich gab sie eine Erklärung ab, denn die Mutter umarmte erst Ivy, und im nächsten Moment umarmte sie mich, sie roch nach Kupfer und Reisessig, und dann sah sie mir in die Augen und sagte etwas auf Chinesisch, das ich nicht verstand, und auf einmal umringte uns das ganze Dorf und schob mich durch die Gittertür ins Haus von Ruxis Familie.

Ein großer Ventilator drehte sich an der Decke über einer alten Frau mit grausilbernem Haar, die am großen Tisch in der Mitte saß. Mein Blick fiel auf ihre roten Schuhe mit den in goldener Seide gestickten Pfingstrosen. Die Zehen liefen seltsam spitz zusammen, und dann sah ich die Bandagen herausschauen. Sie hatte gebundene Füße. Goldene Lotusse. Sie musste an die hundert Jahre alt sein. Eine der letzten. Die Holzsohlen waren flach, verbargen die steil gefalteten Fußgewölbe, die eingeklappten Zehen, verformt und spitz wie Schaufeln. Als die Frau meinen Starren bemerkte, wandte ich mich ab.

Nach und nach kam die Familie ins Haus, gefolgt von Ivy und Hongjin. Ruxis Mutter brachte Suppe – Sojabohnen, Süßkartoffeln und Karotten in Schweinefleischbrühe. Wir aßen auf niedrigen Bänken und tranken heißen Tee. Lange wurde auf Chinesisch gesprochen, und ich hatte keine Ahnung, was vor sich ging, außer, dass die alte Großmutter mir immer wieder eine Schale flaumiger gelber Wampis hinschob, bis ich zugriff und mir eine der Beeren in den Mund steckte. In der Ecke schabte ein alter Mann mit einem stumpfen Fischermesser Palmwedel, ohne ein Wort zu sagen, bis er sein Tagewerk beendet hatte. Dann stand er langsam mit Tränen in den Augen auf, und sagte, wie Hongjin übersetzte, er gehe hinaus um sich zu erhängen.

Der kleine Bruder stand hinter der Tür und beobachtete mich mit großen, neugierigen Augen. An der Lehmwand hing ein altes gerahmtes Mao-Porträt. Eine Statue von Guanyin, der Göttin der Gnade. Ich musste hier raus. Die Luft stand, kein Windhauch. Aus irgendeinem Grund machte mich alles wütend. Ich hatte mir Dörfer wie dieses romantisch vorgestellt, als würde man, wenn man keinen Flachbildfernseher besaß, automatisch ein reines, asketisches Leben führen, aber nein, hier war alles nur elend und arm und vergessen und verzweifelt. Hier gab es keine Gnade. Alle waren über sechzig oder unter zehn, und der Rest hatte das sinkende Schiff längst verlassen. Das Leben als Bauer reichte nicht mehr. Jeder wollte ein Riese im Rampenlicht sein.

Ivy sagte, sie seien uns dankbar, aber es war mir inzwischen fast egal. Am liebsten hätte ich jemanden geschlagen, Xi Jinping, das Mao-Porträt, meinen Vater, mich selbst. Ich wollte etwas kaputt machen. Die Wut ballte sich in meinen Schultern. All den Schwachsinn vom idyllischen Landleben hatten sich doch Leute wie ich ersponnen, die Orte wie diesen nur vom Durchfahren kannten und dachten, es hätte etwas Erhebendes, sich den ganzen Tag zu bücken, um Samen in die Erde zu stecken, oder bei dreißig Grad im Schatten mit der Machete Bambus zu hacken, obwohl wir so was keine Sekunde täten, und wenn, dann würden wir nach zehn Minuten nach einer Pause winseln.

Hongjin wollte rauchen. Er klopfte mir auf die Schulter, und wir hingen hinaus.

»Hast du gesehen, wie die mich angeglotzt haben? *Warum bist du so reich? An deinem Geld klebt Dreck. Du bist bestimmt korrupt. Du tust bestimmt schlimme Dinge.* Das ist die Haltung der Leute hier.«

»Ist mir nicht aufgefallen, Mann«, sagte ich.

Er schüttelte den Kopf. »Oh Mann, die Leute sind so arm hier. Und das Beschissene daran ist, dass sie vor hundert Jahren wahrscheinlich reiche Landbesitzer waren. Das sieht man an den gebundenen Füßen der alten Amah. So eine Scheiße, Mann.«

»Echt Scheiße, Mann.« Mehr fiel mir dazu nicht ein.

»Es gibt ein neues Sprichwort in China. Das Leben ist wie eine Vergewaltigung – wenn du es nicht verhindern kannst, genieß es.«

»Das ist ein widerlicher Spruch.«

»Gemeint ist, das Leben ist Scheiße, aber du kannst es nicht ändern. Du kannst nichts machen.«

»Ich habe verstanden, was gemeint ist. Es ist trotzdem ein widerlicher Spruch.«

Er lächelte darüber und stemmte die Hände in die Hüften. »Sei vorsichtig in Beijing, ja? Die Geheimpolizei ist überall. Du bist ein Leckerbissen für die, weißt du? Im Ernst. Einem Freund von mir haben sie neulich die Tür eingetreten, nur weil er irgendwas auf Weibo gepostet hat. In China gibt es keine Geschworenen. Die Anwälte geben den Richtern einfach ein dickes fettes Schmiergeld. Der Apfel ist faul von der Wurzel her. Lin Yutang hatte recht. ›Jeder über vierzig ist ein Gauner.‹«

Hongjin setzte uns am nahegelegenen Bahnhof Chenzhou West ab. Auf der ganzen Fahrt zurück zur Fabrik würde er Thrash Metal hören. Es war seine Lieblingsmusik, aber auf dem Hinweg hatte er uns damit verschont. Dafür dankten wir ihm. Verabschiedeten uns. Dann stiegen wir in den Zug nach Beijing. Ich schlief fast sofort ein, und als ich aufwachte, durchquerten wir die Tiefebene des Gelben Flusses vor Zhengzhou, wo pudriger gelber Löss-Staub gegen die Seitenwände des Zugs prasselte. Der Gelbe Fluss wurde wegen der Überflutungen und Hungersnöte auch Fluss der Sorgen genannt. Er sah sehr romantisch aus, und obwohl ich noch nie hier gewesen war, fühlte ich mich plötzlich verdammt nostalgisch. Was war das? Dieses maßlose, übersteigerte Gefühl von Nostalgie.

Wir ratterten durch die Ölfelder von Henan, die im Einklang wippenden Silhouetten von tausenden pferdeköpfigen Pumpen am Horizont, wie ein einziger planetarer Seufzer. Dann kamen die weiten Ebenen des Deltas mit den fernen grünblauen Bergen im Westen, und näher die Standsteinhänge der Kohlebergwerke vor Taiyuan.

»Erzähl mir eine Geschichte«, sagte Ivy. »Über deine Familie.«

Ich erzählte ihr von Onkel Mo, der gerade in der Fabrik den Hallenboden fegte, als einen Kilometer weiter ein junger Kriegsheimkehrer den nussigen Duft seiner .22er-Ruger inhalierte, deren Schaft er mit Tungöl einrieb, wobei sich eine Kugel löste, die erst das Fenster durchschlug und dann, einen beschissenen Kilometer weiter, Onkel Mos rechte Schläfe, der seelenruhig den Besen losließ und tot umfiel. Ich erzählte ihr, wie seine Frau Ethel, die Künstlerin war, wahnsinnig wurde und begann, tausend Mal das gleiche Porträt von ihm zu malen. Ich erzählte ihr, wie Bernie und ich mit Springseilen einen Ring ins Gras legten und uns darin mit Boxhandschuhen grün und blau schlugen. Oder wie meine Mutter einen Topf Matzeknödelsuppe aufsetzte und sich dann tagelang in ihrem Zimmer einschloss.

Ich erzählte ihr, wie meine Mutter auf alles meinen Namen nähte. Meine Mützen, meinen Gürtel, meine Unterhosen.

»Das ist verrückt«, sagte Ivy.

»Ich weiß. Warum sollte ich in der Schule meine Unterhosen ausziehen?«

Ivy kicherte.

»Das habe ich sie auch gefragt. Sie sagte: ›Wer weiß, was du da treibst.‹ Und ich sagte: ›Ma, das ist kein römisches Badehaus. Die anderen Jungs würden sich nie die falsche Unterhose anziehen.‹ Und sie sagte: ›Um die anderen Jungs mache ich mir auch keine Sorgen.‹«

»Sie klingt lustig«, sagte Ivy.

»Das ist sie. Glaube ich jedenfalls. Schwer zu sagen. Ich glaube, sie würde dich mögen.«

Wenn Ivy lächelte, sah man ihre oberen Schneidezähne. Der eine war leicht nach innen gedreht, ansonsten waren ihre Zähne gerade und weiß. Dad würden ihre Zähne gefallen, falls er über den Rest hinwegkam. Wie das meiste hier, fand er den Stand der örtlichen Dentalhygiene widerwärtig.

Während ich redete, passierten wir eine Kette von Karstbergen mit steilen Abbruchkanten und zerklüfteten Kalksteinkämmen, die in lockeren roten Lehmboden ausliefen, und irgendwann begannen die Außenbezirke von Beijing mit Straßen und Hochauskomplexen, bis der Zug mit einem dumpfen Ploppen unter die Erde abtauchte und das Licht anging, und ich redete weiter, bis wir den Beijinger Bahnhof Dongcheng erreichten.

Die Schaffner pfiffen und gestikulierten, um für Ordnung zu sorgen, aber die Passagiere kletterten längst aus den offenen Fenstern und verstopften die Gänge beim Versuch, aus dem Zug zu kommen. Wir drängten uns durch die dichte Menschenmenge zur U-Bahn und fuhren nur ein paar Stationen bis zur Haltestelle Tian'anmen unter der Verbotenen Stadt.

Ein Stück entfernt saß ein Mann ohne Arme mit Knieschützern an der Treppe und bettelte, und bei seinem Anblick drehte sich mein Magen um, weil ich die eiternden Blasen und Narben von Benzolverbrennungen erkannte. Wenn in einer Schuhfabrik der Klebstoff zu nah an die Heißtrockner geriet, brannte er wie Zunder und verursachte genau diese Art von Verbrennungen.

Aber es war nicht meine Schuhfabrik. Wir waren weit weg. Der Mann hatte nichts mit mir zu tun.

Ivy erklärte, dass auf dem Schild um seinen Hals stand, dass in seiner Fabrik die Türen von außen verriegelt gewesen seien und niemand herausgekommen sei. Außerdem sei er ein direkter Nachfahre der Kaiserin Cixi, und ich sah die Leute im Vorbeigehen lachen. Wo die verkohlte Haut abgefallen war, war seine Haut weiß wie Maisgrannen. Immer wieder rollte er nach vorn und versuchte aufzustehen. Von all den Menschen, die in der Unterführung an ihm vorbeiströmten, starrte er ausgerechnet mich an, als kenne er mich von irgendwo, mit roten Augen und schwarzem Zahnfleisch, und beugte sich vor, als wolle er sich auf mich stürzen, beschimpfte mich als *batgwai*, weißen Teufel, bis Ivy sich bei mir einhängte und mich eilig davonzog.

Als wir endlich oben waren, konnte ich an der Nordwestecke die mobilen Sicherheitsposten der Polizei sehen, die wir passieren mussten, um auf den Platz zu gelangen, aber erst mussten wir uns in die Schlange stellen, ein engmaschiges Leitsystem aus Zäunen, dessen metallene Gitter in der strahlenden Sonne blinkten.

Am Ende verjüngte sich die Menge zu einer Spur.

»Das gab es früher nicht«, sagte Ivy.

Wir kamen im Schneckentempo voran. Eine Frau in weißem Häkel-Outfit zog sich in der verspiegelten Sonnenbrille ihres Mannes den Lippenstift nach.

»Halt deinen Pass bereit«, sagte Ivy, als wir uns dem Sicherheitscheck näherten.

Sie nahm die Segeltuchtasche von der Schulter und stellte sie auf das Förderband des Röntgengeräts. Dann gab sie dem Wachmann ihren Ausweis.

Vor uns stand ein chinesischer Polizist in einem gestärkten weißen kurzärmeligen Hemd, Schirmmütze und weißen Stoffhandschuhen. Die Soldaten neben ihm trugen dunkelgrüne Uniform und Armeestiefel, die Maschinengewehre quer vor der Brust.

Der Polizist zog meinen Pass durch das Gerät, dann tat er das gleiche mit Ivys Ausweis. Ihrem widmete er doppelt so viel Zeit, drehte ihn um, scannte ihn unter einem blauen Licht, sprach sie auf Chinesisch an. Er hatte ein kantiges Gesicht. Falls sie nervös war, ließ sie es sich nicht anmerken. Schließlich deutete er mit einer Kopfbewegung auf dem Metalldetektor und ließ uns durch.

Der Platz war grau und öde, etwa so groß wie sechs Fußballfelder. Auf zwei Seiten standen riesigen Bauwerke – das Nationalmuseum und die Große Halle des Volkes, die den Platz flankierten. Wir befanden uns auf der Westseite, nicht weit von der Großen Halle, wo zwei als Weihnachtsmann verkleidete Chinesen vor einer Menschenansammlung eine Kung-Fu-Choreographie vorführten.

Ivy streckte die Hand aus, als tastete sie nach einem Geländer, das es nicht gab. Gleichzeitig sah sie sich nach hinten um, wo über dem Tor des Himmlischen Friedens das riesige Mao-Porträt hing, ein blasiertes Lächeln im Gesicht.

Ivy sah ihn an, nicht die goldglänzenden Dächer der Verbotenen Stadt, während sie blind weiter vorwärts ging, bis ich sie in letzter Sekunde vor einem Marmorlöwen rettete.

Sie führte mich südlich zum Denkmal für die Helden des Volkes, einem hohen Granitobelisken in der Mitte des Platzes. Rechts und links waren zwei riesige Bildschirme aufgebaut, auf denen weiße Schriftzeichen auf rotem Grund blinkten. Davor hatte sich ein Halbkreis chinesischer Touristen versammelt.

Mit Roboterstimme übersetzte Ivy die Worte, die über

die Bildschirme rollten. »Wohlstand, Demokratie, Harmonie, Gerechtigkeit, Rechtsstaatlichkeit, Patriotismus, Integrität, Bullshit.«

»Das letzte gefällt mir«, sagte ich, und sie grinste. Wir hatten die Terrasse an der Nordwest-Seite des Denkmals erreicht, und Ivy berührte die Marmorbalustrade, fuhr sie langsam mit dem Finger nach, und ich tat es ihr gleich.

»Hier habe ich sie gefunden«, sagte sie.

Sie zeigte erst auf die Große Halle und dann nach Norden zum Tian'anmen-Tor.

»Alles war voller Zelte. Viele, viele Zelte. Hier habe ich Hu Dan gefunden. Mit Weißdorn um den Hals. Sie war so dünn. Konnte kaum lächeln. Sie machte beim Hungerstreik mit, ich wusste es. Im *König der Affen,* unserem Lieblingsbuch, stand, dass man, wenn man Weißdorn trägt, nicht verhungert.«

Ivy lehnte sich an die Balustrade.

»Sie hat mir früher immer aus dem alten Buch vorgelesen. Wir haben zusammen in einem Bett geschlafen. Sie war so schön. Die Leute sagten, wenn sie vorbeikam, blieb sogar der Fluss stehen, um sie anzusehen. Die Leute zu Hause.« Ivys Augen füllten sich mit Tränen und ihre Stimme zitterte. »Ich kann immer noch nicht begreifen, dass ich hier war.«

Sie zeigte auf eine Fahnenstange. »Dort haben wir ein Lagerfeuer gemacht und die *Chinesische Volkszeitung* verbrannt, weil sie uns als Kriminelle bezeichnete. Dann hat es geregnet. Es hat gezischt, als es aufs Feuer geregnet hat. Und gequalmt. Ein Gestank wie ein Frettchen. Ich habe Kürbiskernschalen ins Feuer gespuckt.«

Eine Gruppe Soldaten in gestärkten weißen Uniformen und hohen glänzenden Stiefeln marschierte vorbei. Die Touristen rannten hin, um Fotos zu machen, wie sie in perfektem Gleichgang die Beine hochwerfen.

Knie steif. Beine fast parallel zum Boden, dann landeten sie mit vollkommen flachem Fuß auf dem Boden, ohne Fersenschlag oder Abrollen, nichts Menschliches an diesem Gang. Die Stiefel schossen gerade nach oben und fielen ebenso. Auch die Arme, am Ellbogen im genauen 45-Grad-Winkel abgeknickt. Hände flach. Köpfe reglos. Schultern durchgedrückt. Alles glänzte und blinkte, Knöpfe, Litzen, Hosenstreifen. Menschen, die so taten, als hätten sie keine Knie. Die so taten, als würden sie nichts auf der Welt lieben.

Der Anblick erschütterte mich. Dieses Zombie-Ballett.

So würde die Große Halle marschieren, wenn sie sich aus ihren Fundamenten erheben könnte. Nein, so marschierten die Nazis. Das war es, was mir zusetzte. Ich kannte diesen Stechschritt. Von den körnigen Schwarzweißvideos der Wehrmacht, die in Nürnberg über den Platz marschierte. Ich kannte ihn so gut, als wären sie geradewegs durch mein Kinderzimmer marschiert. Feldgraue Gabardine. Tausende. Starrgesichtige Maschinen, deren Beine wie Schnappmesser aufflogen, die blinkenden Klingen der Bajonette über den Schultern, Beine wie Eisenstangen, sonst nichts, kein Lebenssaft, kein Mensch, nur Eisen. Ich hatte Angst. Ich hatte fürchterliche Angst vor ihnen.

Ivys Stimme riss mich in die Gegenwart zurück.

»Ich wollte, dass sie die Demonstration verlässt. Bevor es

Ärger gibt. Alle wussten es. Tag und Nacht. Die Lautsprecher warnten. Evakuieren Sie umgehend den Platz.«

Zwei bullige Soldaten in kurzärmeligen Uniformhemden, schwarzen Schirmmützen und fingerlosen schwarzen Handschuhen führten Schäferhunde vorbei.

»Helikopter«, sagte Ivy ein bisschen zu laut. »Gelbe Jacken. Weißes Papier, das vom Himmel fiel. Tausende Flugblätter. Geht weg. Bevor es zu spät ist.«

Die Soldaten sahen kurz herüber, dann setzten sie ihre Streife fort.

»Es war so heiß«, sagte sie. »Es gab kein frisches Wasser. Auf dem Platz roch es nach Pisse.«

Sie drehte sich um. Inzwischen zeigten die zwei JumboTrons Videos von Tibetern mit Cowboyhüten, die durch ein Gerstenfeld springen, dann Schnitt zu chinesischen Türken mit Quasten-geschmückten Fezen, die mit roten Bändern tanzen.

Ivy zog mich am Ärmel, ihre Augen groß und wachsam.

Ich wünschte, ich könnte sehen, was sie sah. Nur dann würde ich sie verstehen.

Ich folgte Ivy auf die obere Terrasse des Denkmals. Im Marmorrelief war eine helle Stelle zu sehen. Ein zugespachteltes kreisförmiges Loch. In der Größe einer Kugel.

»Dann ist es passiert«, sagte sie.

»Was ist passiert?«

Sie ging die Stufen des Denkmals hinunter, machte ein paar Schritte auf die Große Halle zu und blieb stehen. »Die Armee rückte an. Da drüben aus dem Tor des Himmlischen Friedens. Und da drüben durchs Museum, und hier aus der Großen Halle. Glänzende Stahlhelme. So viele. Mit Maschinengewehren. Die Metallkappen der Stiefel machten dieses schreckliche Geräusch.«

Sie stampfte mit der Sandale auf das Pflaster. »Von dort auch.« Ivy zeigte auf den Portikus der Großen Halle, als plötzlich die Bronzetür aufschwang und eine Schulklasse herauskam, die an den Granitsäulen zu spielen begann.

»Ich war auf den Platz gegangen, um das Lagerfeuer zu hüten. Der Regen war kalt. Dann hörte ich weit weg Schüsse. Ich lief zu Hu Dan zurück. Sie stand mit einem Regenschirm am Fuß des Denkmals. Ich nehme ihre Hand und sage, »Lauf«. Aber sie rührt sich nicht. Weigert sich. Ein junger Mann in weißem Hemd läuft auf uns zu, voller Blut, die ganze Brust rot, und er ruft, sie schießen. Sie erschießen alle.«

Im selben Moment radelte ein Teenager mit einer Tasche voller kleiner roter Mao-Bibeln auf uns zu und bremste.

»Fünf Yuan«, sagte er zu mir. Ich schüttelte den Kopf. Als er Ivy bemerkte, stützte er sich auf den Lenker und hörte zu.

»Maschinengewehre. Panzer. Lastwagen. Die Armee baut sich vor uns auf. Ein Offizier lehnt sich mit einem Megafon aus dem Lastwagen. Er hat ein goldenes Abzeichen an der Mütze. Ein Leutnant. Und wir. Studenten. Aber die meisten sind ganz gewöhnliche Leute. Fahrräder sind zu einer Blockade gestapelt. Die erste Reihe hält sich an den Händen. Menschenkette. Sie singen die *Internationale*.«

Sie spreizte die Ellbogen ab, als würden sich die Demonstranten bei ihr einhängen, und verschränkte die Hände vor dem Bauch, um die Kette zu sichern. Dann stellte sie sich breitbeinig hin, Schultern zurück, Brust raus. Und stimmte leise, mit rauer Stimme die *Internationale* an.

Immer mehr Menschen versammelten sich um uns. Touristen mit Einkaufstüten. Teenager in Schuluniform. Ein Straßenhändler mit gefälschten Handtaschen. Sie blieben stehen und hörten zu. Viele verstanden Englisch. Sie wussten, was Ivy erzählte.

Dann spielte sie den Leutnant. Sie ging mit schnellen Schritten auf und ab. Sprach lauter. Hielt ein unsichtbares Megafon hoch: »Verlassen Sie sofort den Platz. Machen Sie den Weg frei oder wir schießen.«

Das alles sagte sie mitten auf dem Platz des Himmlischen Friedens. Nicht laut, aber allein die Tatsache, dass sie es sagte, war laut genug. Unwillkürlich spannte ich die Schultern an. Ich sollte sie von hier wegbringen. In China durfte man jenen Tag nicht einmal erwähnen, geschweige denn auf den Platz gehen und ihn nachspielen.

Ich sah mich um. Hinter der Menge an der Kontrollstelle standen die Polizisten mit den AK-47. Sie spähten neugierig herüber. Hatten die Unruhe bemerkt. Aber sie waren zu weit weg, um etwas zu verstehen.

»Hey, wir sollten langsam gehen«, sagte ich zu Ivy.

Sie ignorierte mich. »Ihr könnt die Revolution nicht erschießen«, erklärte sie. Die Fäuste geballt. Jetzt war sie nicht mehr Ivy. Sie war ein aufgebrachter Student. Sie war dort. So tief in dem Moment versunken, dass sie vielleicht nicht merkte, in welcher Gefahr sie schwebte.

Brauen zusammengezogen. Kinn gesenkt. Sie war der Leutnant.

»Raus hier«, rief sie.

Dann war sie wieder der Student. Trat einen Schritt vor. »Scheiß auf deine Vorfahren«, sagte sie. Seine Worte.

Die Menge schnappte nach Luft.

Ivy ging in die Hocke, Gewicht auf den Ballen. Duckte sich. Die verängstigten Demonstranten.

Dann rief sie mit der dunklen Stimme des Leutnants auf Chinesisch einen Befehl. Imitierte die Soldaten, die die Gewehre anlegten und auf die Menschen zielten.

»Ich habe mich an Hu Dans Arm geklammert«, sagte Ivy. »›Komm, komm. Weg hier‹. Aber sie hat mich weggeschubst. Ich habe gesagt: ›Bist du verrückt? Du wirst sterben.‹«

Der Kreis wurde enger, die Leute drängten nach vorn. Ich machte mich schmal.

»Wir saßen in der Falle«, fuhr Ivy fort. »Die Panzer, die Lastwagen – eingekesselt. Die Leute begannen, Backsteine und Glasflaschen auf die Armee zu werfen. Dann das schreckliche Knattern. Schüsse. Blitze. Ich kann es nicht beschreiben. Der Rauch. Bevor ich blinzeln konnte, lag die erste Reihe der Studenten auf dem Boden. Eben waren da Menschen, dann waren sie weg. Unschuldige Frauen und Männer.« Sie sah in die Gesichter der Menge. »Versteht ihr?«

Dann spielte sie nicht mehr. War nur wieder sie selbst. »Hu Dan«, sagte sie, kniete sich hin und schlug auf die grauen Pflastersteine. »Hier, an dieser Stelle. Das Ende meiner Familie.«

Die Leute murmelten, wurden unruhig. Ein Typ mit einem Ghettoblaster, der neben mir stand, machte eine

Handbewegung und sagte: »Ich wische mir den Arsch mit diesem Land.«

Ich sah hinüber zum Sicherheitsposten. Die Offiziere sprachen in Walkie-Talkies und spähten in unsere Richtung. »Wir müssen weg«, sagte ich zu Ivy. »Sofort. Hier ist überall Polizei.«

Sie reagierte nicht. Ich musste sie wegbringen.

Ich nahm sie am Ellbogen, aber sie schüttelte mich ab. Setzte sich auf den Boden, und dann legte sie sich plötzlich flach hin, Arme und Beine ausgestreckt.

»Was machst du da?«, fragte ich. »Du musst aufstehen. Bevor sie dich sehen.«

Es war zu spät. Die Polizisten kamen auf uns zu. Noch waren sie ein Stück entfernt.

Einige Leute blieben stehen und zeigten auf Ivy. Sie lachten. Die, die nur vorbeigingen und, die kein Englisch sprachen, hielten es für eine Performance. Sie hielten an und machten Fotos von ihr, wie sie mit ausgebreiteten Armen auf den Granitplatten lag, eine spontane Demonstration, die alle für eine merkwürdige Kunstaktion hielten.

Ihr Blick war geradeaus gerichtet. »Wasser«, murmelte sie. »So schwer zu finden. Frisches Wasser. Wir hatten alle solchen Durst.«

»Hey, du musst jetzt aufstehen«, drängte ich. »Im Ernst.« Ivy bewegte sich noch immer nicht.

Sie war tot. Sie war Hu Dan, die tot auf dem Boden lag, und die Polizei kam näher. Drei Polizisten in weißen Uniformen mit schwarzen Schirmmützen und Schäferhunden kamen auf uns zu. Der erste drückte die Brust heraus und rief: »Was ist da los?«

Sie erreichten den Rand der Menge. Die Zuschauer teilten sich.

Plötzlich sprang Ivy auf die Füße.

Der Polizeihund knurrte und warf sich in die Leine, doch der Polizist riss ihn zurück, und der Hund gehorchte.

Der Polizist schrie Ivy an: »Hey! Was soll das? Was ist hier los?«

»Ich musste mich ausruhen«, sagte Ivy. »Ich bin dehydriert. Hier gibt es keine Bänke. Also habe ich mich auf den Boden gelegt. Falls ich das Gesetz gebrochen habe, indem ich mich gesetzt habe, möchte ich mich dafür entschuldigen. Vergeben Sie mir.« Sie hielt ihren Ausweis hoch und wich einen gemäßigten Schritt zurück. »Ich bin eine gute, anständige Bürgerin. Randvoll mit Patriotismus!«

Der Beamte runzelte die Stirn. Sein Blick glitt von Ivy zur lauten Menge. Er zog die Braue hoch. Ich sah, dass er versuchte, schnell eine Entscheidung zu treffen. Soll ich sie alle verhaften oder nur sie?

Er hatte keinen blassen Schimmer, was er tun sollte. Dann bellte er einen Befehl, und einer seiner Untergebenen ging zu einer Frau mit neonfarbenem Blendschutz und riesiger Sonnenbrille und begann, den Inhalt ihrer Handtasche auf den Boden zu leeren. Der andere verlangte Ausweise.

Ich drehte mich um. Im Augenwinkel sah ich, wie Ivy sich langsam zum Rand der Menge vorarbeitete. Eine Sekunde lang trafen sich unsere Blicke. Ich wusste nicht, was sie vorhatte – ob sie wollte, dass ich ihr folgte oder blieb.

Wenn ich ihr folgte, würde das nicht noch mehr Aufmerksamkeit auf sie lenken? Die Begleitung eines Westlers machte ihre Lage vielleicht schlimmer. Als die Beamten aufgetaucht waren, hatten sie nicht mitbekommen, dass Ivy und ich zusammengehörten. Falls sie jetzt merkten, dachten sie vielleicht, dass wirklich etwas im Busch war.

Mitten in meinen Überlegungen radelte ein junger Artist im Clown-Kostüm mit roter Nase und einem Korb roter Rosen vorbei und hupte zweimal mit der Clownsnase.

Der Schäferhund begann, wie verrückt zu bellen. Die Menge lachte und johlte. Der Vorgesetzte schrie und drohte dem Clown mit der Faust, der davon flitzte und noch ein paar Mal hupte.

Ich sah über die Schulter. Ivy hatte es fast rausgeschafft. Auf der West Side Road konnte sie im Strom der Touristen verschwinden. Ich könnte ihr folgen. Die Polizisten waren abgelenkt, ich musste die Gelegenheit nutzen. Oder lieber nicht. Hierbleiben. Auf Nummer sicher gehen. Ihr Vorsprung lassen. Das war es. Ich hatte mich entschieden.

Der Vorgesetzte blies schrill in seine Pfeife. Er hatte genug Gelächter gehört. Mit seiner behandschuhten Hand zog er eine unsichtbare Linie und begann, die Leute dahinter zu winken. Die Beamten zogen die Menschen auseinander, versuchten sie zu ordnen, riefen: »Du, nach da drüben. In einer Reihe. Nein, nein, nein. Da rüber. Keine Widerrede!«

Über die Schulter sah ich, wie Ivy sich den mit Tüten beladenen Touristen anschloss, die in Richtung Chang'an Avenue strömten. Sie hatte den Kopf gesenkt. Ich hatte die richtige Entscheidung getroffen. Sie hatte gewollt, dass ich bleibe.

Nach ein paar Minuten zeigte ich meinen Pass vor, und als der Beamte sah, dass ich Amerikaner war, gab er ein Grunzen von sich und winkte mich weiter.

Dann machte ich mich auf den Weg zur West Side Road. Ich warf noch einen Blick zurück. Die Beamten hatten die Menge in einer Reihe aufgestellt, Schulter an Schulter, mit gesenkten Köpfen, und ich bekam Gänsehaut, weil mich das Bild daran erinnerte, wie die Wehrmachtsoldaten in Litauen die Juden am Ufer der Wilija aufgestellt hatten.

Ich lief Ivy hinterher. Inzwischen war ich an der Renda Huitang Road, ging an den »I ♥ Beijing«-T-Shirt-Verkäufern vorbei und dachte darüber nach, welcher Mut nötig war, um in China auf die Straße zu gehen und sich der Partei und der Rote Armee entgegenzustellen. War das schlau oder verrückt? Hatten wir Juden je so etwas getan? Ich meine, hatten wir uns je im Schatten der Sphinx versammelt, *V'shamru* angestimmt und protestiert? Oder hatten wir lieber den Ball flach gehalten? Nein, ich erinnerte mich an die Geschichten meiner Großeltern aus Wilna. Von ihrem Helden Hirsch Lekert. Der 22-jährige Stiefelmacher, der den Mumm besaß, dem Gouverneur im Theater in den Hinterkopf zu schießen, mitten im zweiten Akt, weil er am Mai-Feiertag Bundisten hatte auspeitschen lassen, Mitglieder des jüdischen Arbeiterbunds. Lekert wurde gehängt und sein Arsch in den Fluss geworfen. Danach halfen meine Großeltern, die Schul zu schließen und in den Keller unter der Wilnaer Oper umzusiedeln. Dann hatten sie jeweils gewartet, bis das Orchester die Instrumente ansetzte und zu spielen begann, bevor sie die Gebete anstimmten. Haben wir es immer gewusst? Dass wir im Keller Juden waren, aber auf der Straße brave ehrliche Litwaken?

An der großen Kreuzung der Chang'an Avenue stand Ivy unter einem Stoppschild und wartete.

»Du hast mir Angst gemacht«, sagte ich, als ich sie eingeholt hatte. Ivy antwortete nicht. Ihr Blick war geradeaus gerichtet. Ich ließ es dabei bewenden.

»Ich bin weggelaufen«, sagte sie einen Moment später. Ihre Augen waren rot. Das Gesicht blass. »Ich bin gerannt. Alles passierte so schnell, dass ich weggerannt bin.«

Es dauerte einen Moment, bis ich begriff, dass sie immer noch von damals sprach.

»Du hattest keine Wahl«, sagte ich. Ich hätte gern mehr gesagt oder getan, aber ich wusste nicht, was.

Eine Klingel schrillte, und Ivy zog mich im letzten Moment vom Bordstein weg, bevor direkt vor meiner Nase ein Fahrrad vorbeiflitzte, und die Fahrradfahrerin, mit einem Baby auf dem Rücken und einem Koffer in der freien Hand, mir einen bösen Blick zuwarf.

»Vorsicht«, warnte Ivy.

Sie führte uns in den Zhongsheng *Hutong*, eine kreuz und quer mit Kabeln überspannte Gasse. In den Pappeln über uns krähten die Dohlen, aber ich hatte immer noch das Donnern der Stiefel im Ohr, Stiefel wie die, die Hu Dan oder die Verwandten meiner Großeltern, die sich in einer Sickergrube versteckt hatten, durchaus hätten zertrampeln können.

»Später«, sagte Ivy, »kam die Polizei zu uns nach Hause, und wir mussten Papiere unterschreiben, in denen wir uns für Hu Dans Verbrechen entschuldigten. Wir durften sie nicht beerdigen. Nein. Wer auf dem Tian'anmen-Platz gestorben war, kam nicht nach Hause. Ich wünschte, ich hätte für Hu Dan tun können, was wir für Ruxi getan haben. Man lässt eine Leiche nicht allein in der Welt. Sonst wird sie ein hungriger Geist. Eine einsame Seele. Jahrelang haben wir zusammen in einem Bett geschlafen und uns warmgehalten. Hu Dan war meine zweite Hälfte. Aber ich hatte eine Entscheidung getroffen. Versteht du das?«

Ich nickte. Von all dem wurde mir übel.

Die Sonne schien, und der Duft von echtem, starkem Kaffee zog aus dem UBC-Café, an dem wir vorbeigingen, und wenn ich ehrlich zu mir war, hatte meine Familie – hatte ich – durch Tian'anmen ein Vermögen gemacht. Was bedeutete Tian'anmen bei uns? Damals, als es passierte – eine Story in den Nachrichten, zehn kurze Minuten, bevor man wieder zu *Cheers* umschaltete. Dann fiel mir Dad ein, wie er mit seinem alten Partner Alan Berkowitz auf der Schuhmesse in Las Vegas abends den Stand geschlossen hatte und auf jedem Fernseher über Tian'anmen berichtet wurde, und Dad zu Alan sagte: Da hast du eine Regierung, die nicht lange fackelt. Nicht wie unser George, dieser Waschlappen. Die haben die Eier durchzugreifen – das ist, was zählt. Harte Entscheidungen treffen. Weißt du, was das ist, Alan? Das ist keine Zensur. Das ist ein kostenloser Werbespot mit der Botschaft: »Unsere Leute sind uns scheißegal, und euch können sie auch scheißegal sein. Ihr wollt produzieren? Kommt her, hier ist der richtige Ort dafür. Von unseren Arbeitern werdet ihr keinen Mucks hören. Warum? Weil das Geschäft vorgeht.« Verstehst du, Alan? Was für eine Einladung. Ob es eine Schande ist? Auf jeden Fall. Schrecklich, was da passiert. Aber es ist auch unsere Chance.

Darüber nachzudenken tat weh. Nach allem, was wir durchgemacht hatten, würde Dad Tian'anmen im Fernsehen sehen und denken: Jackpot. Und damit schön dem *gojischen*

Stereotyp vom habgierigen Juden und Wucherer entsprochen.

Aber das schlimmste war, dass er es tatsächlich durchzog. Dass er bereit war, sich umzudrehen und anderen das gleiche anzutun, was man jahrhundertelang uns angetan hatte. Na gut, er griff nicht selbst zur Waffe. Aber Pogrome und auf offener Straße Jugendliche zu erschießen waren nicht die einzigen Wege, Menschen zu schikanieren. Dad war etwas abhandengekommen. Es ging nicht darum, den *Kiddusch* zu sprechen oder Matzen zu brechen. Es ging um etwas Tieferes. Um seine jüdische Identität.

Vielleicht hatte ich es immer direkt vor der Nase gehabt. Wer Dad wirklich war. Oder wer er auch war. Ich hatte es nur nicht wahrhaben wollen. Ein Mann, der für seine Familie durch Wände ging, aber der Rest der Welt konnte zur Hölle fahren.

Aber mir würde das nicht passieren. Ich würde es nicht zulassen.

Allein von dem Gedanken bekam ich feuchte Hände.

Ich wollte zu ihm sagen: Wie konnte das an dir vorbeigehen? Wie viele Tian'anmen-Massaker haben wir durch? Das sind du und ich, die da vor den Panzern und den Stiefeln im Stechschritt wegrennen. Wir wurden verfolgt und waren arm, und jetzt drehst du dich um und trampelst auf anderen Menschen herum. Ausbeuten, misshandeln – wie kannst du dich Jude nennen?

Wir kamen an mehreren Straßenküchen vorbei, *Suan Fen* und Chickenwings und der Duft von Chili und Essig aus eisernen Woks. Dann blieben wir an einem Stand stehen und bestellten zwei Bier.

Mit den Flaschen setzten wir uns an einen Plastik-Picknicktisch, der direkt an einer Mauer stand. Das Bier war eiskalt. Ich trank die Hälfte in einem Zug und hielt mir die beschlagene Flasche an die Wange.

Ich beobachtete eine Spatzenmutter, die vor einem Loch im morschen Dach des Restaurants auf und ab hüpfte. Sie hatte einen kleinen Beeren-Apfel im Schnabel. Zwitschernd sprang sie umher, dann flog sie weg, weigerte sich, ihre Jungen zu füttern, die sich am Eingang drängten, vielleicht wollte sie sie aus dem Nest locken, weil sie zu groß wurden, zu groß für die Mutter, und sie rief: Raus mit euch. Kommt schon. Fliegt. Fliegt davon.

»Eine unserer vier Plagen«, sagte Ivy, als sie meinem Blick folgt.

»Spatzen?«

»Ich habe dir von meinem Vater erzählt. Mao sagte, Spatzen fressen den Menschen das Korn weg, deswegen müssen sie getötet werden. Gierige, bürgerliche Vögel.«

Sie ahmte mit der Hand eine Pistole nach, zielte auf den Spatzen, kniff ein Auge zu und drückte ab.

Ich dachte an Ivys Vater. Ich dachte an Mao, der den Bauern befahl, die Spatzen auszurotten. Mit Rechen und Hacken und Holzlöffeln gejagt, bis sie vor Erschöpfung vom Himmel fielen, weil man nicht ewig fliehen kann.

»Es klingt vielleicht komisch«, sagte ich, »aber als Kind hatte ich Angst vor der Dusche meiner Eltern. Von allen vier Seiten eingeschlossen. Kein Vorhang, sondern eine Milchglas-Tür. Vom Boden bis zur Decke. Wie eine Kiste. Wenn alles voller Dampf war, bildete ich mir ein, es wäre Gas. Ich weiß. Ich war noch klein – vier oder fünf. Ich kannte die

Wörter Zyklon B oder Blausäure noch nicht. Weißt du, was ich meine?«

Sie nickte.

»Aus der Sonntagsschule wusste ich, dass Gas farblos war – wie Dampf – und nach Mandeln roch – wie das Shampoo meiner Mutter. Also …«

»Du warst ein kleiner Junge.«

»Ich weiß. Es war irrational, aber das spielt keine Rolle. Ich habe den Dampf gesehen und Mandeln gerochen und hatte Angst. Natürlich wollten meine Eltern mich nicht vergasen. So schlimm war ich auch nicht. Aber für den Bruchteil einer Sekunde habe ich es geglaubt.«

Sie zog eine Augenbraue hoch, trank einen Schluck Bier und stellte die Flasche schwungvoll auf den Tisch. Musterte mich. Versuchte, meinen Ausdruck zu lesen. Eigentlich hatte ich sie nur trösten wollen, sagen, wir hätten was gemeinsam, wären aus dem gleichen Holz geschnitzt oder uns hätte etwas Größeres zusammengeführt, aber dann war das alles aus mir herausgestoben wie die Asche vom Grill, der neben uns stand und auf dem Austern in der halben Schale brieten.

Es war dumm, was ich erzählt hatte. Im Licht all dessen hier. Was ich nicht einmal ansatzweise verstand. Aber ich hatte verstanden, was sie auf dem Platz vorgeführt hatte. Die Wut. Die Angst. Dass man immer Außenseiter war, und wenn herauskam, wer man wirklich war, sie einen zu Tode hetzten. Dass die Welt ein riesiger Viehwaggon war, in dem man immer nur bis zum nächsten Zugsignal schlief und den Mund nur aufmachte um zu schreien.

Ivy starrte mich an. Die Austern zischten, und das Schweigen zog sich in die Länge.

»Vielleicht habe ich sie verraten«, sagte sie dann.

»Nein, sag das nicht. Du warst schlau. Du warst mutig. Du warst unglaublich mutig.«

Fast beneidete ich sie darum. Um so etwas zu überleben, musste mehr in einem stecken – nicht irgendein Cohen-Bullshit, sondern etwas wirklich Besonderes.

»Was sollte ich tun?«, sagte sie. »Da waren Arme, Beine. Menschen. Blut …« Ihre Stimme versagte. Sie hielt sich den Mund zu, aber ich hörte sie trotzdem. »Woher sollte ich wissen, dass sie tot war?«

»Du konntest nicht zurück. Wärst du zurückgegangen, hätten sie dich auch erschossen. Du hast alles getan, was in deiner Macht stand.«

»Ich weiß nicht.« Ivy senkte den Blick. »Das ist das schlimmste. Nicht zu wissen, was passiert ist. Vielleicht wurde sie von den Soldaten zertrampelt, vielleicht sind sie auf sie getreten.«

Sie trank einen Schluck Bier.

»Manchmal«, sagte Ivy, »wünschte ich, ich hätte mehr getan. Verstehst du?«

»Ja. Wir haben es auch erlebt. Viele Male. Und es passiert immer noch.«

»Und was habt ihr getan?« Sie beugte sich vor. »Dein Volk.«

»Wir sind gerannt. Wir sind weitergezogen. Genau wie ihr. Haben weiter gemacht. Weitermachen ist die einzige Rache, die möglich ist.«

Ich wusste nicht, ob sie mich verstand, aber sie nickte

kurz, dann lehnte sie sich wieder zurück und lächelte ein trauriges Lächeln.

Mitten in der Nacht wachte ich in unserem Hotelzimmer in Wangfujing auf. Im Mondlicht an der Wand war der Schattenriss von Ivys verschränkten Händen zu sehen, und ich rieb mir die Augen, bis ich begriff, dass sie einen fliegenden Drachen darstellte, die Finger die Flügel, über ein Feld gleitend, und ein Schauer lief mir über den Rücken.

Ich sagte ihren Namen.

»Ich wusste nicht, dass du wach bist«, antwortete sie.

»Ich bin wach.« Ich setzte mich auf und sah sie an. »Was tust du da?«

»Ich habe schlecht geträumt.« Der Drachen verschwand. »Sie kamen mit Farbe in unser Dorf. Schrieben *chai* auf die Mauern. Das Schriftzeichen. Weiß in einem großen Kreis. Die Farbe tropfte. Sie gingen von Haus zu Haus und malten es an die Türen. Dann kamen die großen gelben Bulldozer.«

»*Chai*?«, fragte ich. »Was heißt das? Auf Hebräisch heißt es Leben.«

Sie schüttelte den Kopf. »Abriss. Erinnerst du dich an die Zeichen in Ruxis Dorf?«

Ich erinnerte mich an Graffiti, aber ich hatte sie für Teenager-Tags gehalten, wie man sie überall fand. Oder ein *Fuck you* an jeden, den es interessierte.

»So markieren sie die Gebäude. In meinem Traum haben sie die Menschen markiert. Meine Mutter, meine Großmutter. Mitten auf die Brust. Weiß. Zum Zerstören freigegeben.«

»O Gott«, sagte ich. »Und wo warst du?«

»Ich bin weggelaufen.«

Dann drehte sie sich zur Wand, Hand unter der Wange, mit angezogenen Knien, und ich glaubte, ich hörte sie flüstern: »Das werde ich nicht zulassen.« Wieder lief mir ein Schauer über den Rücken, nicht wegen ihrer Worte, sondern wegen des unheimlichen Verdachts, dass sie nicht mit mir sprach.

9

Am nächsten Tag erklommen wir zehn Treppenläufe eines Wohnkomplexes in Wudaokou vor dem Südtor der Tsinghua-Universität.

Das Gesicht, das in der Tür erschien, war hart und flach, und ich wusste sofort, dass es Zhang war, der Führer der Demokratischen Revolutionären Partei, und auch er hatte mich im Bruchteil einer Sekunde erkannt. Sein Gesicht entspannte sich, er verbeugte sich leicht, lächelte und sagte auf Englisch: »Bitte, kommt herein.« Ivy grüßte ihn über meine Schulter hinweg auf Chinesisch. Ich betrat die Wohnung und wunderte mich über die Stille. Außer uns war niemand da.

»Nach links«, sagte Zhang, und ich ging durch eine offene Tür ich ein kleines Wohnzimmer mit einem Schreibtisch und einem Bücherregal an der linken Wand und einem roten Chenille-Sofa an der rechten, wo wir Platz nahmen. Zhang setzte sich in den passenden Sessel. Vor uns stand ein kleiner Tee-Tisch mit einer Schale Äpfel. Gegenüber war eine Durchreiche zur Küche.

Die meisten Möbel waren billige Standardware von Ikea, bis auf einen kleinen mehrstöckigen Schreintisch zwischen zwei Stühlen mit runden Lehnen, die mit Schriftzeichen verziert waren, Erbstücke wahrscheinlich. Oben auf dem

Schrein standen eine Milchglasfigur von Guanyin und ein emaillierter Opferteller mit Münzen, verwaisten Schlüsseln und der Kappe eines Fahrradventils.

»Ich habe mich noch nicht vorgestellt«, sagte Zhang plötzlich, schlug sich auf die Knie und stand auf.

Wir gaben uns förmlich die Hand und nannten unseren vollen Namen. Verbeugten uns kurz. Er war dünn. Schmale Handgelenke. Als er sich wieder aufrichtete, sah ich einen Anflug von Grau in seinem Haar. Er musste ein paar Jahre älter als Ivy sein. Vielleicht waren es auch die Augen. Dunkel und traurig. Mit schweren Lidern. Krähenfüßen. Aknenarben im Gesicht. Als Teenager musste er unter ziemlich schlechter Haut gelitten haben und hatte es bestimmt nicht leicht.

»Du sprichst perfekt Englisch«, sagte ich. »Das habe ich nicht erwartet.«

»Mein Vater. Er war Professor, bevor er auf die schwarze Liste kam. Ich habe auch viele Jahre mit den anderen an der Universität Englisch gelernt.«

»Wo sind die anderen?«, fragte ich. Ich hatte viele Fragen, aber ich musste mich zurückhalten. Es war ein fragiles Gleichgewicht. Man konnte nicht einfach die Karten auf den Tisch legen und sagen: »Hey, Mann, was für eine Revolution betreibst du von dieser verschlafenen Bude aus? Kann man die Wände wegschieben? Gibt es Geheimtüren? Wo sind die Knarren? Das Arsenal?«

»Die anderen sind unterwegs«, sagte er, doch ein kaum merkliches Huschen seiner Augen verriet ihn. Offenbar wollte er mich zuerst allein unter die Lupe nehmen. Prüfen, ob ich vertrauenswürdig bin. Er schien ein guter

Anführer zu sein. Vielleicht lag es an seinen Augen. Dem kantigen Kinn.

Er sah, dass ich seine Kleidung musterte: eine Kellnerweste und schwarze Hosen.

»Ich muss später arbeiten«, erklärte er. »Im Beijing Hotel. Ich bin Kellner.«

»Verstehe.«

»Der Sohn bezahlt für den Vater. Sie sind eins. Seine Verbrechen sind meine.«

Ich nickte. Er meinte, dass auch er auf der schwarzen Liste stand. Keine besseren Jobs bekam. Ein letzter Rest von kindlichem Respekt, der noch im System geblieben war.

»Es ist nicht das Intercontinental«, setzte er ironisch nach. Ich fragte mich, wie viel Ivy ihm erzählt hatte. Aber dann glitt sein Blick in den Flur, und als ich mich umdrehte, schnappte ich erschrocken nach Luft. In der Tür stand eine einen Meter lange züngelnde hellgrüne Echse mit einem schwarzen Hörnerkamm, der über den Rücken bis er Schwanzspitze lief.

Ich wartete auf eine Erklärung, aber dann merkte ich, dass Zhang von mir einen Kommentar über mein Hotel hören wollte.

»Eigentlich habe ich es ziemlich satt«, sagte ich.

Er hob die Brauen.

»Die Angestellten«, erklärte ich, »sind zu nett. Nicht echt.«

Er grinste, was mich irritierte, weil ich das Gefühl hatte, er lachte über mich, nicht über meine Feststellung.

Im Augenwinkel sah ich die Echse schlingernd näherkommen. Ich hörte das Klicken ihrer krummen gelben

Krallen auf den Dielen. Dieselbe Farbe wie die Fingernägel meines Großvaters.

Einen Meter von mir entfernt blieb die Echse stehen und starrte mich mit leuchtend orangen Augen von der Seite an, als wollte sie fragen: »Hey, Zhang, was will der Jude hier?«

Zhang sah nicht hin. Offenbar ignorierte er sie mit Absicht. Stattdessen klatschte er in die Hände, suchte unseren Blick und fragte: »Tee?«

»Bitte«, sagte Ivy.

Zhang stieg über die Echse hinweg, ging in die Küche und kam mit einem glasierten Porzellan-*Gaiwan* und drei kleinen *Pinming*-Tassen zurück.

»Aus Hangzhou«, erklärte er und schenkte den Tee in die drei kleinen Becher. Der Tee war hellgrün. Fedriger Dampf stieg von der Oberfläche auf.

»Trinkt«, sagte er.

Ich hielt die Tasse zwischen den Handflächen, und der Tee war leicht und rein und wärmend. Ein feiner blumiger Duft. Chrysanthemen.

Zhang trank einen Schluck.

»Zu stark?«, fragte er.

»Nein, ich mag es stark.«

»Gilt das für alle Amerikaner?«

»Kommt darauf an. Jeder ist ein bisschen anders.«

Zhang lächelte. Ich hatte das Gefühl, er war ziemlich clever.

Ich stellte die leere Tasse ab und legte zwei halbe Finger auf den Tisch.

Zhang lachte, nahm den *Gaiwan* und schenkte mir nach. »Ein altes Zeichen. Vorher kennst du es?«

»Wie ein kniender Diener«, sagte ich. »Als Symbol für Demut. Ergebenheit.«

Seine Augen weiteten sich. »Manche Traditionen nutzen sich ab.«

Im Augenwinkel beobachtete ich die Echse. Sie hatte die Augen geschlossen und wippte mit dem Kopf wie die Kids mit den Kopfhörern in der U-Bahn.

»Meine Großmutter hat ihren Tee durch einen Zuckerwürfel getrunken«, erzählte ich Zhang. »Sie klemmte ihn sich zwischen die Schneidezähne. So tranken die alten russischen Juden Tee.«

»Russe, Jude, Amerikaner. Wie kannst du alles auf einmal sein? Oder darfst du es dir aussuchen?«

»Ich war nie in Russland. Und der jüdische Teil besteht nur aus Geschichten, Traditionen, die weitergereicht werden. Für mich jedenfalls.«

»Das ist viel«, sagte er. »Du bist loyal. Daran ist nichts auszusetzen.« Zhang zog das Wort *loyal* in die Länge. Er spielte mit mir. Ich hatte das Gefühl, er machte unterschwellige Andeutungen, die mit Ruxi und der Schuhfabrik zu tun hatten, aber da war kein verschwörerisches Zwinkern. Nichts, das ihn verriet. Trotzdem fühlte sich jedes Wort, jede Geste kalkuliert an, reserviert.

»Bei uns ist es leichter«, sagte er. »Wir haben keine Wahl. Wir sind einfach nur Chinesen.«

»Ich bezweifle, dass es so einfach ist«, entgegnete ich. »Angenommen, jemand kritisiert die chinesische Regierung, darf er sich dann noch Chinese nennen?«

Zhang lächelte, und ich wusste, ich hatte die Prüfung bestanden. Die erste zumindest.

Die Echse watschelte auf mich zu. Spreizte den orangefarbenen Kehllappen. Ruckartig streckte Zhang die Hand aus, als wollte er ihr befehlen, stehen zu bleiben.

»Sieh ihm nicht in die Augen«, warnte er mich. »Er hasst Fremde.«

»Was ist das genau?«

»Ein Chinesischer Wasserdrache. Er kann die Farbe ändern. Er ist mir im Beihai Park zugelaufen. Aus dem See. Ich wurde im Jahr des Wasserdrachen geboren. Es war ein Zeichen.«

Zhang, der sah, dass ich mich nicht wohl in Gegenwart der Echse fühlte, stand auf und kam mit einem Plastikbehälter zurück, der mit loser Erde gefüllt zu sein schien, aber als er ihn auf den Tisch stellte, sah ich, dass der Inhalt sich bewegte.

»Grillen«, erklärte er.

Sie kletterten auf einem Eierkarton herum, der in dem Behälter stand. Zhang nahm den Deckel ab. Er hatte ein Paar Plastikstäbchen in der Hand. Er griff langsam hinein und schnappte sich eine Grille.

Ich dachte, Grillen gälten als Glücksbringer, deshalb war ich überrascht, eine am Ende von Zhangs Stäbchen zappeln zu sehen. Die Fühler zitterten; die kleinen Beine strampelten.

Der Wasserdrache ließ die Zunge herausschnellen. Seine Kiefer malmten.

Das Leben war hart. Zähne und Krallen, und einer wurde immer gefressen. Ich schätze, mit der Überzeugung war ich aufgewachsen. So dachte mein Dad. Alle lagen miteinander im Krieg. Irgendwer musste dran glauben – Hauptsache, nicht wir.

Vielleicht war das der Grund, warum Dad nie ein Handtuch zweimal benutzte oder eine Wasserflasche nachfüllte. Wenn er schon nicht alle überleben konnte, würde er zumindest so viele ihrer Ressourcen verbrauchen, wie er konnte.

Diesem Gedanken hing ich nach, als Zhang den Drachen mit Grillen fütterte, und dann wurde mir mit einem Schaudern bewusst, dass das, was ich auf dem Tian'anmen-Platz zu Ivy gesagt hatte, nicht stimmte. Es reichte nicht, einfach weiterzumachen. Es musste noch einen anderen Weg geben. Aber wo danach suchen? War das der eigentliche Grund, warum ich hier war? In Zhangs Wohnung?

»Satt?«, fragte Zhang den Drachen. Dann schloss er die Grillendose, und die Echse wanderte in den anderen Teil der Wohnung.

»Jetzt macht er ein Schläfchen«, sagte Zhang.

»Das ist gut«, antwortete ich, als redeten wir über ein Kind, das ins Bett musste. Anscheinend legte Zhang Wert auf mein Mitgefühl. Er rieb sich die Hände und beugte sich vor.

»Also. Sag mir. Welchen Eindruck hat Tian'anmen auf dich gemacht? Nach dem, was du heute gehört hast.« Er betonte die letzten Worte, um deutlich zu machen, dass Ivy ihm davon erzählt hatte.

»Als wir gingen«, sagte ich, »versammelte sich eine riesige Menge, um den Fahnen-Appell zu sehen. Dieser Nationalismus kommt mir seltsam vor. Angesichts der Ereignisse.«

Ich hielt inne, um einen Schluck Tee zu trinken. »Darf ich dir eine persönliche Frage stellen?«

»Natürlich«, sagte er. »Deswegen unterhalten wir uns.«

»Warst du damals auf dem Tien'anmen-Platz?«

Er schwieg einen Moment. Tauschte einen Blick mit Ivy und schien einen privaten Gedanken abzuschütteln.

»Ja.« Er sah seine Hände an.

»Du wurdest – nicht verhaftet?«

»Nein. Sie haben nicht alle von uns verhaftet.«

Ich hatte das Gefühl, ich hatte ihn in einem unbedachten Moment erwischt, auch wenn er mit der Frage gerechnet haben musste. Vielleicht war er nicht so gut vorbereitet, wie er dachte.

»Als ich aufwuchs«, sagte er, »hatten wir alle das Kleine Rote Buch – du weißt, welches ich meine. Und ich erinnere mich an ein berühmtes Zitat: ›Wenn wir nicht reden, wer redet dann? Wenn wir nicht handeln, wer handelt dann?‹ So ungefähr.«

Ich trank gerade einen Schluck Tee, aber der Satz, den er zitierte, war so vertraut, dass ich mich verschluckte. Ich musste husten. Mein Vater war einer der ganz großen Verschlucker – um ehrlich zu sein, erinnerte ich mich an kein einziges Familienessen, bei dem er nicht plötzlich dramatisch geröchelt und gekeucht hätte. *Welcher Gott legt die zwei Röhren auch so dicht aneinander?* Aber der Auslöser meines Hustens war die glasklare Erinnerung an den alten Spruch von Rabbi Hillel, den meine Mutter ein Jahr lang in perfekter hebräischer Kalligraphie zu schreiben versucht hatte: *Wenn ich nicht für mich bin, wer ist dann für mich?*

Solange ich aber nur für mich selber bin, was bin ich? Und: *Wenn nicht jetzt, wann dann?*

Und jetzt erzählte mir Zhang, Mao habe praktisch dasselbe gesagt? Das konnte kein Zufall sein. Ich war mir ganz sicher, dass er mich verarschte. Eine andere Erklärung gab es nicht, außer er konnte Gedanken lesen.

Ich sah aus dem Fenster, und die zerknautschten grauen Wolken sahen wie die zerknüllten Entwürfe aus, die meine Mutter auf den Küchenboden warf. Um das hebräische Alphabet zu schreiben, musste man über hundertfünfzig Regeln befolgen, und sie hatte mindestens ein Dutzend verletzt. Die Winkel waren falsch, die Buchstaben durften sich nicht berühren, das linke Bein durfte nicht bis zum Dach reichen, in den Zwischenraum musste ein Haar passen. Das sei die Essenz Judäas, hatte sie gesagt.

Ivy klopfte mir auf den Rücken.

»Schon gut«, sagte ich.

»Ich hole ein Glas Wasser«, bot Zhang an und lief in die Küche.

Meine Mutter hatte sich geirrt – mit ihrem Verständnis des Judentums – oder? All die Regeln waren *meschugge*. Es war das gleiche wie in jeder Religion – eine Art, das Unbegreifliche zu erklären, den gottverdammten Schneesturm direkt vor der Tür. Die Dinge, vor denen wir Todesangst haben und die wir deshalb verdrängen.

Vielleicht war Demokratie die Essenz. Vielleicht meinte Rabbi Hillel das. Wir *müssen* uns einbringen.

Zhang kam mit einem Glas kaltem Wasser zurück, und ich trank es zur Hälfte aus. Es kühlte meine Kehle.

»Danke«, sagte ich und fragte mich, ob Zhang all diese Gedanken mit Absicht in mir aufgewühlt hatte.

»So«, sagte er und ließ dann eine lange Pause folgen. »Dein Vater ist der Besitzer?«

Er ließ das entscheidende Wort aus, Fabrik, als hätte er so lange darüber nachgedacht, dass offensichtlich wäre, was er meinte.

Und ehrlich gesagt ärgerte es mich, dass er eine Frage stellte, deren Antwort er längst kannte. Ivy hatte ihm natürlich alles erzählt.

»Ja«, antwortete ich. »Ein Jointventure mit einem chinesischen Partner und einem örtlichen Parteimitglied. Und mit mir. Seit neuestem bin ich Teilhaber.«

Zhang hörte kaum hin. Sein sanfter Blick kam mir herablassend vor. Dann wurde mir klar, was mich so ärgerte – er schien zu unterstellen, ich hätte meinen Platz nicht *verdient*. Als wäre ich einer von Chinas neuen *Prinzelings* – diesen verzogenen Kindern hoher Tiere, die noch keinen Tag im Leben gearbeitet hatten. Aber nach dieser Logik hätten mein Vater und dessen Vater es genauso wenig verdient. Ich musste Zhang eines klar machen.

»Wir sind seit Generationen in dem Geschäft«, sagte ich. »Schon damals im alten Land.«

»Fabriken?«

»Schuhe.«

»Ah«, sagte er. »Das Erbe. Drachen bringen Drachen hervor. Wie es sich gehört. Und ich arbeite als Kellner wegen meines Vaters. Der Sohn zahlt für den Vater. Sie sind eins. Richtig? Seine Verbrechen sind meine.«

»Der Unterschied ist«, sagte ich schärfer als beabsichtigt, »dass man meinem Vater nichts vorwirft.«

Zhang legte den Kopf schief. Kurz dachte ich, er würde mich fragen, was ich hier wolle. Seit ich hier saß, fürchtete ich mich vor dieser Frage. Ich hatte selbst keine Antwort. Meine Gründe – eine alkalische Brühe in meinem Kopf, auf der Fell- und Fettklumpen trieben wie auf der Oberfläche in den Enthaarungsbottichen. Aber Zhang fragte nicht. Er interpretierte meinen Kommentar anders.

»Er weiß nicht, dass du in Beijing bist«, stellte er fest. »Dein Vater.« Er grinste sichtlich erfreut.

Ich antwortete nicht. Versuchte, undurchschaubar zu bleiben. Auch wenn mein Schweigen Zhang wahrscheinlich mehr als genug verriet.

»Das ist okay«, sagte Zhang. »Mein Vater weiß auch vieles über mich nicht. Es würde ihm nur Kummer bereiten. In China«, sagte er mit einem traurigen Lächeln, »erwartet man Leid.«

Damit traf er einen wunden Punkt, auch wenn ich wusste, dass es albern war. An liebsten hätte ich gesagt: Pass auf, Zhang, du kannst dich in der Schlange des Leidens nicht einfach vordrängeln; warte, bis du dran bist.

»Als sie in Wilna die Juden zusammentrieben«, sagte ich, »erhängte sich meine Großtante mit ihrem eigenen Haar.«

Bevor ich den Satz beendet hatte, kroch mir die Röte ins Gesicht. War ich zwölf? Mein Vater wurde mehr verfolgt als deiner? Spielten wir Quartett?

Zhang antwortete gelassen: »Während der Hungersnot aßen wir Lehm. Er war weiß und süß.«

»*Wir*?«, fragte ich.

Er zog die Braue hoch. »Meine Familie«, sagte er. »Ich war noch nicht auf der Welt.«

Ich hätte weniger Arsch sein sollen, aber seine Sticheleien hatten gesessen. Im Grunde nannte er mich einen Schmarotzer. Oder vielleicht war ich nur paranoid und Zhang meinte es gar nicht so. Ich versuchte zurückzurudern. »Tut mir leid, ich wollte nur verstehen.«

»Ich kann es auch einfacher ausdrücken für dich«, sagte er.

Wir starrten einander an. Es waren Gespräche wie diese, in denen ich mir wünschte, ich würde rauchen. Um meine Hände zu beschäftigen. Aber nicht einmal Zhang rauchte. Welcher auch nur halbherzige Revolutionär rauchte nicht?

Dann fragte Zhang: »Was kontrollierst du in der Fabrik?«

Eine seltsame Formulierung. Ich erklärte ihm, dass ich eigentlich gar nichts kontrollierte. Er runzelte die Stirn.

»Was ist dann deine Aufgabe?«, fragte er.

»Ich designe Schuhe. Produktentwicklung. Stelle neue Kollektionen zusammen.«

»Aber du hast Kontakt mit den Arbeitern, oder?«, fragte Zhang. »Überwachst du sie?«

»Jede Anlage hat ihre eigenen Vorarbeiter und Teamleiter, und alle werden von verschiedenen Managern betreut.«

»Wie eine kleine Stadt«, sagte er, »mit ihrer eigenen Bürokratie.«

»Genau. Es ist eine große Fabrik. Es gibt die Laufsohlen-Anlage, die Modellabteilung, die Stanzerei.«

»Und wer überwacht die Arbeiter nach der Arbeit?«, fragte Zhang.

»Niemand. Das Tor zum Gelände schließt um 22 Uhr, und um 23 Uhr müssen alle in den Wohnheimen sein. Wir haben einen Sicherheitsdienst.«

»Ich verstehe«, sagte er und fuhr mit der Fingerspitze das Fischgrätmuster der Armlehne nach.

»Sehen sich die Leute aus den verschiedenen Anlagen?«, fuhr er fort. »Haben die Arbeiter Kontakt?«

»Bei den Mahlzeiten und in den Wohnheimen«, antwortete ich.

»Isst du mit ihnen?«

»Für die Manager gibt es eine separate Kantine.«

»Das heißt, ihr bringt nie alle Mitarbeiter zusammen, zu Schulungszwecken oder um Regeln durchzusetzen?«

»Alle zusammen? Nur sehr selten.«

»Wo?«, fragte er und lehnte sich vor.

Der obere Stock von Anlage C stand leer. Die Bestellungen reichten für eine weitere Produktionsstrecke nicht aus. Die Halle war bestimmt groß genug für eine Vollversammlung, aber das band ich Zhang nicht auf die Nase. Erst wollte ich wissen, was er vorhatte.

»Wir haben Platz«, sagte ich.

»Dürfen die Arbeiter in den Anlagen Handys benutzen?«

Er sprang von einem Gedanken zum nächsten.

»Natürlich. Sonst würde keiner für uns arbeiten.«

»Ich verstehe.« Er schwieg einen Moment. »Kennst du den Bürgermeister?«

»Gang? Ja. Mein Vater kennt ihn. Ich bin ihm ein paar Mal begegnet.«

»Aber niemand ist dir direkt unterstellt.«

»Alle erstatten meinem Vater Bericht.«

»Klingt wie ein schwieriger Job. Viel Verantwortung. Für deinen Vater zu arbeiten.«

»Ich arbeite nicht für ihn«, sagte ich, vielleicht ein bisschen zu schnell.

Zhang hob die Brauen. »Nein?«

»Wir haben unterschiedliche Ansichten«, erklärte ich.

»Das heißt?«

»Er will so weiter machen wie bisher. Aber ich glaube nicht, dass es so weitergeht. Wir haben nicht genug Arbeitskräfte. Die Menschen wollen nicht mehr in Fabriken arbeiten. Es gibt andere Jobs. Bessere Bezahlung. Die Arbeit bei uns ist heiß, eintönig und gefährlich.«

»Ich weiß.«

»Die gleiche Bewegung immer und immer wieder.«

Zur Veranschaulichung nahm ich meine Teetasse in die Hand und stellte sie zehn Zentimeter weiter rechts wieder ab.

»Das ist alles. Eine Handbewegung. Viertausend Mal am Tag. Da wird man verrückt.«

»Im Sinn der Vernunft«, sagte Zhang, wahrscheinlich die wörtliche Übersetzung einer chinesischen Zustimmungsformel.

»Es stört mich«, sagte ich. »Mit der Zeit. Am Anfang ist es mir kaum aufgefallen. Aber wenn die Leute abends nach der Schicht ins Wohnheim gehen. Die Gesichter grau. Die Schuhe in der Hand, weil sie geschwollene Füße haben. Der

Gestank. Verwesung. Wer hält so was den ganzen Tag aus? Es ist wie ein Totenmarsch, und es …«

»… stört dich«, beendete er meinen Satz, bevor ich merkte, dass ich abschweifte.

»Ja«, sagte ich. »Die Arbeit ist schwer. Die Schuhherstellung ist eine Industrie, in der nicht alles von Robotern gemacht werden kann. Krawatten dagegen – kein Problem. Ein Automat kann eine Krawatte machen. Schneiden, falten, nähen, fertig. Wie eine Beschneidung.«

Ich hielt inne.

»Das war ein Witz – nicht so wichtig. Man kann keine Automaten programmieren, um Schuhe zu herzustellen – nicht mal blöde Sandalen, die aussehen, als wären sie ganz einfach zu machen, aber von Anfang bis Ende wandern sie durch vielleicht hundertfünfzig Paar Hände.«

»Wirklich?«

»Ja.« Ich klatschte in die Hände. »In meiner Branche braucht man Leute. Die sind nicht ersetzbar. Das will ich damit sagen.«

Ich sprach zum ersten Mal aus, was mir in diesem Moment bewusst wurde, und Zhang nickte.

»Maschinen sind verlässlich«, sagte Zhang ohne jeden Sarkasmus. »Menschen nicht.«

Ich stutzte. Und das von Zhang. Als würde er für die Gegenseite argumentieren. Beziehungsweise für die, die meine sein sollte. Als wäre *er* der Fabrikbesitzer.

»Und wenn du nicht genug Arbeiter bekommst«, fragte Zhang, »wo würdest du hingehen? Nach Vietnam? Nach Indien?«

»Das will ich nicht. Ich will, dass es hier funktioniert.«

Seine Augen weiteten sich. Ich war genauso überrascht wie er. Mein Leben lang auf der Flucht. Wann immer es schwierig wurde. Das war auch Dads Devise – Jugoslawien, Brasilien, Taiwan, China – bloß keine Wurzeln schlagen. Immer weiter. China war das erste Land, wo er sich länger niedergelassen hatte.

Im Augenwinkel sah ich Ivys Blick – wahrscheinlich, weil ich es nie laut ausgesprochen hatte –, aber ich reagierte nicht, weil Zhang nicht denken sollte, sie kontrollierte mich oder ich täte alles nur, um sie ins Bett zu kriegen.

Meine Gründe, die wahren Gründe, nahmen allmählich Gestalt an. Flucht war keine Option mehr. Was war ich vor Ivy gewesen? Was war vorher überhaupt? Ich konnte mich kaum erinnern. Alles, was war, hatte mich auf sie vorbereitet. Auf das hier. Ich konnte nicht weitermachen wie bisher. Mit Dad. Mit der Fabrik. Mit allem. Und diese Überzeugung, zu der ich gelangte, überraschte mich selbst.

»Da ist das Geld, und dann sind da die Menschen«, sagte ich mit leicht zitternder Stimme zu Zhang. »Das ist das Problem, oder?«

»Sie harmonieren nicht.«

»Nie. Schade, dass man sie nicht trennen kann. In meinem Geschäft sollten alle Parteien etwas davon haben.«

»Du redest von Loyalität.«

»Klar.«

»In meinem letzten Hotel«, sagte Zhang, »hat sich ein Kollege in den Finger geschnitten. Ziemlich tief. Ich habe ihn ins Krankenhaus gebracht und blieb die ganze Nacht bei ihm. Als ich zurück ins Hotel kam, hat mein Boss gesagt, ich hätte keinen Job mehr. Gefeuert.«

»Wegen deiner Loyalität«, sagte ich. »Für eine gute Tat. Man kann nicht wissen, wem man trauen kann.«

»So steht es heutzutage um die Menschlichkeit. Die Tochter unseres Premierministers fährt Ferrari, natürlich durch unsere Steuern finanziert. Im Hotel parke manchmal ich ihren Wagen, aber vorher – wirklich wahr – deckt sie den Sitz mit Taschentüchern ab. Kleenex. Damit mein Arbeiterarsch ihr Premier-Leder nicht versaut.«

»Miststück«, sagte ich. »Dennoch ein schönes Auto?«

»Es hat Flügel.« Zhang lächelte. Dann holte er tief Luft und ließ wieder die Handgelenke kreisen.

»Kann ich ehrlich sein?«, fragte Zhang. »Nur einen Moment.«

»Natürlich.«

»Was bringt dich zu mir? Zu uns? Warum bist du hier?«

Da. Die Frage war raus. Endlich. Und was war die Antwort? Ivy, zum Teil. Natürlich Ivy. Aber das war nicht alles. Wofür hatten wir – ich, meine Familie, meine Ahnen – wofür hatten wir all die Schuhe gemacht? Um der Armut zu entkommen und den Rest der Welt zum Teufel zu wünschen? Um andere zu schikanieren, wie wir schikaniert worden waren?

»Weil ich daran glaube.«

»Woran?«

»An die Demokratie.«

»Ein gerade Fuß hat keine Angst vor einem krummen Schuh?«, fragte Zhang. Ich wusste nicht einmal, wozu ich in der Fabrik bereit war. Das System war faul – aber die Fabrik in ein sozialistisches Kollektiv umzuwandeln, würde die Probleme auch nicht lösen.

Außerdem waren gerade erst die Nachrichten voll davon gewesen. Fabriken, die bestreikt wurden. Fabriken, die von Arbeitern, von Terroristen niedergebrannt wurden. Vielleicht hatte sogar Zhang seine Finger im Spiel. War es das, was er mit meiner Fabrik vorhatte? Ich musste irgendwie die Antworten aus ihm herausholen, ohne dass es zu offensichtlich war.

»Warum Fabriken?«, fragte ich.

»Was sonst? Studenten? Wie Tian'anmen. Nein, die neue Generation ist kalt. Sie kennen die Welt, und sie denken: ›Was können wir schon ändern? Wir sind machtlos. Lieber mache ich meine Sache gut und versuche Geld zu verdienen. Warum soll ich mich für ein besseres China opfern?‹ Verstehst du, Alex?«

»Klar. Aber warum *meine* Fabrik?«

»Du bist zu uns gekommen«, sagte er.

»Wirklich?«

»Ja. Weil du weißt, dass wir recht haben.«

Sein Blick war dunkel und hypnotisch, und einen Moment lang glaubte ich ihm, aber ich wusste einfach nicht, ob ich ihm vertraute.

»Ich will dich etwas fragen.« Ich versuchte einen anderen Ansatz. »Hast du deine Drachen schon mal mit etwas Großem gefüttert? Oder bekommt er nur Grillen?«

»Kleine Happen«, antwortete er.

»Du hast ihm noch nie eine Maus oder Ratte zum Jagen gegeben?«, hakte ich nach.

»Eine Maus?« Zhang schüttelte den Kopf, die Lippen geschürzt. »Er ist noch jung. Wenn er erwachsen ist, stärker, frisst er vielleicht größere Happen.«

»Warum versuchst du es nicht mal mit einer kleinen Maus? Eine Maus würde er leicht runterkriegen.«

»Mäuse beißen zurück. Wehren sich. Zu gefährlich. Nein, nein. Und er würde sie trotzdem fressen. Selbst wenn es ihn umbringt. Augen größer als der Mund, oder wie man sagt.« Er zog den Kopf zurück. »Warum fragst du?«

»Wir reden nur.«

»Reden?«, fragte er misstrauisch.

»Wir reden. Freiheit der Gedanken. Dafür kämpfst du doch, oder? Redefreiheit. Also, angenommen, ich gehe das Risiko ein und helfe euch. Sagen wir mal, ich will euch helfen. Wo fangen wir an?«

Er schwieg einen Moment. Ordnete blinzelnd seine Gedanken.

»Klein anfangen und langsam aufbauen. Wie bei meinem Wasserdrachen. Klein anfangen. Grillen füttern.«

»Gut«, sagte ich, »weil es eine Sache ist, von Menschlichkeit zu reden, eine andere von Revolution …«

»Nein, nein.« Zhang winkte ab. »Die demokratische Revolution ist eine lange Straße, Alex. Ich habe mich falsch ausgedrückt, wenn du an gewaltsame Revolution denkst – nein, meine Ziele sind klein-klein. Ich bin kein Draufgänger. Ich habe keine Angst vor der Langsamkeit. Wenn China groß ist, dann wegen seiner Geduld. Das war das Problem auf dem Platz des Himmlischen Friedens. Zu idealistisch, zu kompromisslos. Hätten wir uns einfach mit Premier Peng getroffen – vielleicht wäre es anders ausgegangen – wer weiß? Alex, sagen wir nicht mehr *Revolution,* das liegt mir völlig fern. Ich würde dich nicht beleidigen. Wenn ich so etwas sage, würde ich das Gesicht verlieren.«

»Dann ist gut«, gab ich zurück, »denn falls du als Vertreter der Demokratischen Revolutionären Partei auftrittst, beißt mein Vater zurück. Er würde dich fertigmachen.«

»*Klein*, Alex.« Zhang hielt Daumen und Zeigefinger hoch. »So klein.«

»Was plant ihr?«

»Eine Gewerkschaft«, sagte er und klatschte sich dabei auf die Knie. »Siehst du? Was ich gesagt habe? Klein. Nur das. Eine kleine Gewerkschaft. Gibt es jetzt überall in China. Wie ein Obststand. Du und dein Vater kennt es gut. Ihr merkt es kaum. Wie in Amerika. Verhandeln, Kompromisse schließen.«

»Und das habt ihr auch schon in anderen Fabriken organisiert?«

»Ja. Genau. Wir müssen vorsichtig sein, wie wenn man einen kleinen Fisch kocht. Wir wollen uns nicht den Magen verderben.«

»Was ist mit Streiks?«, fragte ich. »Unterstützt ihr sie?«

»Natürlich. Arbeiter müssen streiken dürfen. Ohne ihren Job zu verlieren.«

»Siehst du, das ist das Problem. Das ist Agitation. Aggression. Ein Streik ist schlecht fürs Geschäft. Und wenn das Geschäft kaputt geht, haben wir eine Katastrophe.«

Ich wollte wirklich Veränderung, aber ich wusste nicht, ob ich Zhang vertrauen konnte. Ehrlich gesagt kam er mir ein bisschen verrückt vor. Ivy bürgte für ihn. Sie nannte ihn erbittert. Vielleicht sollte ich besser die Finger davon lassen – ich dachte ernsthaft daran aufzustehen und zu gehen, doch irgendetwas hielt mich zurück. Ich wollte noch mehr hören.

»Méi shì, mèi shì,« sagte Zhang. »Kein Problem. Das passiert nicht. Das ist nur der Extremfall. Ich dachte, dass du danach fragst. Wo ich mitorganisiert habe, wurde nie gestreikt. Die richtige Diplomatie, dann kommt es nicht so weit. Ich verstehe dich. Deswegen sage ich klein. Arbeiter, die in deiner Fabrik streiken, wären wie eine Gottesanbeterin, die mit ihren kleinen Armen einen Panzer stoppen will. Es ist nutzlos. Nein, ihr würdet einfach neue Arbeiter holen. Das ist nicht der richtige Weg, wie man Probleme löst.«

»Was ist dann der Weg?«

»Kleine Versammlungen. Du gibst Ivy eine Position. Sie kann frei zu den Arbeitern reden und ihnen vorschlagen, der Gewerkschaft beizutreten. Wir sehen, was passiert. Vielleicht ein paar Treffen. Vielleicht werden die Treffen größer. Nichts, was du nicht kennst. Nur reden. Sonst nichts. Zusammenarbeiten. Du und ich. Das ist schlaues Denken.«

Ich sah Ivy an. Sie wirkte konzentriert, nervös, aber ihre Augen waren sanft, auch wenn sie geweitet waren.

Langsam wandte ich mich wieder an Zhang.

»Mein Urgroßvater war kein Bundist, aber sein Bruder war einer, Mitglied einer sozialistischen Untergrundorganisation, wie du. Je mehr Rekruten sie hatten, desto mutiger wurden sie. Eines Tages gingen sie zum russischen Rittmeister und erklärten, die Lederarbeiter wollten eine Gewerkschaft gründen.«

»Habt ihr deswegen die tätowierten Zahlen auf dem Arm?«

»Das kam später. Der Rittmeister sagte, gut, das ist nur fair. Geht in diese Stadt, zwanzig Kilometer weiter, und besorgt euch Gewerkschaftsscheine. Toll. Sie marschieren los, wie eine Karawane, aber als sie den genannten Ort erreichen, ist er leer. Nur eine von den Kosaken besetzte Ziegelfabrik. Mein Urgroßonkel sagt: ›Wo ist das Gewerkschaftsbüro, wir wollen unsere Scheine abholen.‹ Der Kommandant führt sie zu einer großen Lehmgrube.«

»Was ist dann passiert?«

»Sie mussten sich nackt ausziehen, dann wurden sie erschossen und in der Grube verscharrt. Das war das Ende der Gewerkschaft. Danach war Schluss.«

»Eine schreckliche Geschichte«, sagte Zhang. »Fast das gleiche passierte, als mein Vater die Partei kritisiert hat.«

»Manchmal«, sagte ich improvisierend, mit einer Stimme, die ich selbst fast nicht erkannte, »will man das richtige tun, aber macht alles nur noch schlimmer. Mein Urgroßvater – er war natürlich auch Jude, aber er tat so, als wäre er Pole. Damit er zur Schule gehen konnte, damit seine Klassenkameraden keine Steine durchs Fenster warfen oder ihm die Rippen brachen. So machten es viele Juden. Nicht, weil sie sich schämten, sondern weil es leichter war. Manchmal ist es besser, wenn man für sich behält, was man ist. Um zu überleben.«

Vielleicht war es die Stimme jenes Urgroßvaters, den ich nur von einem Foto kannte: an der Werkbank in Wilna, beim Dichten eines Stiefels mit Schweinsborsten und Wachs, wie er gerade den Zwirn mit den Zähnen festzieht. Die Leute sagten immer, ich sähe ihm ähnlich.

Zhang zog die Brauen hoch, als wäre er beeindruckt. »Wir stecken in denselben Schuhen.« Dann stand er unvermittelt auf, fuhr sich mit den Händen übers Gesicht und begann im Zimmer auf und ab zu gehen.

»Aiya«, sagte er. »Lass mich nachdenken. Du hast ein paar gute Punkte genannt. Ich verstehe dich. Ich muss das zu Ende denken. Vielleicht brauche ich eine Nacht, bis ich dir eine Antwort geben.«

Meine Worte hatten mich selbst überrascht. Sie kamen aus dem Bauch, nicht aus dem Kopf. Wie das Gefühl, ob der Derbybogen eines Schnürschuhs um einen Millimeter daneben lag, ohne dass ich das Maßband anlegen musste.

Zhang ging noch immer auf und ab und rieb sich eine Wange. Aber was ich zu ihm gesagt hatte, stimmte: Es musste ruhig bleiben. Die kleinste Veränderung würde Dad völlig ins Schleudern bringen – einmal hatte er im Flugzeug herumgebrüllt, weil ich das Einwanderungsformular mit blauem statt mit schwarzem Kuli ausgefüllt hatte: *Das ist genau die Scheiße, die dich hier auf die schwarze Liste bringt.* Seine Reaktion, falls in der Fabrik gestreikt wurde, wollte ich mir gar nicht erst ausmalen.

Zhang setzte sich wieder und sah mich an.

»Néige«, sagte er. »Vielleicht hast du recht. Schwarze Katze, weiße Katze – so lange wir Mäuse fangen, spielt es keine Rolle. Ja? Die Farbe der Katze muss nicht *Gewerkschaft* heißen. Weißt du, Alex«, er tippte sich an den Kopf, »du denkst wie ich. Wir sind aus dem gleichen Holz. Harmonie. Vielleicht sind wir verlorene Brüder?«

Es fühlte sich gut an. Er und ich – aus einem Holz. Ein Kerl. Nicht Welten voneinander getrennt. Gar nicht so verschieden. Ich tat das Richtige. Vielleicht war Zhang doch kein durchgeknallter Bürgerwehrler.

Ich lehnte mich zurück, die Schultern in den Kissen, die warm und gemütlich waren, und sagte mir: Jetzt bist du hier. Angekommen. An diesem Ort. In ihrem schönen festen Griff. Vielleicht hatte es damit zu tun, dass mir irgendwann aufgefallen war, wie die Chinesen die Schultern einzogen, wenn sie auf der Straße an mir vorbeikamen, als wollten sie mit keiner Zelle von mir in Berührung kommen, und vielleicht kannte Zhang aus seiner Vergangenheit dieses Gefühl auch.

Er nickte, und unwillkürlich nickte ich zurück, und ohne die Lippen zu bewegen, waren wir uns über vieles einig.

»Das Schicksal«, sagte er, »bringt Menschen zusammen, egal woher sie kommen. Aber es gibt nun eine gewisse … Verantwortung. Du musst aufpassen, was du sagst. Mit wem du redest. Das Leben kann kompliziert werden.«

»Für mich?«, fragte ich.

»Für dich. Wenn du mit den Falschen redest. Ich könnte die Konsequenzen nicht verhindern.«

Ich sah Ivy an, deren Augen sich verengten, und ihr Blick bestätigte, was ich dachte. Zhang warnte mich. Oder er drohte mir, auf seine höfliche Art. Falls ich die falsche Entscheidung traf, würde *er* für die Konsequenzen sorgen. Würde selbst den Befehl geben.

Ich sah wieder ihn an.

»Keine Sorge«, sagte ich.

»Gut«, sagte er. »Gut, gut.«

Wir schüttelten uns die Hand, sein Griff war stark und kalt. Unwillkürlich schauderte ich. Vielleicht war es der Händedruck. Vielleicht war es das Wort *Schicksal,* das er benutzt hatte, als wüsste er etwas über mich. Als er meine Hand losließ, fror ich immer noch, und die Kälte vermischte sich mit dem Bild, das ich plötzlich im Kopf hatte, zweitausend *Dagongmei,* die mich aus Anlage C zum Pavillon zerrten, die kühle Mündung einer Walther PK an meiner Schläfe, und ich roch den Klebstoff und hörte, wie der Hahn gespannt wurde, spürte die zitternde Hand, und dann taumelte ich in den Backsteinkeller der Synagoge unter der Oper von Wilna, wo meine Urgroßeltern einen letzten *Freylekhs* tanzten, während Viktor von Wahl auf dem Palasthof die Bundisten auspeitschte, und ich sank in den Schoß meiner Großmutter, die meine Füße kitzelte, mein Gesicht in ihren nach dunklem Essig riechenden Nacken vergrub, und sagte: *Wer ist ein braver Bub.*

Ich schob den Gedanken weg. Zhangs Blick sagte etwas ganz anderes. Über das Schicksal. Ich hatte nur alte Filmszenen zusammengeschnitten. Die Walther PK gehörte dem alten James Bond. Wahrscheinlich hatte sie gar keinen Hahn. Und wie sollten Fabrikarbeiterinnen an die Waffen vom britischen Geheimdienst kommen? Offenbar hatte meine Paranoia nicht viel mit historischer Genauigkeit am Hut.

Zhangs dunkle Augen waren auf mich gerichtet.

»Ich bin loyal«, sagte ich.

»Wir können dir vertrauen«, sagte er, und es war schwer zu sagen, ob es eine Frage oder eine Feststellung war. Ein einfaches Nicken würde nicht reichen.

»Ja«, antwortete ich. »Ihr könnt mir vertrauen. Ich bin euer Freund.«

10

Ein Mann in einer blauen Segeltuchjacke saß in der Kabine neben uns und aß Schweinefuß mit Ingwer, und im Abteil breitete sich süßer Essigduft aus. Ich schwang die Füße vom Bett, kletterte die kleine Leiter runter – Ivy schlief unten –, und ging mit knirschenden Schritten durch die Schalen der Longan-Früchte, die auf die Gänge geworfen worden waren, zum Speisewagen.

Ich kaufte eine Portion geröstete Erdnüsse, stellte mich ans Fenster und spürte das salzige Kribbeln auf den Lippen, während ich zusah, wie draußen die Maisfelder vorbeiglitten.

Ich sah alte, verfallene Wachtürme, dann plötzlich ein rotgelbes Zirkuszelt, die pinken Neonlichter an den Speichen eines Riesenrads, die geschwungene Parabel einer Achterbahn – mitten im Maisfeld –, und genauso plötzlich war alles wieder verschwunden.

Das Kreischen der Zugbremsen in der Kurve klang wie der schrille Schrei der Achterbahn in Revere Beach, Metall auf Metall. Es war Sommer, und Dad protestierte gegen die Ferien, indem er mitten im Juli einen Schurwolle-Anzug am Strand trug. Er saß steif auf dem Camping-Stuhl, schwitzend wie ein Schwein, und meine Mutter fragte: »Kannst du nicht wenigstens so tun, als hättest du Spaß?« Seine Oxfords berührten eine Ecke meines Handtuchs, direkt neben meinem Gesicht. Ich starrte die Wildlederspitzen seiner Quasten an – ich kannte seine Schuhe so gut, wie Ruxis Bruder Ruxis Sandalen kannte –, und ich roch die gebratenen Muscheln von Kelly's und sah die Seepocken an den Bootsstegpfählen und die schwarzen Mädchen in den Fenstern hinter der Strandpromenade, die einander Zöpfe flochten, und die Straßenkids, die ihre Tags an das Gerüst der Achterbahn sprayten, und die Staffeleien auf der Holzpromenade, wo sie mit Airbrush dein Portrait auf ein T-Shirt malten – wie gern hätte ich eins gehabt, aber ich hatte Angst, dass ich darauf aussah wie ein deutsche Karikatur aus dem Dritten Reich.

Genug. Schon wieder gab ich mich Erinnerungen hin. Doch ich spürte ihren Sog nicht; kein flaues Gefühl im Magen. Sie waren fern und abstrakt, als wäre dieser Teil von mir fort, wie die abgesägten Nasen der buddhistischen Büsten im Guangzhou-Museum, wo ich mit Ivy gewesen war und wir hinter der Gruppe zurückgeblieben waren und gelacht hatten, bis die Wachleute riefen: »Aufholen! Nicht schlafwandeln!«

Ich war am richtigen Ort. Ich war mir ganz sicher. Was war hier, jetzt? Grimmig aussehende Chinesen im Halbschlaf mit offenem Mund über Zugtische gebeugt. Genauso würden meine Arbeiterinnen dasitzen, wenn die Abteilungsleiter nicht beim ersten Gähnen in die Trillerpfeife bliesen.

Vierzig Leute gedrängt in einem Speisewagen. In der Fabrik galt die Regel, dass sich in der freien Zeit nicht mehr als zwanzig Leute versammeln durften. Yongs Regel. Die ich als erstes abschaffte, sobald ich wieder in Foshan war.

Ich sah wieder aus dem Fenster, der zerklüftete Kamm der Karst-Berge am Horizont, und träumte von einer gut besuchten Versammlung im oberen Stock von Anlage C. Abends. Alle hatten provisorische Lampen dabei, die sie an die Lehne ihrer Stühle hängten, und sie forderten sich gegenseitig zur Ruhe auf. Es roch nach Schweiß und süßem Klebstoff. Sie nahmen die Mützen ab, aus Respekt vor Ivy, die sich in einem frisch gebügelten weißen Arbeiterhemd mit schmalem roten Gürtel auf eine Werkbank stellte, um zu den Arbeitern zu sprechen. Es war voll, kein Stuhl war frei, manche waren auf Lederböcke geklettert, um zuzuhören. Ivy streckte die Faust in die Luft und sprach von echten Ärzten, nicht die Betrüger, die wir bezahlten. Sie sprach von Fortbildung. Buchhaltung. Betriebswirtschaft. Englischkursen. Seminaren. Arbeitsschutz.

Und vielleicht stellte auch ich mich vor die Versammlung und ergriff das Wort. Sprach von meinem Großvater, der Schuhe für Franklin D. Roosevelt gemacht hatte. Ein Paar schwarze Brogues mit Flügelkappen. Kreppsohlen. Größe 46. Der Höhepunkt seines Lebens. Damals, vor gesetzlich geregelten Arbeitsschutzbestimmungen. Damals, als Sicherheitstraining darin bestand, dem Maschinisten mit den wenigsten Narben zuzusehen. Aber heute mussten wir die Dinge anders machen. Fortschritt, nicht Rückschritt. Wir lebten nicht mehr in der Dunkelheit. Und es gab Beifall. Die ganze Menge applaudierte.

Ich starrte immer noch aus dem Zugfenster, und die Welt schien mir schnell und führungslos, als würde sie sich

Schicht für Schicht abschälen, ohne dass es in irgendeine Richtung ging.

Ich tagträumte mich fort und fühlte mich richtig gut, bis ich plötzlich eine Veränderung spürte und wusste, dass jemand hinter mir stand. Ich drehte mich um. Eine alte Chinesin mit schwarzen Zähnen und blutrot verfärbten Lippen, als hätte sie gerade einem Hahn den Kopf abgebissen, die Hand voller Betelnüsse. Sie stand dicht vor mir und redete schnell und wirr auf mich ein. Ich verstand nicht, was sie sagte. Und als die anderen Gäste des Speisewagens zu lachen anfingen, verpuffte mein gutes Gefühl, und ich war nicht mehr Teil einer revolutionären Fabrikversammlung, sondern ein Weißer, der sich in einem Zug den Arsch abschwitzte. Ich floh vor der alten Frau, verließ den Fensterplatz, beeilte mich, zurück in mein Abteil zu kommen, und ihre Stimme hallte weiter in meinem Kopf, *gweilo,* Geistermann, hatte sie gerufen und mich angestarrt, als hätte ich eine abgesägte Nase, als wüsste sie, dass ich für immer unvollständig war.

Es war spät, als der Zug im Bahnhof Ghuanzhou einrollte. Ivy wollte die U-Bahn nehmen und dann mit dem Bus zur Fabrik fahren, aber ich überredete sie, Geld für ein Taxi anzunehmen. Wir standen am Bordstein, wo die Taxis warteten. Ich hielt ihr die Tür auf, doch plötzlich hielt sie inne.

»Ist es okay?«, fragte sie.

Ich sagte, ja, natürlich, ich wollte nicht, dass sie nachts allein mit der U-Bahn fuhr, aber sie zog die Brauen zusammen, und ich verstand, dass sie nicht die blöde U-Bahn-

Fahrt meinte. Sie meinte *es.* Beijing. Und alles, was vor uns lag.

Ich nickte. Ivy küsste mich auf den Mund und stieg ein. Im Taxi zum Hotel fehlten mir immer noch die Worte, aber es war kein schlechtes Gefühl, nur ein stilles.

In der Lobby eilten die Angestellten herbei, das übliche Willkommensritual, aber ich nickte ihnen nur kurz zu, auch Karri an ihrem Tresen. Ich spielte nicht mit wie sonst. Irgendetwas stimmte nicht. Als wäre ich nicht in meinem Körper.

Oben blieb ich in der Mitte meines Zimmers stehen – das Tablett mit dem Obstkorb, dem Champagner und den Pralinen stand auf dem Bett, alles war wieder am richtigen Platz – und einem Instinkt folgend, nicht einmal einem eindeutigen Gefühl, öffnete ich den Schrank und nahm einen Koffer heraus. Ich begann, meine Unterhosen und T-Shirts aus den Schubladen zu holen. Auf dem Fabrikgelände gab es ein kleines Verwalterhaus hinter den Wohnheimen. Yong übernachtete manchmal dort. Das war der Ort, an dem ich sein sollte. Die Fabrik. Nicht das Hotel. Endlich ein glasklarer Gedanke, der erste seit langem, und er machte mir eine Heidenangst.

Ich ließ den Koffer offen und halbgepackt stehen. Alles in mir schien sich aufzubäumen. Ich fand die Bettkante, setzte mich und meine Brust wurde eng. Im Fenster sah ich meine Spiegelung, die sich vor und zurück wiegte, und ich hörte die Trommeln der Drachenboote unten auf dem See, als würden ihre Ruder in meinem tiefsten Inneren schlagen. Hör auf, dachte ich. Konzentrier dich auf das Fenster. Wie bekamen sie die Scheiben so blitzsauber? Reiß dich zusammen. Aber dann fing ich zu heulen an. Eine Stimme in mir sagte: Du bist übermüdet, Alex, und die Stimme sagte auch, wahrscheinlich ließen sie die Fensterputzer an Seilen vom Dach herunter, aber eine andere Stimme sagte einfach: Ignorier ihn. Lass alles raus.

Am nächsten Morgen saß ich kaum zehn Minuten am Schreibtisch in der Fabrik, als das Telefon klingelte. »Fedor«, sagte eine chinesische Stimme, und ich sagte, nein, tut mir leid, hier ist Alex, ich werde ihn weiterleiten, aber die Stimme kam mir bekannt vor.

»Hier ist Gang.«

Es dauerte einen Moment, bis ich reagierte. Gang. Der Bürgermeister. Der Parteisekretär von Foshan.

Meine Stimme rutschte eine Oktave nach oben, um freundlicher zu klingen, und ich gab ein paar Höflichkeitsfloskeln von mir, bevor ich sagte, ich würde ihn zu Dad durchstellen.

Doch Gang antworte: »Ich wollte Sie sprechen.«

Ich war überrascht.

»Mich?«, fragte ich.

Ich hörte ihn am anderen Ende lachen. »Ich will mit Ihnen reden«, sagte er. »Nicht mit Ihrem Vater. Ich lade Sie zum Tee ein.«

Mein Mund wurde trocken. Selbst ein *gweilo* wusste, dass eine Einladung zum Tee bei einem hohen Parteimitglied nichts Gutes bedeutete.

Gang war einer der Prinzen. Der innere Kreis. Sein Vater, ein Freund von Jian Zemin, hatte es zum Finanzminister gebracht und Gang den Bombenjob besorgt. Mit Vitamin B zum stellvertretenden Bezirksparteivorsitzenden in Foshan. Dann Bürgermeister. Dann Parteisekretär. Gang war einer von denen, die Menschen verschwinden ließen.

»Natürlich«, sagte ich.

»Ausgezeichnet«, sagte er. »Bei mir im Büro. Heute? Jetzt?«

»Soll ich meinen Vater einladen?«

»Nicht nötig.«

Er verabschiedete sich knapp, und ich saß da und fragte mich, was gerade passiert war. Was wollte Gang von mir? Um die Fabrik konnte es nicht gehen. Er war zwar auf dem Papier Miteigentümer, aber mit dem eigentlichen Geschäft hatte er nichts zu tun. Er bekam seinen Anteil, damit wir in seinem Distrikt produzieren durften. Gang war ein Brooklyner Mafiaboss im Mao-Anzug. Oder nein, er war mehr als das. Die Kommunistische Partei liebte ihn. Weil er für dreizehn Prozent Wachstum im Jahr sorgte. Weil er ein verschlafenes Drecksloch in eine florierende Megalopolis verwandelt hatte. Gang war auf dem Weg nach ganz oben.

Ging es also um Ivy? Falls er von der Sache wusste, war ich am Arsch, doch auch das konnte es nicht sein. Hätte er von Ivy gewusst, wäre sie längst nicht mehr da. Mit einem Kopfnicken hätte er sie verschwinden lassen können. Oder er ließ sie mit Absicht frei herumlaufen. Und jetzt wollte er von mir, dass ich Namen aus ihr herausbekam. Die Mitglieder der Demokratischen Revolutionären Partei. Vielleicht wusste er, dass ich in Beijing gewesen war, und jetzt wollte er, dass ich sie verriet. Was wollte ich sagen? Es war ganz einfach. Ich war am Arsch. Die Fahrt nach Beijing war ein Riesenfehler gewesen.

Ich ging rüber zu Dad, um ihm von Gangs Einladung zu erzählen, aber er telefonierte gerade und brüllte Zollbeamte an, weil sie auf einer Lieferung saßen, also fuhr ich in die Stadt, ohne ihm Bescheid zu sagen.

Ein Taxi brachte mich zum Regierungssitz im Stadtbezirk Chancheng. Es war schwül, als ich ausstieg, und dann stand ich zum ersten Mal vor dem Tor der Volksregierung in Foshan, einem achtstöckigen grauen Kasten mit einem flachen Dach und zwei breiten Flügeln. Von außen wirkte das Gebäude eher schlicht, ganz anders als der Palast auf dem Tian'anmen-Platz.

Drüben an der chinesischen Fahne saß eine Sicherheitsbeamtin unter einem Sonnenschirm. Als ich auf sie zuging, stand sie auf. Sie führte mich in das Pförtnerhaus und telefonierte mit dem Hauptgebäude. Dann zog sie plötzlich eine Magnum aus dem Gürtel, stellte den roten Lasersucher ein, hob mit beiden Händen die Waffe, so unbefangen, als würde sie Wäsche falten, und zielte ein Liedchen pfeifend auf meine Stirn.

Ich tastete nach der Tür, wich zwei Schritte zurück, schlug mit dem Steißbein gegen den Türknauf an und ächzte.

»Halt«, bellte sie. »Wenn Sie sich bewegen, kann ich nicht schießen.«

Dann drückte sie den Abzug, und ich schloss die Augen.

Kein Knall. Nichts. Langsam öffnete ich die Augen wieder. Sie las die Zahl auf dem digitalen Display der Pistole ab. Siebenunddreißig.

»Kein Fieber.« Eine Thermometer-Pistole. Falls es so etwas wirklich gab. Ich nickte und wischte mir mit der Hand über den Mund.

»Gehen.« Sie zeigte mit der Pistolenmündung zur Tür.

Wir überquerten den Parkplatz mit den unmarkierten schwarzen Audis, folgten einer Terrazzo-Treppe und traten durch eine Glastür unter dem Portikus. Am Fahrstuhl sagte sie: »Dach.« Ich nahm an, dass sie den obersten Stock meinte, also drückte ich auf die acht, und die Tür glitt zu.

Auf dem Weg nach oben erinnerte ich mich an einen Freund von Dad, einen Amerikaner, der versucht hatte, seine Jointventure-Zementfabrik nach Norden zu verlegen, woraufhin Gang ihn der Unterschlagung beschuldigt und ihm ein paar minderjährige Prostituierte ins Hotelzimmer geschickt hatte. Hat ihn ruiniert. Dann verstaatlichte Gang die Firma, womit sie ihm allein gehörte. So was passierte hier. Wenn man aus der Reihe tanzte.

Vor Gangs Büro saß eine Sekretärin, die aufstand, mir zunickte und mit großer Geste eine Eichentür öffnete.

Ich trat hinein. Mal wieder tief in die Scheiße. Immer.

Gang erhob sich am anderen Ende des Raums hinter einem großen Teak-Schreibtisch, der von zwei eingetopften Gingko-Bäumen flankiert wurde. Er trug seinen alten militärischen Mao-Anzug und ließ die Schulter hängen, als hätte er gerade den Langen Marsch hinter sich.

Wir gingen aufeinander zu. Er zog sich die Tunika zurecht und hielt mir die Hand entgegen.

Ich lächelte matt und wischte mir die verschwitzten Hände an der Hose ab. Ich hatte schreckliche Angst vor Gang.

Wir schüttelten uns die Hand. Seine war rau wie die Wollbürsten, mit denen wir das billige Leder polierten.

Als hätte er meine Gedanken gelesen, lockerte er den festen Griff und hielt seine schwieligen Hände hoch.

»Teepflücken«, sagte er. »Als Kind. Während der Kulturrevolution. Ich wurde aufs Land geschickt. Hat mir die Hände kaputt gemacht. Meine Frau weicht sie in Hibiskus, Ginseng, Fischrogen ein – damit ich weicher werde. Sie kennen ja die Frauen.«

Ich zuckte die Schultern.

Mit einem Nicken zeigte er auf den Rattanstuhl vor dem Schreibtisch. Ich setzte mich. Beim Eintreten hatte ich mich nach Ausgängen umgesehen, eine Gewohnheit, die ich von Dad übernommen hatte – die Eichentür, durch die ich gekommen war, und eine Personaltür zwischen zwei in die Wand eingelassenen deckenhohen Bücherregalen.

Angeblich hatte Gang einen Schalter am Schreibtisch, mit dem er die Farbe der Brunnen in der ganzen Stadt kontrollierte, und einen zweiten, mit dem er die Musik einstellte, die auf den Straßen aus den Lautsprechern kam. Aber ich sah nur einen Laptop, Tacker, Drucker und Schalen mit diversen Büroartikeln. Kein Schalter zu sehen.

»Schwierigkeiten, mich zu finden?«, fragte er.

»Keine Schwierigkeiten«, sagte ich.

Eine Kellnerin rauschte mit einem Tee-Tablett durch die Personaltür. Gang nickte, und sie huschte wieder davon.

»Oolong«, sagte er mit einem schiefen Lächeln, als wäre er es nicht gewohnt zu lächeln. Es war fast eine Grimasse. »Den habe ich damals gepflückt. Ich trinke nur Oolong. Erinnert mich an meine Herkunft.«

Er trank einen Schluck und lehnte sich zurück. Sein Ausdruck war stoisch und erschöpft, doch aus einem bestimmten Winkel wirkte er fast jung.

»Ich habe langsam gepflückt«, sagte er. »Mit beiden Händen. Schlechte Methode. Ich war ein fauler Hund. Fünf Yuan am Tag. Für die Ungebildeten und die Armen. Aber jeder hat seinen Platz. Stimmt?«

»Stimmt«, sagte ich mit dünner Stimme. Ganz sicher wusste er Bescheid. Er wusste alles über mich. Über Ivy. Über Zhang. Mein rechtes Bein begann zu zucken.

Er beugte sich vor und griff in die oberste Schreibtischschublade. Mich packte das Grauen – in meinem Kopf liefen immer noch Gangsterfilme ab: Er würde Ivys abgetrennten Kopf aus der Schublade holen oder ein Messer, um mir die Finger einzeln abzuschneiden, bis ich gestand.

Aber es war eine Flasche Maotai, die Gang aus der Schublade nahm und auf den Tisch stellte.

»Zu früh?«, fragte er, als er zwei kleine Pinming-Becher dazustellte.

Ich holte Luft. »Es ist nie zu früh«, antwortete ich.

Er schenkte uns ein, und dann kippte er sein Glas ohne das traditionelle *Gambei*, was ein schlechtes Zeichen war. Mit dem Kinn deutete er auf meinen Becher. Ich trank. Das Zeug brannte wie Feuer.

»Hilft, die Zunge zu lockern«, sagte er. Plötzlich schob er den Stuhl zurück, die Stuhlbeine kreischten auf den Fliesen, ein Geräusch wie ein Stromstoß, und ich richtete mich ruckartig auf.

»Ich bin an Ihnen interessiert«, sagte er.

»Das ist gut«, antwortete ich einfältig.

Er senkte ein wenig das Kinn. »Haben Sie das Schuhhandwerk an der Universität gelernt?«

»Nein. Ich habe bei meinem Vater und meinem Großvater gelernt. Habe das Handwerk unterwegs aufgeschnappt.«

»Ein Selfmademan«, sagte er und klopfte sich aufs Knie. »Das respektiere ich. Das ist das Wunderbare an Amerika. Man muss nur hart genug arbeiten.«

»Ich liebe Schuhe, schon immer«, sagte ich. »Es liegt mir im Blut.«

Er lächelte. »Jeder hat seinen Platz«, sagte er wieder. Diesmal spürte ich seinen Atem im Nacken. Ich bekam Gänsehaut. Warum rückte er nicht endlich mit der Sprache raus?

»Ich verstehe die Bedeutung von Blut«, betonte er. »Familie. Das Wissen, wem man dient. Meine Tochter hört so was nicht gerne. Das ist sie.«

Er zeigte auf den nächstgelegenen der Bilderrahmen, die in einer Reihe auf dem Tisch standen, alle mit der Bildseite zu mir. Dann beugte er sich vor, um es zu sehen.

»Nein, warten Sie, das ist nicht meine Tochter. Das ist Steve Jobs. Meine Tochter ist hier.«

Er zeigte auf das Foto drei Rahmen weiter, neben dem von ihm und Steve Jobs vor Foxconn und dem einer Frau, die wahrscheinlich seine Frau war.

»Jeder muss jemandem dienen. Sie dienen Ihrem Vater. Ich diene China.«

Er schenkte mir nach.

»Gut für den Gesprächsfluss«, erklärte er und füllte auch seinen Becher. Wir tranken. Aber der Schnaps verstärkte meine Angst noch. Das war es. Echte Angst, die bis ins

Knochenmark ging. Wie wenn man zusieht, wie ein alter Mann das Gebiss herausnimmt, und beim Anblick des rosa Zahnfleischs denkt: Welchen Teil von sich entfernt er wohl als nächstes?

Gangs kleines Lächeln ließ mir das Blut in den Adern stocken. Er griff nach einer runden Plastikschale mit Büroklammern, Stiften, Reißzwecken und anderem Krimskrams und nahm eine lange glänzende Blechschraube heraus.

»Ein Mensch«, sagte er und drehte die Schraube in seiner Hand, »hat genug Eisen im Blut, um einen Nagel daraus zu machen. Wussten Sie das? Einen starken, leistungsfähigen Nagel. China ist eine Nation von Milliarden Nägeln. Jemand muss entscheiden, wofür sie eingesetzt werden. Was machen die Leute mit einem Nagel?«

»Vielleicht den Hut an die Tür hängen?«, sagte ich.

Er schüttelte den Kopf. »Ein Hutaufhänger hilft China nicht weiter. Die Nägel müssen zusammenwirken. Alle Nägel zusammen machen die Nation stark. Natürlich müssen wir in Kauf nehmen, dass nicht jeder Nagel gerade ist. Es gibt auch krumme Nägel.«

Er fuhr mit dem Daumen über den Schraubenkopf. Hitze stieg meinen Hals herauf, und ich spürte meinen Puls im Handgelenk hämmern.

»Wir wurden jahrhundertelang vom Westen gedemütigt«, fuhr Gang fort. »Die Menschen sind ausgehöhlt. Eine Leere im Geist. Das ist der Nährboden für …«

Er sprach den Satz nicht zu Ende.

Ich öffnete den Mund.

»Reaktionäre, Alex. Stinkende Rebellen.«

Er hielt inne und ließ das wirken. Vergib mir, dachte ich.

Ich bin ein dummer Furz, der aus dem Gleis geraten ist. Aber ich kann noch zurück, ich kann alles in Ordnung bringen, alles wird wieder gut, keine Angst. Ich habe mich mit der falschen Frau eingelassen. Ivy ist die falsche Frau. Ich kann immer noch zurück, ich schwöre es.

»Bürgerliche westliche Extremisten«, fuhr er fort, »die unsere revolutionären Wurzeln vergessen haben.«

Er fixierte mich mit kalten Augen. Zwischen den Zeilen sagte er: *Ich meine dich*. Du bist der krumme Nagel. Ich musste dran denken, was mir Ivy über den befreundeten Journalisten erzählt hatte, der sich in der Zeitung kritisch über Gang geäußert hatte, und am nächsten Tag in einem Arbeitslager in Jiangsu mit Blut Hilferufe auf Kakerlakenflügel kritzelte. *Therapeutischer Urlaub,* hatten sie der Mutter des Journalisten erzählt.

Jetzt war ich an der Reihe. Gangs Freundschaft mit meinem Vater? Zählte einen Scheiß. Ich hatte Gang hintergangen, ich war ein Unruhestifter, ich musste weg.

Gang strich über den Tisch. »Burma-Teak«, sagte er, »aus einem geschützten Regenwald. Letztes Jahr wurde Teak im Wert von sechs Milliarden Dollar aus Burma geschmuggelt, das meiste nach China.«

»Wenn es einen Markt gibt, lässt sich alles verkaufen.«

»Korrekt«, sagte er. »Begehren kann man nicht abstellen. Sie können jeden Buddhisten fragen, der nach Tibet geflohen ist, um sich davor zu verstecken. Nicht vor uns. Wir kontrollieren es. Wenn du etwas willst, gibt es einen Preis. Das Gute ist, Alex, dass die meisten Chinesen einen leichten Schlaf haben. Das Schlechte ist, die Reaktionäre wollen sie wecken und ihnen Lügen einflüstern. Ich habe Sie hergebeten, weil ich Ihnen etwas sagen wollte, das Sie vielleicht schon wissen. Etwas, das wichtig für Ihre Firma ist.«

Wieder machte er eine Pause.

»Ich habe Insiderinformationen«, sagte er und klopfte bei jedem Wort mit der Schraube auf den Tisch, »dass es in Ihrer Fabrik krumme Nägel gibt.«

Er neigte den Kopf um zu sehen, ob ich ihm folgte.

»Radikale«, fuhr er fort, »die Sie unterwandern wollen. Mich. Die die chinesische Regierung stürzen wollen. Wissen Sie etwas darüber? Wer diese Verschwörer sind?«

Ich schüttelte den Kopf. Nein. Von demütigem Grauen erfüllt.

Gangs Gesicht blieb stoisch und ruhig. Er begann sich mit der Spitze der Schraube die Fingernägel zu reinigen. Dann hob er den Kopf.

»Sie würden es mir sagen, wenn Sie etwas wüssten.«

»Natürlich«, sagte ich.

»Natürlich«, wiederholte er. »Ein loyaler Sohn wie Sie. Ich vertraue den Leuten, die mir nahestehen. Aber nicht den anderen. Denen, die sich da draußen verstecken.«

Er sah aus dem Fenster, wo ein paar Weiden standen, und blinzelte, als säßen die stinkenden Aufwiegler dort oben in den grünen Ästen.

Ich wartete. Mein Rücken war feucht und kalt.

Er wandte sich wieder vom Fenster ab und beugte sich vor.

»Ich brauche Ihre Hilfe«, sagte er.

Mein Mund war trocken. Ich musste ein paar Mal schlucken, bevor ich das Wort herausbekam.

»Womit?«

»Sie finden.«

»Die Aufwiegler?«

»Sie verstecken sich gut, wenn meine Leute sie noch nicht haben. Aber meine Leute sind nicht vor Ort.«

Ich nickte. Rückte mir die Brille auf dem Nasenrücken zurecht.

»Ich habe beschlossen, Ihrem Vater nichts davon zu sagen«, fuhr Gang fort. »Er ist mein alter Freund. Es würde ihn in Verlegenheit bringen. Er würde das Gesicht verlieren. Würde sich Vorwürfe machen. Denken, er könne etwas dafür, dass die Radikalen sich bei ihm ausbreiten. Deswegen habe ich mich an Sie gewandt. Bald übernehmen Sie die Firma. Sie sind jünger. Stärker. Sie können mir helfen, die schlechten Elemente aufzuspüren. Wahrscheinlich eine Handvoll entwurzelter junger Chinesen mit sehr niedrigem IQ. Eure Generation macht wieder Probleme. Letzten Monat habe ich in der Honda-Fabrik nicht eingegriffen – ein Streik –, um Unterstützung für die Klasse der Wanderarbeiter zu zeigen. Aber wir können keine Nachahmer tolerieren. Deswegen habe ich Sie hergebeten.«

Ich starrte Gang an. Versuchte zu begreifen. Er wollte mich *anwerben*. Für Gang wäre es ein Leichtes, Probleme verschwinden zu lassen, also hatte er offenbar wirklich keine Namen.

Sein Ausdruck blieb hart und unbeweglich. Vielleicht machte er mir damit solche Angst. Er schien nicht weiter beunruhigt, dass er keine Namen hatte. Und dieses Gefühl – diese helle Gasflamme eines Gefühls, die Gang mit seinem Blick in mir entzündete, und mir damit klar machte, dass ich im Großen und Ganzen nichts war, ein einzelner Nagel –

genauso wie er, auch das sagte dieser Blick –, und dass es nicht den geringsten Unterschied machte, auf wessen Seite ich stand oder sonst jemand, denn die Regierung, diese kolossale Maschine Chinas, rollte unverwundbar weiter und konnte von nichts und niemandem aufgehalten werden.

Trotzdem hatte er die Namen nicht. Ich lehnte mich zurück und verinnerlichte diese Tatsache. Das Establishment hatte nicht alles.

»Ich schütze die öffentliche Harmonie. Sie schützen Ihre Fabrik«, sagte Gang. »Die Radikalen operieren im Schatten. Verlorene Jugend. Erschaffen vom westlichen Fernsehen. Falsche Revolutionäre, deren Ziel Ruhm und Ansehen ist. Man sollte ihnen wegen Gefährdung der Öffentlichkeit die Zunge abschneiden.«

Gang legte die Faust auf den Tisch. Seine Augen wurden schmal.

»Finden Sie jemanden. Einen Anführer. Bringen Sie mir den Namen eines Verdächtigen.«

Ich setzte mich auf, atmete schnell.

»Tun Sie das?«, fragte Gang mit seiner Regierungsstimme. Es war ein Befehl. Ich musste zustimmen. Alles andere war sinnlos.

»Ja«, antwortete ich. »Ich höre mich um und helfe Ihnen. So gut ich kann.«

»Gut«, sagte Gang. »Ich kümmere mich um die Unruhestifter. Ein simpler Fall von man schlachtet ein Huhn, um den Affen Angst zu machen.«

Ich knirschte mit den Zähnen. Er wollte ein Exempel statuieren. Und ich saß hier und log dem Parteisekretär ins Gesicht. Mein Hemd war klitschnass. Ich hatte das ganze verfluchte Ding durchgeschwitzt. Vielleicht dachte er, ich hätte Angst um die Fabrik. Um die Fabrik machte ich mir keine Sorgen. Gang verstand die Ziele der Demokratische Revolutionären Partei nicht, aber vielleicht hatte ich sie auch nicht verstanden. Vielleicht wusste Gang etwas, das ich nicht wusste, etwas, das Ivy und Zhang mir verschwiegen hatten, und plötzlich war ich mir nicht mehr sicher, wer die Wahrheit sagte.

»Verhalten Sie sich unauffällig«, sagte Gang. »Den Streik bei Honda letzten Monat habe ich durchgehen lassen. Aber wir dürfen uns kein zweites Mal leisten. Die Welt schaut auf uns. Beijing schaut auf mich. Foshan produziert neunzig Prozent der Computer weltweit. Vierundsechzig Prozent der Schuhe. Alles muss still und leise passieren, ja? Suche die Wahrheit in Fakten.«

»In Ordnung«, sagte ich.

Was zum Teufel sollte das heißen? Die Wahrheit in Fakten?

»Ich verstehe vollkommen«, sagte ich.

Er stand auf, beugte sich vor und tätschelte mir über den Tisch den Kopf.

»Seien Sie brav.« Dann war die Hand weg und er saß wieder. »Wer weiß«, fuhr er fort. »Vielleicht ist diese unglückliche Entwicklung der Vorbote einer gemeinsamen Zukunft. Einer Partnerschaft. Ich bin überzeugt, dass ich Ihnen vertrauen kann.«

»Ich auch«, antwortete ich, obwohl es keinen Sinn ergab. Ich stand auf und sagte, ich würde in die Fabrik zurückfahren.

»Einer meiner Fahrer bringt Sie.«

»Nicht nötig«, sagte ich, aber er schnitt mir das Wort mit einem Blick ab, der klar machte, wer hier entschied, was nötig war und was nicht.

»Ich brauche Namen.«

»Namen«, wiederholte ich.

11

Im Hotel warf ich meine Sachen in den Samsonite-Koffer und wollte abhauen, bevor ich Dad in die Arme lief und er die Chance hätte, mir die Sache auszureden.

Der Reißverschluss klemmte. Ich zerrte daran herum. Warum zitterte ich? Gang. Alles lief durch seine Hände. So lange er seine dreizehn Komma acht Prozent Wachstum verzeichnen konnte, war Beijing glücklich. Sie flüsterten ihm zu: Wenn es weiter so läuft, machen wir dich zum Bürgermeister von Chongqing, das ist dreimal so groß wie Foshan, und danach kommst du zu uns ins Politbüro.

Ich zog den Koffer durch den Flur, die Computertasche über der Schulter, und nahm den Fahrstuhl in die Lobby. Dort stand Dad in seinem hellen Leinenjackett im grellen künstlichen Licht, Bauch straff, Haar gescheitelt, Arme wie ein Heizer.

Er kam mit ausgestreckter Hand auf mich zu. Wollte mir die Hand geben. Wie jeden Morgen, wenn wir uns sahen. Aber diese mal nicht. Sein Blick fiel auf mein Gepäck.

»Was ist das?«, fragte er. »Wo willst du hin?«

»Ich ziehe in das Verwalterhaus«, sagte ich. Er blieb wie angewurzelt stehen. Ich schob mich an ihm vorbei. Brust an Brust. Dad überragte mich um drei Zentimeter – drei grausame, gemeine Zentimeter. Welch genetischer Hohn, den Sohn drei Zentimeter kleiner als den Vater zu machen. Wenn wir vor einer Wand standen oder wenn es dunkel war, stellte ich mich auf Zehenspitzen. Meine Mutter war ein Bodengewächs, eine russische Kartoffel. Was ich in Biologie gelernt hatte, passte in einen Fingerhut, bis auf, dass ein Kind die Durchschnittsgröße seiner Eltern erreichte und sonst in allem, was zählte, nach einem von beiden kam.

»Das ist ein Witz, oder?«, fragte Dad. »Was willst du da? Wir sind hier in einem Fünf-Sterne-Hotel. Die Bruchbude hat null Sterne.«

Ich ging weiter.

Dad lief neben mir her. »Alex. Warte. Denk noch mal darüber nach. Vertrau mir, du wirst dort nicht glücklich. Keiner wäscht sich die Hände. Oder sie tun nur so. Stellen bloß den Wasserhahn an. Das ist kein Ort für dich. Keiner deckt dir das Bett auf! Ich hoffe, das ist dir klar. Kein Strudel, keine Bagels. Vergiss Frischkäse! Es ist eine kalte käsefreie Welt da draußen. Komm zurück.«

Doch ich ging weiter. Nach dem Gespräch mit Gang wusste ich nicht, was ich noch tun konnte, um Ivy zu helfen. Ich musste zu ihr und ihr alles erzählen. Außerdem musste Zhang seinen Arsch hier runter bewegen. Das Spiel hatte sich geändert. Ich konnte nicht mehr im Hotel bleiben.

Draußen warf ich mein Gepäck in den Kofferraum eines Taxis, und Dad holte mich ein und sagte: »Was ist, wenn ich nicht ins Internet komme?«

Er legte sich wirklich ins Zeug.

»Neustarten.« Ich schlug die Kofferraumhaube zu.

»Neustarten? Das sagst du zu deinem eigenen Vater?

Neustart mit fünfundsechzig. Ein Tritt in die Eier wäre mir lieber.«

»Du weißt, dass wir uns morgen sehen, oder?«, sagte ich. »Ich bin ja nicht *weg*.«

»Mit wem soll ich zu Abend essen?«, fragte er.

»Such dir Freunde.«

»Nein danke«, rief er. »Dafür habe ich dich.«

»Pass auf, du hast es selbst gesagt. Wir brauchen Bestellungen. Einer von uns muss in der Fabrik sein.«

Er verzog das Gesicht, als würde sein Körper gegen seine guten Manieren kämpfen. »Morgen«, sagte er und hielt mir die Hand hin. Ich schüttelte sie.

»Tut mir leid«, sagte ich.

Er drehte sich um und ging zurück ins Hotel.

Ich war erleichtert, als das Taxi über den Highway raste. Es fühlte sich an, als wäre ich gerade noch einmal davongekommen. Aber dann stellte ich mir Dad allein im Restaurant vor, mit den philippinischen Sängerinnen, die etwas von Phil Collins gurrten – und der einsame Geister-Dad fühlte sich fast realer an, als wenn er hier neben mir gesessen hätte.

Wir passierten die Kunststoff-Fabrik, die Pharma-Fabrik, die Porzellan-Fabrik, vor der eine Pyramide sprudelnder Kloschüsseln stand. Dann fuhr das Taxi durch das Tor von Tiger Step und setzte mich an der Manager-Kantine ab.

Ich kam an das ummauerte einstöckige Häuschen, das hinter einem der Wohnheime direkt bei der stillgelegten Ziegelei stand. Durch ein Metalltor gelangte ich in den Vorgarten, ein staubiger Flecken mit Longan- und Banyan-

Bäumen, deren Wurzeln sich am Dach festklammerten, als wollten sie es unter die Erde ziehen.

Ein paar gemauerte Stufen führten zu einer Glasschiebetür. Sie war offen, wie Yong gesagt hatte. Der Schlüssel lag in einem Briefumschlag auf dem Buffet. Ich stellte das Gepäck ab, und als ich die Tür hinter mir zuzog, verstummten mit einem Mal die Geräusche der Fabrik.

Auf dem Esstisch lag ein alter Kuhschädel, dessen schwarze, leere Augenhöhlen meine Bewegungen durch den Raum zu verfolgen schienen. Als ich um die Ecke ins Wohnzimmer kam, zuckte ich zusammen, als ich zwei Männer am Fenster sah. Statuen. Granit-Krieger – zweieinhalb Meter große, schnurrbärtige Riesen, die mit Schwertern das Zimmer bewachten.

Daneben an der Wand hing ein Paar alte geflochtene Strohsandalen, die Sohlen aus alten Ahnentafeln, die, wie ich wusste, verbannt worden waren, als Kommunisten die Provinz stürmten. Zuviel Aberglaube.

Ich fuhr mit dem Finger über die geschnitzten Schriftzeichen und machte mir bewusst, dass sie einmal jemandem gehört hatten. Fremden Leute. Das war ihr Eigentum. Das war das Zeug, das Yong auf diesen gruseligen Versteigerungen kaufte, wenn Land enteignet wurden.

Aus dem Wohnzimmer führte eine Tür ins Schlafzimmer, wo ein kleines Bett in der Ecke stand, aber einen Schrank gab es nicht. Nur ein paar Lattenkisten der alten Guangzhou-Eagle-Coin-Fabrik, in die ich meine Kleider räumte.

Auf dem Weg ins Bad starrten mich wieder die leeren Augen der Kuh an, und ich nahm ein blaues Handtuch aus dem Regal und hängte es über den Schädel. Dann stöberte ich in den Schubladen und Schränken der Küche herum. Es waren nur ein paar Besteckteile da. Ich nahm mir einen Löffel und legte ihn auf die Türschwelle zum Schlafzimmer, ein alter Aberglaube meiner Mutter. Wenn ein Paar in ein neues Zuhause zog, sollten sie zusammen über einen Löffel steigen, sonst erwartete sie ein Leben lang Unglück.

Gegen neun quietschte das Gartentor, und Ivy erschien wie verabredet vor der Glastür. Mit einem Plopp ging sie auf.

»Wir müssen reden«, sagte ich.

Sie setzte den Rucksack ab. »Schön hier«, sagte sie und sah sich um.

Dann öffnete sie ihre Tasche und holte den roten Scherenschnitt eines Frauenkopfs heraus. Eine der Handarbeiten, die die Frauen auf dem Markt verkauften. Die richtig Guten schnitten aus freier Hand mit einem Präzisionsmesser.

»Mein Einzugsgeschenk«, sagte sie. »Ich wollte nicht mit leeren Händen kommen.«

»Es ist wunderschön. Bist du das?«

Sie schwieg einen Moment. Der Scherenschnitt zeigte das majestätische Profil einer Frau mit einer großen Haube.

»Wenn du meinst«, sagte sie.

Ich führte sie ins Wohnzimmer, und sie schrie auf, als sie um die Ecke kam und die beiden Krieger sah.

»Ich dachte, sie sind echt.« Sie nahm meine Hand und legte sie sich auf die Brust. »Fühl mal.«, sagte sie. »So schnell.«

»Ich habe vergessen, dich zu warnen.« Ich spürte das Pochen ihres Herzens unter der Baumwolle.

Ivy streifte die Sandalen ab, setzte sich aufs Sofa und zog die Füße unter sich. Ich setzte mich in den Sessel gegenüber.

»Ich muss dir etwas erzählen«, sagte ich.

»Ich zuerst.« Sie redete schnell, mit tanzenden Fingern, von einer Versammlung, die sie gestern Abend organisiert hatte – nicht groß, vielleicht zwanzig Personen, aber größer als die letzte, und beim nächsten Mal würden noch mehr Leute kommen. Das einzige Problem sei, dass sie einen größeren Versammlungsort brauchten.

Und dann begann sie Namen zu nennen. »Die alte Cao aus der Spritzgießerei, und Tante Wie von der Besohlung, und Sting Wang, der ein sehr freundliche Junge ist, und Tante Adler – wie sagt man auf Englisch? Sieben Münder, acht Zungen, irgendwie so – und Kleiner Magnet, und Aufseher Schweinegesicht, keiner weiß, wie er wirklich heißt …«

Bei jedem neuen Namen, den sie aufzählte, ertappte ich mich bei dem Gedanken, ob das die Person wäre, die ich Gang opfern sollte. Aber ich drängte diesen Gedanken aus meinem Kopf. Was für ein Monster wählt sein Opfer aus wie von einer Speisekarte? Ich hatte keine Wahl. Ich würde niemals mitmachen.

Während des Grübelns, unter dem Druck von Gangs Befehl, merkte ich nicht, dass Ivy still geworden war und mich mit geschürzten Lippen ansah.

»Stimmt etwas nicht?«, fragte sie.

»Gang hat mich angerufen. Ich war bei ihm«, sagte ich.

»Er weiß, dass jemand die Arbeiter organisiert. Aber er hat keine Namen. Er will, dass ich für ihn spioniere. Dass ich ihm die Namen der Aufwiegler besorge.«

Ivys Lippen formten ein O, ohne dass ein Ton herauskam.

»Zhang muss herkommen«, fuhr ich fort. »Wir müssen reden. Alle zusammen. Bevor ihr irgendwas unternehmt. Ich weiß nicht, was ich noch tun kann, um euch zu helfen.« Ich berührte ihr Bein. »Es ist gefährlich. Für alle. Vielleicht wäre es besser, wenn ihr die Sache abblast.«

»Das geht nicht. Hast du meinen Namen genannt?«

»Natürlich nicht. Aber ich bin in einer blöden Situation. Was soll ich Gang sagen?«

»Dass das Gerücht falsch war.«

»Ihr könnt euch nicht hier organisieren. Es ist zu riskant.«

»Ich rede mit Zhang. Wir wollen dir nicht schaden.« Einen Moment fragte ich mich, ob das stimmte, ob ich ihr vertrauen konnte. Oder ob ich inzwischen paranoid wurde. Ich schob den Gedanken weg.

Ivys Blick wanderte durch das Haus. Es war still. Dann räusperte sie sich. »Darf ich mir vorstellen, wir wohnen hier zusammen? Ich weiß, dass es nicht mir gehört, aber darf ich so tun?«

»Ich gebe dir den Schlüssel. Komm, wann du willst. Es ist unseres.«

Sie beugte sich vor, küsste mich, und ihre Haut roch nach dem süßen Klebstoff, von dem sie den ganzen Tag umgeben war.

»Er könnte uns festnehmen«, sagte sie. »›Therapeutischer

Urlaub.‹ In den Norden schicken. Im Ernst. Deine Familie würde nie wieder von dir hören. Dich nie wiedersehen. Ich bin müde. Zu müde. Hat er Leute hier?«

Ich schüttelte den Kopf. »Genau können wir es nicht wissen.«

»Ich will nicht an Gang denken. Ich will das Märchen von der Pfirsichblütenquelle hören. So, wie es meine Mutter früher erzählt hat.«

Ich wusste zwar nicht, wie ihre Mutter es ihr erzählt hatte, aber das machte nichts. Ich dachte kurz nach.

»Die Pfirsiche sind so groß wie dein Kopf«, sagte ich, ohne die Sorgen wegen Gang ganz ablegen zu können. »Und die Reisblätter rollen sich nie ein.«

»Und wir haben ein Haus«, sagte sie.

»Jeder hat ein Haus. Und zwar nicht nur für siebzig Jahre, sondern für immer.«

»Muss ich Hosen tragen?«, fragte sie und schloss die Augen.

Ich lachte. »Du kannst anziehen, was du willst.«

Ivy lächelte. »Gut. Dann will ich ein rotes Kleid tragen, rote Schuhe und eine hohe Phoenix-Krone wie die Frauen in der Oper.«

»Damit ich zu dir passe, lasse ich mir ein Cheongsam anfertigen. In Rot. Für China.«

»Alles für China«, sagte sie schläfrig, und dann war sie still, und ich sah zu, wie sich ihre Brust in tiefen Atemzügen langsam hob und senkte.

Draußen in den Abflussgräben quakten laut die Frösche. Die Grillen und Vögel lärmten. Jedes Geschöpf schlug einen anderen Ton an, jeder hatte seine eigene Frequenz.

»Ich kann Zhang sagen, er soll am Freitag kommen«, murmelte sie.

»Am Freitag treffe ich mich mit Bernie. Danach.«

Sie hob ihren Kopf und küsste mich langsam, dann zog sie ihn ein wenig zurück, aber war noch immer nah genug, dass ich ihre Wimpern spürte.

Ich sagte: »Meine Mutter glaubt, dass wir überall auf unserem Körper mit Worten beschriftet sind, die unsere Vergangenheit und unsere Zukunft erzählen, aber nur ein Zaddik sie lesen kann.«

»Was ist ein Zaddik?«

»Ein schlauer Jude, mehr oder weniger.«

»Und was steht bei mir?«

Ich schob den Saum ihres T-Shirts hoch, als würde ich einen Schleier lüften, drückte die Lippen auf ihren Nabel, auf einen Leberfleck, der teilweise von ihrem BH verdeckt wurde, in die Kuhle ihrer Achsel, das Schlüsselbein, ihre muschelförmigen Lippen, weich und rosa.

»Also, was ist mein Schicksal?«, fragte sie.

»Ich weiß es nicht«, antwortete ich. »Du brauchst einen schlaueren Juden.«

Lächelnd küsste sie mich. Drückte mich auf die Couch und legte sich auf mich. Ich versuchte, mit einer Hand ihren BH zu öffnen.

Sie griff nach hinten, hakte ihn auf, streifte sich die Träger von den Schultern.

»Es gibt auch ein Bett«, sagte ich.

»Das steht auf meinem Körper?«, fragte sie. »Sehr deprimierend.«

Sie zog mir das Hemd über den Kopf.

»Hier ist es besser«, sagte sie.

Später lagen wir nebeneinander auf dem Sofa und sahen den Rauchfäden der Kerze auf dem Couchtisch zu.

»Ich fürchte mich vor ihm«, sagte sie. »Vor Gang.«

»Keine Angst«, sagte ich. »Ich werde einen Golem formen und hetze ihn auf seinen Hals.«

»Was ist das?«

»Ein Golem? Ein altes jüdisches Monster. Er wird aus Lehm geformt. Dann drückt man ihm ein unsichtbares Zeichen auf die Stirn – das hebräische Wort ist *emet* –, und er erwacht zum Leben und macht, was immer du willst.«

»Sein Meister kann alles von ihm verlangen?«, fragte sie.

»Ja. Er muss gehorchen.«

Sie drehte sich auf die Seite und sah mich mit einem wissenden Lächeln an, das ich nicht deuten konnte. Vielleicht fand sie die Geschichte dumm.

»Es ist eine dieser Geschichten aus der Sonntagsschule«, sagte ich. »Ich habe einmal versucht, in Kunstunterricht einen Golem zu machen, aus Ton, mit dem magischen Wort auf der Stirn, und dann habe ich ihm befohlen, aufzuwachen und Mike Adams umzubringen, der mir immer in die Nippel kniff – sehr schräg, erklär ich später. Aber es hat nicht geklappt. Zum Glück, denn die Geschichte endet immer gleich. Der Golem dreht durch und ermordet seinen Schöpfer.«

Ivy lachte. »Warum?«

»Ich weiß nicht«, sagte ich. »Aber so endet es immer.« Wir schwiegen. Wahrscheinlich dachten wir beide darüber nach. Wie man andere so lange kontrollieren kann, bis sie sich auflehnen und dir in den Arsch beißen. Ich spürte den kalten, starren Blick der Stein-Krieger an der anderen Wand, und solange Ivy da war, konnte ich stand halten, aber ich wusste, sobald sie fort ging, würde ich mich nicht mehr wehren können – gegen ihre Granitaugen, ihre metallenen Rüstungen, die Kralle um mein Herz, den Sog der dunklen Leere der Zukunft.

Aber ich hatte mich geirrt. Ivy dachte an etwas anderes. Sie berührte sanft meinen Arm.

»Bitte verstehe mich nicht falsch«, sagte sie. »Du bist ein Freund, den ich kenne und den ich mag, aber du bist auch jemand, dessen Hilfe ich brauche. Das ist mir unangenehm. Weil die Fabrik dir gehört. Es ist mein Kampf, nicht deiner. Eigentlich muss ich das allein machen. Ich muss hier Qiu Jin sein. Die Revolutionärin.«

Ich stütze mich auf den Ellbogen und sah sie an.

»Mir ist es auch unangenehm. Ich habe Angst, dass du die Bedingungen hier verbesserst und ich bekomme die Anerkennung dafür. So verdreht läuft das in dieser verschissenen Welt. Ich will das nicht. Es ist dein Kampf. Meine Fabrik, aber deine Vision. Dein Land. Deine Revolution. Ich will dich unterstützen. Und ich bin der Typ mit den Schuhen – niemand muss mich sehen oder hören.«

Sie lächelte warm.

»Ich sollte gehen«, sagte sie. »Bevor die Wohnheime zumachen.«

Sie legte sich eine Decke um die nackten Schultern und ging zur Tür. Ich nahm das Handtuch vom Rinderschädel und band es mir um die Hüften, dann folgte ich ihr in den Garten. Selbst nachts war es noch schwül und warm. Aber kein Mond. Niemals Mond. Ivy ging barfuß durch den staubigen Garten, der von den Flutlichtern auf dem Dach angestrahlt wurde.

Wir sahen die Silhouette von Anlage B in der Nacht. Die hohe Mauer. Aber wenn man ein bisschen blinzelte, konnte man die Umrisse für einen Hügel halten und sich einbilden, wir wären allein hier, und das Rauschen des Verkehrs wäre das Plätschern eines Bachs.

Über Ivys Kopf schwebte eine riesige Libelle, die zu überlegen schien, ob sie landen sollte. Die Flügel verschwommen. Sie ruckte ein Stück vor und zurück. Vor und zurück. Vor und zurück. Schließlich schoss sie über den Zaun mit der Stacheldrahtkrone davon.

Ivy sagte: »Es ist einfach. Das Volk muss die Macht über sein Land haben. Das ist eins von Sun Yat-Sens Drei großen Prinzipien.« Dann murmelte sie: »Shit.« Sie hob den rechten Fuß, und ich sah, dass sie blutete. Als sie auf die Wunde drückte, kam eine kleine grüne Bierflaschenscherbe raus.

»Tut es weh? Es blutet. Ich hole dir ein Pflaster.«

»Nicht schlimm«, sagte sie und warf die Scherbe über den Maschendrahtzaun.

12

Auf dem Weg zu meiner Verabredung mit Bernie am Freitag kam ich an Yongs Büro vorbei. In den letzten Wochen war Yong freitagnachmittags mit Ms. Lin und der Verrückten-Katzen-Lady aus der Einkaufsabteilung zum Li-Shui-Markt gefahren, um Litschis zu kaufen. Sie holten sich Kostproben von jedem Händler, diskutierten über Qualität, Reifegrad und Pfundpreise und kamen häufig mit leeren Händen zurück.

Ich musste es also jetzt tun, solange er unterwegs war. Ich legte meine Hand auf die kalte Türklinke zu Yongs Büro und schob langsam und geräuschlos die Tür auf.

Ich schlich mich hinein und setzte mich auf seinen Platz.

Mit einer Mausbewegung erweckte ich den Bildschirm zum Leben und klickte die Excel-Tabelle mit den Personalkosten für Anlage C an. Die Näherei. Yong hatte den Ordner auf dem Desktop. Es gab keinen Grund, warum ich die Information nicht haben sollte. Ich war ein Drittel der Firma. Es war mein gutes Recht, sagte ich mir, als ich auf Drucken klickte. Ich brauchte Zahlen und Fakten, und niemand wäre ehrlich zu mir, wenn ich sie mir nicht selbst beschaffte. Ich nahm die Seiten aus dem Drucker, sobald er sie ausgespuckt hatte, faltete sie, schob sie mir in die Tasche und schlich mich wieder hinaus. Auf dem Flur hörte ich Dad im Showroom jemanden anbrüllen. Ich fühlte mich gut, als ich zwei Stufen auf einmal nehmend die Treppe hinunterging.

Das Taxi setzte mich in der Fenjian Middle Road in Chancheng ab, nicht weit von der Universität von Foshan. Ich folgte der Straße nach Süden, schob mich durch den stetigen Menschenstrom auf dem Weg ins Jinma-Kino, wo sie zensierte amerikanische Filme zeigten.

Dann betrat ich eine Bar namens Lazy Papa. Hauptsächlich Expats. Bernie kam gerne hierher. Es war nicht viel los. Spätnachmittag. Ein paar Wandleuchter verströmten schummeriges Licht. Von den Deckenbalken flatterte ein Union-Jack. Zerschlissene Blümchensofas, hässliche mintfarbene Tapete, feuchter Schimmelgeruch. Das Ambiente erinnerte mich an den Keller von Bernies Eltern, wo er sich auf dem Bauch liegend am Flokati gerieben hatte, als wir verschlüsselt auf Cinemax *Chained Heat* sahen und mit zusammengekniffenen Augen vergeblich versuchten, in dem Schneegestöber Brüste zu erkennen.

Ich setzte mich an einen Fenstertisch und winkte Chao, dem Barmann. Er trug ein offensichtlich selbst gestaltetes T-Shirt mit dem Filzstift-Motto: Masturbation ist kein Verbrechen.

Ein paar Minuten später kam Bernie herein, in Jeans, Sakko und einer albernen lila Baskenmütze.

»Nimm die ab«, sagte ich, als er mir auf den Rücken geklopft und durchs Haar gewuschelt hatte.

»Das ist ein Statement«, gab er zurück.

Er bestellte zwei Tsingtao und trank seins mit wenigen

Schlucken aus, bevor ich auch nur mein Bargeld auf den Tisch legen konnte.

»Noch eins«, rief er. »Verflucht heiß da draußen.«

»Alles in Ordnung?«, fragte ich.

»Echt schön, dich zu sehen, Buddy.« Die Art, wie er *Buddy* sagte, sein breiter Bostoner Tonfall, erinnerte mich an Schnee. Eiszapfen. Die riesigen, knorrigen Eiszapfen, die von der Traufe seines Elternhauses hingen und die wir mit dem Rechen abbrachen, um damit zu fechten, bis einer verletzt wurde.

»Was treibst du, Alex? Ich höre gar nichts von dir. Du hast eine Lady am Start, stimmt's?« Er ließ die Augenbrauen tanzen. »Wer hält dir die Stange?«

»Bernie, du bist ein Schwein.«

»Ich weiß.« Er hob den Kopf und riss das Kinn in Richtung der Kellnerin. »Hey – Feuer? Feuerzeug.« Sie schüttelte den Kopf. »Schon gut, leck mich«, murmelte er. »Bin ich der letzte Mensch, der raucht, Alex? Ich kann's halt nicht lassen. Also, wer ist die Kleine?«

Ich hatte niemandem von Ivy erzählt, und das machte mich rasend, ich platzte fast, aber ich riss mich zusammen. Nicht Bernie. Ich wollte sein Urteil nicht, ganz zu schweigen von seinem Spott – abgesehen davon, dass ich immer noch der kleine Scheißer war, mit dem er aufgewachsen war, was er mich niemals vergessen lassen würde. So leicht entkam ich meiner Herkunft nicht. Der Name musste reichen. Verdammt, nicht mal dem entkam man.

»Ivy«, sagte ich. Beließ es dabei.

»Ist sie eine dieser schwedischen Hostessen? Die sind

nicht zu toppen. In welchem Hotel hast du sie kennengelernt?«

»Nein. Sie ist Chinesin. Es ist was Ernstes.«

»Wo arbeitet sie?«

»Warum, willst du sie besuchen? Was interessiert dich, wo sie arbeitet? Sie hat einen Job.«

»Schon gut. Ich frage nicht weiter. Meine Güte, was ist dir denn über die Leber gelaufen?«

Ich antwortete nicht. Diese beiden Welten durften sich niemals begegnen.

»Was gibt's, Bernie? Warum hast du mich herbestellt? Bestimmt nicht nur, um Sprüche zu klopfen.«

»Was es gibt? Okay, ich sag dir, was es gibt. Ich hab ein Angebot für dich.«

»Kupferrohre an den Schrottplatz verkaufen?«, fragte ich. »Die wir beim Nachbarn klauen, wofür wir sechs Monate Hausarrest kriegen?«

»Sei nicht so kleinlich, Al. Nicht alle Menschen schämen sich ihrer Vergangenheit. Du hast deinen Lieblingslehrer nicht stolz gemacht? Na und? Du hast deinem Vater ein paar Mäuse geklaut? Wer nicht. Du hast keinen Studienplatz in Yale gekriegt? Was soll's. Nur Leute, die schon als Kind eine fundierte Meinung über Musiktheater hatten, studieren in Yale. Der Rest von uns hat ein paar schöne Erinnerungen – eine Band, ein Mädchen, ein Fang. Das war's.«

»Wie deprimierend …«

»Außer wir tun was dagegen«, schnitt er mir das Wort ab. Ein Funkeln in den Augen. Ein stilles Lächeln. Wenn ich diesen Ausdruck sah, fielen mir alle seine Streiche wieder ein. Als Rabbi Gelman uns auftrug, als *Zedaka*-Spende hundertfünfzig Krapfen zu verkaufen, um einen Baum in Jerusalem zu pflanzen oder so was, und Bernie mit vollem Mund sagte: *Der Rabbi wird seinen gerechten Lohn erhalten,* bis zwei Tage und viele Joints später alle Krapfen weg waren und Bernie auf die brillante Idee kam, die Adderalls seiner Schwester als Speed zu verkaufen, um die Verluste zu kompensieren. Es funktionierte. Das konnte ich nicht bestreiten.

Während ich über Bernies pathologische Neigungen nachdachte, musste ich zugeben, dass er haargenau wusste, was er tat. Bei Blakes hatte er die Sandalen-Abteilung überzeugt, für nur zehn Cent mehr von Plastik-Bügeln auf Papp-Bügel umzustellen, kombiniert mit der Kampagne, für jedes verkaufte Paar das gleiche an ein bedürftiges Kind zu schicken mit dem Slogan: Kleines Geld für große Taten. Und vieles andere. Er hatte sich um die unabhängigen Schuhgeschäfte bemüht. Sie überredet, in ihren Läden Schuhbäume aufzustellen. Ihnen Verkaufs-Strategien eingebläut. Blakes hat ihm praktisch Tankstellen-Flipflops in die Hand gedrückt, und Bernie hat in seine Trickkiste gegriffen und ein Geschäft daraus gemacht.

Er hatte auch als einer der ersten die Idee gehabt, die Fabrik selbst als Verkaufsargument zu benutzen, während die meisten anderen noch versuchten, ihre Produktionsstätten zu verstecken. Bernie baute einfach eine kleine Vorzeige-Fabrik: klimatisierte Werkshallen, Böden, von denen man essen konnte, Arbeiter in weißen Kitteln und mit Schutzbrillen – ein Los Alamos mit echter Wissenschaft, kein Schlachthaus für Minderjährige. Bernie machte Führungen durch die nagelneue Fake-Fabrik, die Kunden gaben große Bestellungen auf und zogen glücklich wieder ab. Bernie wusste, wie der Hase lief. Nur manchmal erwischte ich mich dabei ihn zu unterschätzen und musste mich wieder daran erinnern.

»Was schlägst du also vor? Was ist das für ein Angebot?«

»Business, Alex. Eine *Gelegenheit*. Bist du es nicht leid, für Abelson's Schuhe zu machen? Dir ständig reinreden lassen zu müssen?« Er trank sein Bier. »Ich weiß, dass ich von Blakes die Nase voll habe. Ich schwör dir, manchmal kriege ich so ein Gefühl, da bleibe ich stehen und denke: Bin ich überhaupt noch da? Auf dieser Scheiß-Welt? Hast du das auch manchmal?«

»Ja. Wir sind in Foshan. Das Gefühl habe ich ständig.«

»Dachte ich mir, Kumpel. Und jetzt pass auf. Ich will eine Marke gründen. Ein Label. Du und ich. Wovon wir immer geredet haben. Früher, als wir in Fedors Fabrik aus Lederresten Herzen ausgeschnitten haben, um sie Emily Hirsch zum Valentinstag zu schenken. Hat es funktioniert? Hat sie uns rangelassen? Eindeutig nein. Aber die besten Ideen hatten wir immer wegen der Mädchen, die wir in der Highschool nicht rumgekriegt haben. Der Gedanke war immer da. Was Neues machen. Was aufbauen. Eine Marke, Alex. Du und ich. Wir nennen sie ›Bernard und Alex‹. Nicht gut? Wie wär's mit ›Alex und Bernie‹? Klingt besser. Wir fangen von ganz vorne an, bei Null, so wie wir es immer vorhatten. Ich will unsere Gesichter im Who's Who der *Schuh-News* sehen. Mister Juli. Wir lassen nicht locker, bis wir Mister Juli sind. *Das* ist unser Ziel, Al. Die einzige Sünde in der westlichen Welt ist, nicht berühmt zu sein.«

»Nicht nötig, Bernie. Wirklich. Der Neptun ist der magische Schuh. Wir haben letztes Jahr eine Million Paar produziert. Fünf Modelle. Kamen gar nicht hinterher mit der Produktion. Und der Polar Blaze war auch ein Riesen-Seller.«

Das war gelogen. Der Polar Blaze war eingestampft worden. Weg. Dasselbe galt für den Arcadia, den Skiff Aruba, den Salon Spirit.

»Niemand mag Angeber, Alex. Außerdem ist das Schwachsinn. Dieses Jahr macht ihr die Hälfte von letztem Jahr. Und bald nur noch ein Drittel. Abelson's geht den Bach runter, das weißt du, auf die könnt ihr nicht mehr zählen. Und Fedor – ich liebe diesen Mann, aber er übertreibt es mit der Loyalität. Irgendwann bricht es ihm das Genick. Ich habe den nächsten magischen Schuh für dich, Alex. Ich werfe dir hier eine Rettungsleine zu.«

»Gib Blakes die Idee.«

»Ich will sie aber nicht Blakes geben.«

»Warum? Du bist auf dem besten Weg zum National Sales-Manager und willst dich vom Acker machen?«

Er verdrehte die Augen. »Was haben wir davon? Frag dich das mal. Ich bin ein Sklave von Blakes, und du bist Fedors Sklave. Nicht böse gemeint. Ach, scheiß drauf – es ist böse gemeint. Vielleicht kriegst du, wenn du sauer bist, endlich den Arsch hoch. Ich will, dass *wir* was auf die Beine stellen. Ich rede vom ganz großen Geld. Viel mehr als das, was rumkommt, wenn wir billigen Scheiß für irgendwelche Eigenmarken produzieren. Heutzutage ist die Marke das Kapital. Die Marke ist das große Geld.«

»Ich habe schon genug Scheiße um die Ohren.«

»Ach ja? Was denn?«

»Ich weiß nicht«, sagte ich. »Scheiße eben.«

»Erzähl mir doch nichts. Hey, sind wir etwa Lichtjahre voneinander entfernt? Du und ich, wir sind Brüder. Nicht nur, weil wir beide mit deiner Cousine Polly rumgemacht haben. Die war ein kranker Braten. Fragt sie noch nach mir? Natürlich fragt sie noch nach mir. Mann, Cohen, wir haben's im Blut. Wir wollen Untersterblichkeit. Jeder Weg ist uns zu gerade, zu einfach. Hast du kein Gramm Ehrgeiz übrig? Ein bisschen was von den Eiern deines Vaters? Wo ist deine *Chuzpe*? Bist du durch mit dem Fummeln? Ich noch lange nicht.«

Er legte den Kopf schräg und sah mich an.

»Ich erklär dir mal was«, sagte er dann. »Bevor dein Dad mich bei Blakes untergebracht hat, habe ich versucht, mein Leben auf die Reihe zu kriegen. War bei dieser AA-Gruppe in South End. In einem Kirchenkeller auf der Boylston Street. Ein Riesenkreis echt fertiger Leute. Nur ein Stuhl war frei, und der stand direkt unter einem Poster mit fetten Blockbuchstaben: *Strebe nach dem Mittelmaß*. Das war ihr beschissener Slogan. Kannst du dir so was vorstellen? Ich hab auf dem Absatz kehrt gemacht und bin gegangen. Kein Jude mit einem Funken von Selbstrespekt setzt sich unter so ein Schild. Ich weiß nicht, ob du's könntest. Ich jedenfalls nicht.«

Ich antwortete nicht.

»Siehst du«, fuhr er fort, »du bist kein bisschen anders. Du bist auch nicht glücklich, wo du gerade bist, und das weißt du. Also was jetzt? Jetzt bauen wir unseren eigenen Tempel. Wenn wir das nicht tun, was zur Hölle wollen wir überhaupt vom Leben? Das sieht selbst du ein, egal wie verstrahlt du gerade bist. Komm, Cohen, wir ziehen in den Krieg.«

Mit einem hatte er recht. Ich hatte die Nase voll von Kaufhaus-Eigenmarken. Wir verschenkten unsere Ideen. Außerdem waren die Designs alt. Das hatte sogar Esme am Telefon gesagt, als sie die jüngsten Bestellungen gekürzt hatte. Die Looks seien spießig. Ich brachte es nicht übers Herz, Dad davon zu erzählen. Es bräche ihm das Herz.

Bernie schnippte mit den Fingern.

»Erde an Alex. Bist du noch da? Was sagst du? Ich höre dich nicht.«

»Nichts. Ich habe bloß an Dad gedacht. Neulich Abend bei ihm im Hotelzimmer. Er wollte lüften, weil er einen abartigen Furz gelassen hatte, aber das Fenster ließ sich nur ein paar Zentimeter öffnen, und er ist stinksauer geworden. Hat rumgebrüllt, er erinnere sich nicht mal an das letzte Mal, dass er irgendwo gewohnt hat, wo man die Fenster aufmachen konnte. Gib dir das mal. Das ist sein Leben – versiegelte Fenster, künstliches Licht, Weckrufe vom Empfang. Jeden Morgen von irgendwem geweckt werden, dem man noch nie begegnet ist.«

Bernie starrte mich verblüfft an. Dann beugte er sich vor.

»Willst du auch so enden? Nein. Natürlich nicht. Hier ist dein Ausweg. Mein Vorschlag. Wenn unsere Marke durchstartet, kannst du dir jede Art von Fenster kaufen, die du willst, verstanden?«

Ich dachte, er würde weiterreden, aber er brach ab. Bückte sich, zog einen seiner Chuck Taylors aus und schlug damit auf den Tisch.

»Dieser beschissene Schuh. Zehn Dollar in der Herstellung, und sie machen seit fast einem Jahrhundert einen Riesenreibach damit. Eine Idee, die zieht. Keine Fünf-Jahres-Zyklen. Zeitlos. Ein Schuh, der sich seit hundert Jahren nicht verändert hat.«

Ich nahm seinen Turnschuh in die Hand, drehte ihn um. Ein alter Converse. Canvas. Vulkanisiert. So simpel. Eine schlichte Schnürschuh-Variante. Unfassbar, dass wir in siebentausend Jahren nur sieben Schuhformen entwickelt hatten: Mokassin, Stiefel, Pumps, Oxford, Sandale, Clog und Mule. Nur sieben.

An der Fußinnenseite war das Gummi abgelatscht. Bernie hatte Plattfüße.

Immer die gleichen Schuhe. Reliquien. Der Chuck wärmte meine Hand, strahlte Hitze ab, als wäre er lebendig. Manche Gegenstände hatten diese Kraft. Wie Ivys falsches Haus auf dem Berg. Billiges Holz und seltsame Tapete. Aber es war ihres. Es war sie.

»Okay, Bernie«, sagte ich. »Ich höre mir deinen Vorschlag an.«

»Also, ich frage mich ständig, was ist das nächste große Ding? Was ist der nächste Neptun? Ein Schuh, den wir zehn, fünfzehn Jahre machen können. Was Neues. Okay, hörst du zu? Nur ein Wort – *gewebt*. Gewebtes Obermaterial auf einer Komfort-Sohle. Leder.«

Ich lachte. »Wir ruinieren uns. Wenn wir Leder nehmen. Die Preise wären horrend.«

»Al«, sagte Bernie. »Wo sind die Eier deines Vaters?«

Er hatte einen Bostoner Akzent, aber den jiddischen Tonfall hatte er nie verloren, als würde er die Wörter hinten am

Gaumensegel schmecken. *Rede nicht arm wie deine Großmutter!* Wir sollten die Wörter nach vorn holen, sie von der Zunge und den unteren Schneidezähnen abfeuern. Das Hinten war für Verlierer. *Raus damit.* Wir sollten Gewinner sein, selbst in der Phonetik. Auf uns lastete so viel beschissener Druck.

Bernies heisere Stimme: »Na gut, scheiß drauf. Dann eben Polyurethan.«

»Dehnt sich nicht. Bernie, du hast keinen Schimmer, wie man Schuhe macht. Wer ist dein Kunde? Fangen wir damit an.«

»Lehrer. Vierzig bis sechzigjährige Frauen. Urban. Macht viel im Stehen. Weiß du noch, die Slipper, die unsere Großmütter hatten?«

»Die mit den Gummisohlen? Die machen sie immer noch. 4Give.«

»Genau, 4Give von Aerosoles. Die alten Knacker kriegten gar nicht genug davon. Meine Großmutter hatte sie in allen Farben. Aus Leder oder Nubuk.«

»Mit Gummibändern«, murmelte ich, und plötzlich ging mir ein Licht auf wie ein Scheinwerfer. »Bernie, du bist ein Genie.«

»Bin ich?«

»Jeder Leisten macht einen etwas anderen Schuh. Stimmt's? Das ist das ganze Problem. Gleicher Schuh, gleiche Größe, andere Passform. Weil jeder Fuß anders ist. Deine Vierundvierzig ist anders als meine Vierundvierzig. Wie wäre es, wenn wir mit elastischem Gore-Tex arbeiten? Verstehst du? Der Schaft gewebt. Damit wäre er elastisch und passt sich jedem Fuß an.«

»Ich habe keine Ahnung, wovon du redest«, sagte er.

»Wir reden von dem ersten Schuh, der hundertprozentig passt. An jeden Fuß. Es spielt keine Rolle, ob der Leisten genau ist. Der Schuh ist trotzdem immer bequem. Das Material ist flexibel. Und alles, was eine Frau nicht zeigen will, verschwindet. Ballenfuß. Hammerzeh.« Ich bog den Chuck Taylor, den ich immer noch in der Hand hatte. Er war steif wie ein Brett. »Wir lassen die Finger von Gummi. EVA-Sohlen – leicht, elastisch.«

»Heißt das, du bist dabei?«

»Na ja, ich rede nur«, sagte ich. »Ich finde, es klingt gut, aber jeder *Schmock* kann eine Idee haben. Heißt noch lange nicht, dass das aufs Fließband kommt.«

»Hey«, Bernie schnippte mit den Fingern. »Hör endlich auf damit. Wir reden hier nicht nur so. Du hast dir gerade in einer Sekunde einen Schuh ausgedacht. So was kann nicht jeder *Schmock*. Hör endlich auf, dein Licht unter den Scheffel zu stellen.«

»Das Timing ist gerade nicht so toll«, gab ich zurück und starrte aus dem Fenster.

»Warum? Wegen der Kleinen?«, fragte er. »Ivy. Du bestimmst dein Timing, Alex.«

Zwei junge Chinesinnen spielten auf dem Bürgersteig Badminton und benutzten ihre Räder als Netz. Beide trugen ärmellose weiße Kleider und warfen Schatten an die graue Backsteinmauer.

Bernie nahm seinen Turnschuh vom Tisch und schraubte ihn sich wieder an den Fuß, dass der Tisch wackelte und sein Bier über den Rand schwappte. Mit der Hand wischte er die Pfütze auf den Boden und seufzte.

»Ich frag dich mal was«, sagte er. »Warum gibt es in China keinen Ralph Lauren?«

»Chinesen kaufen nichts, das nicht aus dem Westen kommt.«

»Noch nicht«, sagte Bernie. »Noch kannst du ihnen keine beschissene regionale Marke verkaufen. Informationen gehen ohne Zeitverzögerung rund um die Welt. Sie wollen Zeug aus dem Westen. Gucci. Steve Madden. Immer mehr, immer mehr. Aber was ist in fünf Jahren? Es gibt jetzt schon ein paar chinesische Marken, die es auf den globalen Markt geschafft haben. Alibaba. Xiaomi. Nicht viele. Noch nicht. Die Welt traut den Chinesen noch nicht. Traut ihnen nicht zu, Ideen zu haben.«

»Aber sie haben welche.«

»Verflucht, natürlich haben sie die. Ich weiß das. Du weißt das.«

»Dann sind wir also die Brücke«, sagte ich. »So positionieren wir uns? Als eine Art chinesische Marke.«

»Genau«, sagte er. »Die Zwischenstufe. Wir sind keine Chinesen, aber Amerikaner sind wir auch nicht. Wir kommen zwar von dort, aber wir leben hier. Die dazwischen.«

Ich drehte den Kopf zum Fenster. Ein Lieferwagen rumpelte so laut über die Straße, dass mir die Zähne klapperten, und die Badmintonspielerinnen waren für eine Sekunde abgeschnitten.

»Okay, pass auf«, sagte Bernie. »Weißt du was? Bernie ist ein dämlicher Name. Wir nennen die Marke – ›Alex & Ivy‹. Was sagst du dazu? Du hast selbst gesagt, dass es was Ernstes ist.«

Er hob die Hände, zog den Namen in die Länge, als schrieb er ihn auf eine Markise, und wiederholte ihn langsam.

»Hat einen Klang«, sagte ich. »Oder?«

»A und I sind schöne Vokale. Die Leute reagieren auf lange Vokale. Ob du's glaubst oder nicht, es gibt Marktforschung zu so was. Die Leute mögen ihre Scheißvokale lang. Alex and Ivy. Das ist es.«

Er zog eine Kippe aus dem King's-Päckchen in seiner Sakkotasche und klopfte damit auf den Tisch.

Der Name gefiel mir. Er gefiel mir wirklich. Ich sah schon die Initialen unter den Laufsohlen. Für immer dort eingemeißelt. Und nicht nur der Name – mir gefiel das ganze Konzept. Fast war es mir unangenehm, aber ich war begeistert.

Bernie hatte recht. Warum gab es noch keinen chinesischen Ralph Lauren? Was sprach dagegen, dass wir es wurden? Die Sterne standen ungünstig, mein Chi war aus dem Lot, Aliens hatten keine Botschaft ins Maisfeld geschrieben. Ausreden gab es immer. Aber ich konnte es. Vor zehn Minuten hatte ich nicht mal geahnt, dass dieser Schuh in mir steckte.

»Ich verkaufe, du entwirfst und produzierst«, sagte Bernie.

Es war nicht zu leugnen, Bernie war ein Marketing-Genie. Nicht gerade meine Stärke. Er hatte an der North Shore einen Schuh-Newsletter ins Leben gerufen, als alle anderen noch Däumchen drehend im Dunkeln saßen. Jetzt machte er es für Blakes. Kampagnen, Facebook, Twitter – der ganze Scheiß, den er so gut kannte.

»Du verkaufst, ich produziere«, wiederholte ich. »In meiner Fabrik.«

»Wo sonst? Natürlich in deiner Fabrik. Deine Fabrik – das ist unser großer Wettbewerbsvorteil. Wir müssen die Dinger en gros zu einem niedrigeren Preis als die Konkurrenz an die kleinen Läden und Box-Stores verkaufen.«

»Damit die Läden sie zu einem niedrigeren Einzelhandelspreis verkaufen und den Absatz steigern können.«

Wir sahen uns in die Augen. Keiner von uns sagte ein Wort. Bernie stützte den Ellbogen auf den Tisch und wackelte mit den Fingern, als wollte er armdrücken. Er beugte sich vor. Seine Finger, das Schweigen, wurden immer länger.

Leise sagte er: »Du weißt, was das bedeutet, oder?«

»Ich weiß, was das bedeutet.«

»Warum sprichst du es nicht aus?«

»Ich spreche es aus. Am Anfang verdienen wir keinen Cent.«

»Wie lange?«, fragte er.

»Ein Jahr. Vielleicht zwei. Wenn wir die Marke aufbauen wollen, müssen wir erst mal reinbuttern.«

»Gibt es einen anderen Weg?«, fragte Bernie.

»Erst einmal nicht«, sagte ich. »Eine neue Marke? Warum soll ein Käufer unsere No-Name-Marke einer etablierten vorziehen? Wir müssen klar und deutlich sagen: ›Schaut euch die Qualität an, die wir euch für diesen Preis verkaufen können, weil die Fabrik uns gehört.‹ Das Produkt so attraktiv wie möglich machen. Was die anderen für fünfundvierzig Dollar machen, machen wir für vierzig. Stimmt's?

Wenn wir den Preis nicht drücken, gibt uns keiner eine Chance.«

»Aber wird *könnten* gleich Gewinn machen, Al«, sagte er. »Eigenmarken sind eine sichere Bank ...«

Ich richtete mich auf. Das war Dads Geschäftsmodell. »Du weißt, dass das nicht geht«, sagte ich.

Wenn ich meinen Namen darauf schrieb, wollte ich, dass er zählte. Auch wenn wir erst Verluste schreiben mussten, um später Gewinn zu machen. Eine Investition. Nur so hatten wir die Chance, der chinesische Ralph Lauren zu werden. Nicht, indem wir noch mehr billige Eigenmarkentreter auf den Markt warfen.

»Nein«, sagte ich. »Es muss unsere Marke sein, oder vergiss es.«

»Also gut. Dann machen wir es so.«

Wieder schwiegen wir. Er sah mich eindringlich an.

»Weißt du, was ich denke?«, fragte er.

»Ich weiß, was du denkst.«

»Und was machst du?«, fragte er.

»Ich rede mit ihm«, sagte ich. »Was sonst?«

»Er wird sie als Eigenmarke machen wollen. Du kennst deinen Vater. Deinen Schuh an die Clowns von JC Penny verkaufen, die ihren Namen draufklatschen – St. John's Bay. Charter Club. Halogen. Wäre es dir recht, wenn jemand Halogen auf deinen Schuh schreibt? Wenn du ihnen das Kapital überlässt und die kreative Kontrolle?«

»Nein«, sagte ich.

»Nein«, sagte er. »Weil das total behämmert wäre. Aber das ist, was Fedor *will*.«

»So hat er es immer gemacht«, sagte ich. »Ich weiß.«

»Also hältst du ihn davon ab?«

»Darüber reden wir doch, Bernie, oder? Genau das haben wir doch gesagt, oder nicht? Falls ich was falsch verstanden habe, dann sag es mir jetzt, verdammt.«

»Okay, schon gut, das meinte ich. Aber man weiß nie. Ich wollte nur sichergehen.«

»Bernie, ich will nichts sagen, das wir gar nicht meinen.«

»Wir reden von ein- und derselben verdammten Sache, Al. Zerbrich dir den Kopf über Fedor, nicht über mich. Wenn du willst, kann ich den Pitch machen. Er liebt mich.«

»O Gott, nein«, erwiderte ich.

»Na gut, aber erinnere ihn daran, wer ihn gerettet hat, als vor ein paar Jahren von seinen Stripper-Stiefeln die Stöckel abgebrochen sind, okay? Erinnere ihn daran.«

»Soll ich ihn auch daran erinnern, dass du in seinem Schlafzimmer an die Wand gepinkelt hast?«

»Ich war siebzehn, und es war dunkel, Al. Ich dachte, es wäre das Bad.«

»Es war das Schlafzimmer meiner Eltern, Bernie. Du hast das Hochzeitsfoto angepisst.«

»Und schau, was dann passiert ist. Sie haben sich getrennt. Ich bin ein Hellseher. Außerdem habe ich mich hundert Mal entschuldigt. Wenn man ein Kind mit Rum abfüllt, passiert so was eben. Will er mir das ein Leben lang vorwerfen? Hör zu, ich möchte diese Frau kennenlernen, diese Ivy. Wirklich. Wenn sie dir so viel bedeutet.«

»Irgendwann vielleicht.«

»*Vielleicht*. Du bist so ein Arsch«, sagte er lächelnd. Dann tippte er mit dem Zeigefinger auf den Tisch. »Wann hast du das Mock-up fertig?«

»Geduld. Wir fangen klein an – vielleicht zwei Modelle, sagen wir, einen flachen und einen mit Keil, in drei oder vier Varianten, vier Farben. Schöne, klare Linien.«

»Besorg mir einfach den Prototyp. Ich werbe von Blakes ein Verkaufsteam ab. Der bequeme Schuh für alle Jahreszeiten. Hundertprozentige Passform. Von der Arbeit zum Yoga, wir tragen dich. Wie findest du das? Die Unabhängigen stürzen sich darauf. Das ist das *Feeling*, Al. Wenn ich es in eine Flasche abfüllen könnte. Bist du erst einmal im Schuh-Business, ist alles andere dagegen langweilig.«

Später saß ich in der Küche meines neuen Heims, aß ein paar Dumplings und Schweinefleisch mit Kohl und sah mir die ausgedruckten Tabellen aus Yongs Computer an, die ich den halben Tag mit mir herumgetragen hatte.

Beim Lesen wanderten die Stäbchen immer langsamer zu meinem Mund. Die Arbeiter verdienten ungefähr elfhundert Yuan im Monat. Einhundertsechzig Dollar. Davon konnte kein Mensch leben. Mir wurde so heiß, als stünde ich im Trocknerraum, während sich die Zahlen in meinem Kopf zu einem Bild zusammenfügten, und erst, als das Telefon klingelte, fiel mir auf, dass ich seit geraumer Zeit ein und dasselbe Stück Schweinefleisch hochhielt.

Ich erkannte die Stimme am anderen Ende sofort. »Alex«, sagte Gang. Die Zahlen in meinem Kopf lösten sich in Rauch auf. Er wollte wissen, was ich herausgefunden hatte. Ich sagte ihm, ich sei gerade in das Verwalterhaus direkt auf dem Fabrikgelände gezogen, nah zu den Wohnheimen und Werkshallen, damit ich alles sehen und hören konnte.

»Gut«, sagte er.

Ich atmete langsam aus.

»Es ist wichtig, dass wir sie finden«, sagte er.

»Ich verstehe«, antwortete ich, aber am anderen Ende der Leitung blieb es still. Einen Momentlang dachte ich, er hätte aufgelegt.

Dann sagte er mit fester Stimme: »Kleine Probleme wachsen zu großen Problemen.«

»Ja«, sagte ich. »Noch ein bisschen Zeit, dann finde ich sie.«

»Rufen Sie mich an, wenn Sie so weit sind«, sagte er, dann war die Leitung tot.

Ich überlegte fieberhaft, ob es einen Weg gab, Gang loszuwerden. Sollte ich ihm doch einfach zwei Namen nennen? Von Arbeitern, die ich nicht kannte? Könnte ich damit den Rest retten? Zwei opfern für das große Ganze? Machte das Sinn? Oder war es Wahnsinn? Ich versuchte, die Situation rational zu betrachten. Wo war der Kaiser, wenn ich ihn brauchte?

Dabei lag die Antwort direkt vor meiner Nase. Die Finanzen. Zehntausende von Yuan für unbezahlte Sozialversicherungen. Boni und Stückpreise, die keinen Sinn ergaben. Es war ein Chaos. Ein Schlamassel. Erinnerte mich an das, was Dad über die Abrechnungen gesagt hatte. Was nicht passt, wir passend gemacht. Warum? Um wettbewerbsfähig zu bleiben. Was muss, das muss.

Mit einem Mal begriff ich, dass das Ganze ein Hütchenspiel war, ein Gimelblättchen. Selbst wenn Ivy eine neue

Gewerkschaft gründete – egal was sie verlangten, wir würden lächeln und nicken und ein paar Posten verschieben. Es lag alles schwarz auf weiß vor mir. Wenn wir unseren Arbeitern mit einer Hand höhere Sozialversicherungsbeiträge zahlten, kürzten wir ihnen mit der anderen die Boni. Als Sicherheit behielten wir ihre Papiere ein. Falls sie kündigen wollten, wären sie praktisch illegal in ihrem eigenen Land.

Was konnte ich wirklich tun, um Ivy zu helfen? Auf keinen Fall würde ich Gang ein paar arme Schweine opfern. Nein, eher konnte er mich mit einem Arschtritt aus China jagen. Und Ivy würde ich natürlich auch niemals ausliefern.

Doch ich konnte nicht ewig für beide Seiten spielen. Irgendwann musste ich eine verraten.

13

Am nächsten Nachmittag brachte Ivy Zhang mit, der ein rotes Polohemd mit auf dem Kopf stehenden Pferdewappen trug. Er zuckte nicht einmal mit der Wimper, als er um die Wohnzimmerecke kam und die zwei mongolischen Riesen sah. Das beunruhigte mich – er hatte keine Angst. Selbst, wenn er welche haben sollte.

Er grinste die Statuen an, dann drehte er sich zu mir um. »Genosse«, sagte er und schüttelte mir die Hand, und als er mein Zögern bemerkte, fragte er: »Darf ich dich so nennen?«

»Alex reicht«, antwortete ich. »Wie war die Fahrt?«

»Ich wurde auf der Straße dreimal angehalten. Polizei, voll bewaffnet. Wie im Krieg. Sie wollten meinen Ausweis und *Hukou* sehen.«

»Vielleicht sollten sie Angst vor dir haben.« Ich zeigte auf die Couch. »Bitte.«

»Sie fühlen sich bedroht«, erwiderte Zhang, als er sich setzte. »Paranoid. Jeder Bürger ist der Feind.«

Ivy setzte sich neben ihn auf die Armlehne und kreuzte die Beine an den Knöcheln.

»Das ist eine dicke, fette Hütte«, sagte Zhang und ließ den Blick durch das Zimmer schweifen. »Kein Tee?«

»Heute nicht.« Mieses *Guanxi,* aber ich brauchte

Fakten; ich musste wissen, was Zhang plante. »Ich war bei Gang«, sagte ich und ließ ihm einen Moment, um die Information zu verarbeiten.

Unwillkürlich fasste sich Zhang an den Hals, als wollte er sich den Hemdkragen zuknöpfen, bis ihm auffiel, dass es keinen gab und er die Hand wieder sinken ließ. Das erste kleine Anzeichen von Verunsicherung.

»Ivy hat es dir bestimmt erzählt«, fuhr ich fort. »Gang weiß von euch, auch wenn er eure Namen nicht hat, aber er weiß, dass es in der Fabrik ›Radikale‹ gibt. Es ist zu gefährlich.«

Ich sah Ivy an, um Zhang klar zu machen, was ich meinte. Ivy war in Gefahr. Sie war vor Ort. Nicht er. Er saß oben in Beijing.

Zhangs Miene war undurchdringlich. Er schien nicht besonders beunruhigt. »Das Leben ist voller Gefahren, Genosse«, gab er zurück.

Dieses zweite Mal »Genosse« ging mir doch etwas unter die Haut.

Ich beugte mich vor und stützte die Ellbogen auf die Knie. »Ich weiß nicht, ob du zugehört hast. Gang wollte mich *rekrutieren*. Er geht davon aus, dass ich auf seiner Seite bin.«

»Du bist auf der richtigen Seite«, gab Zhang zurück.

»Hör zu.« Ich musste scheinbar deutlicher werden. »Die Sache mit Gang ist ganz einfach – wir legen ihm Rechenschaft ab, er legt Beijing Rechenschaft ab. Verstanden?«

»Du willst wissen, ob ich Hierarchie verstehe?«

Ich verdrehte die Augen. Er war ein sturer Hund. »Gangs Geld – nein, vergiss das Geld. Gangs Macht kommt direkt aus der Großen Halle des Volkes. Und jede Veränderung, die ich in der Fabrik vornehme – jede Veränderung, die ihr von mir wollt – wirkt sich auf seine Bilanz aus. Begreifst du? Eine Bedrohung für die Fabrik ist eine Bedrohung für den Schnitt jedes einzelnen bis ganz nach oben.«

Ivy legte die Stirn in tiefe Falten.

»Ihr seid gesetzlich verpflichtet, Sozialleistungen zu zahlen«, sagte sie. »Wir wollen nur, was das Gesetz verlangt. Wir sind nicht *radikal*. Unsere Ziele sind sehr bescheiden.«

»Niemand hält sich an das Gesetz«, entgegnete ich. »Hier? In China? Das hast du mir selbst erzählt. Du bist der Grund, warum ich so klinge.«

Ivy rutschte nach vorn und tat so, als säße sie an der Nähmaschine, mit kerzengeradem Rücken. »Siehst du, das nennt mein Linienmanager produktive Leistung. Wenn ich so arbeite, nehme ich das Schicksal in die Hand.« Dann ließ sie die Schultern hängen. »Und so ist es schlecht. Dreihundert Yuan Strafe.«

»Ich bin auf eurer Seite. Das System ist kaputt. Aber ihr müsst vernünftig sein …«

Ivy unterbrach mich. »Abzüge, wenn man zweimal in der Stunde aufs Klo muss. Selbst Schwangere. Abzüge für das Summen eines Popsongs.« Sie redete schneller, schlug mit der rechten Handkante in die linke Hand. »Abzüge wegen SMS an kranke Tochter. Hier in deiner Fabrik. Alles dagewesen. Leere Versprechen. Mondfest-Bonus ist halber Monatslohn, oder? In Wirklichkeit kriegen wir fünfzig Yuan und eine Banane.«

»Eine *Banane*«, wiederholte Zhang wie ein Papagei, und

an seinem Hals zeichnete sich eine blaue Vene ab. »Arbeitsmigranten sind die Scheiße am Schuh Chinas. Wenn morgen eine Million abkratzen, weiß und interessiert es keine Sau. Zu viele Lügen, um sie zu zählen. In Amerika kann man einem Boss, der lügt, eine reinhauen. Das ist Demokratie.«

»Stimmt nicht.« Ich warf die Hände hoch. »Du hast keine Ahnung, wovon du redest. Man darf niemanden schlagen.«

»Lieber als Schwein geboren werden als hier arbeiten«, sagte Zhang und stand auf.

»Du arbeitest doch gar nicht hier!« Ich stand auch auf, machte mich groß, auf gleicher Höhe starrten wir einander an.

»Beruhigt euch!«, rief Ivy mit zitternder Stimme. Sie winkte uns mit beiden Armen auf unsere Plätze zurück. »Wir finden eine Lösung.«

Dann war es still bis auf das Rattern des Deckenventilators. Die Luft stickig und schwül. Zhang malte mit der Sandalenspitze seine geheimen Gedanken auf den Boden.

»Was soll ich mit Gang machen?«, fragte ich. »Ich weiß, dass ihr mich für den Feind haltet. Aber das bin ich nicht. Tatsache ist, wenn wir den Arbeitern die Sozialleistungen erstatten, wenn wir uns an Wohn- und Arztkosten beteiligen, wenn wir die Gesetze genau einhalten, verlieren wir den Lohnkostenvorteil, den China bietet. Chinas Standortvorteil.«

Ivy schauderte, als ich das sagte.

»Tut mir leid«, sagte ich. Mein Ton überraschte mich selbst. Er klang zynisch. Aber realistisch. Irgendwie gefiel er mir. »Wenn dieser Vorteil wegfällt, hat die Fabrik ein ernstes Problem, und diese Stadt auch, und damit auch

Gang, und damit Beijing. Gang interessiert nur eins: seine acht Prozent Wachstum im Quartal vorweisen zu können.« Zhang hielt die Hand hoch, aber ich war noch nicht fertig. Ich wollte, dass alles auf den Tisch kam. »Bei jeder wirklichen Veränderung – wie etwa zwanzig Prozent mehr Lohn – wirft Gang mich hochkant aus dem Land, weil ich seinem Gewinn schade, und dann holt er sich andere Fabrikanten her, und zwar richtige Arschlöcher. Ihr wisst, dass die *Mingong* drüben bei Foxconn zahlen müssen, wenn sie aufs Klo müssen. Für Wasser.«

»Okay«, sagte Zhang jetzt ruhiger. »Tut mir leid wegen eben. Wir wollen den gleichen Weg gehen. Tut mir leid.«

»Schon gut«, sagte ich.

»Bescheidene Ziele«, fuhr er fort. »Das wollen wir beide. *Mingong* brauchen die gleichen Rechte wie Fließbandarbeiter in Detroit. Gepäckabfertiger bei Delta. Dockarbeiter bei General Electric. Das Recht auf Schulung, Sozialleistungen, Rente, Krankenversicherung, Kaufkraft. Darum geht es, oder?«

»Ja«, sagte ich.

»GE macht trotzdem Gewinn«, sagte Ivy.

»Klar. Aber ich kann euch diese Dinge nicht geben. Ich habe die Macht nicht, und die Tarifverhandlungen hier sind ein Witz. Ihr denkt an den amerikanischen Kapitalismus der 1950er Jahre, aber das funktioniert in China nicht. Das Klima ist eher wie im Amerika der 1850er Jahre, unter der Herrschaft von skrupellosen Großindustriellen – Carnegie, Rockefeller, JP Morgan. In beiden Fällen seid ihr im falschen Jahrhundert.«

»Ich verstehe«, sagte Zhang.

»Es ist ein Hütchenspiel«, sagte ich und versuchte mich an die Zahlen zu erinnern, aber in meinem Kopf herrschte Durcheinander, und mir war nur eins klar. »Wir verschieben das Geld in unterschiedlichen Stapeln. Wenn wir euch bei den Sozialleistungen entgegenkommen und auf acht Prozent erhöhen, sehen wir in der Presse wie Helden aus, aber im Hintergrund ziehen wir den Arbeitern die Beiträge wieder ab, das Geld verschwindet und alles ist wie vorher. Die Reallöhne bleiben gleich. Ich habe die verdammten Zahlen gesehen. Und ich wette, dass Honda seinen Streik genauso aufgelöst hat. Oder sie haben die Überstundenboni reduziert. Oder die Stunden. Es gibt tausend Wege. Ich habe die Zahlen gesehen. Unterm Strich steht immer gleich viel, damit der Vorteil erhalten bleibt.«

Zhang wirkte betroffen. »Teilweise wussten wir es«, sagte er kopfschüttelnd. »Vielleicht nicht so extrem, wie du es beschreibst.«

Ivy legte Zhang die Hand auf die Schulter. Sie tauschten einen Blick. Es vergingen ein paar Sekunden, bis er sich wieder an mich wandte.

»Wir brauchen einen anderen Plan«, sagte Zhang. »Das ist sehr klar. Gewerkschaften funktionieren nicht. Eure Hände sind von der Regierung gebunden.«

»Richtig«, sagte ich. Irgendwie tröstete mich ihre Überraschung.

»Unmöglich, Dinge allein zu verändern«, sagte Zhang. »Wenn man vernünftig denkt. Du besitzt nicht die Macht.«

»Nein, nicht allein«, sagte ich.

Zhang schwieg einen Moment. »Was wäre, wenn du nicht allein wärst?«

»Soll heißen?«

»Wenn andere Fabrikbesitzer dich unterstützen?«

»Das würden sie nicht«, sagte ich.

»Was ist dann der richtige Weg? Wie können wir etwas verändern?«

»Man müsste mit dem Druck weiter oben ansetzen«, sagte ich. »Ihr müsst höher zielen.«

»Auf die Spitze«, sagte Zhang.

»Auf Gang«, sagte ich.

»Auf Beijing«, sagte er.

Meine Nackenhaare stellten sich auf. Etwas an seinem glühenden Blick. Ich suchte in seinen Augen, aber ich durchschaute sein Spiel einfach nicht.

»Wie hat Mao die Aufmerksamkeit der Massen auf sich gelenkt?«, fragte Zhang. »Vor der Revolution.«

Ich zuckte die Schultern.

»Mit dem Langen Marsch. Du hast davon gehört, oder? Neuntausend Kilometer. Dorf für Dorf haben sie die Botschaft der Befreiung verbreitet. Bis hoch in die Berge von Yan'an. Leute, streckt den Kopf aus der Höhle und hört zu.«

»Oder Gandhis Salzmarsch«, fügte Ivy hinzu, als sie meine Zweifel sah. »Oder bei euch – Martin Luther King.«

»Das waren andere Zeiten«, entgegnete ich. »So was funktioniert heute nicht mehr.«

»Natürlich nicht«, stimmte Ivy zu, »aber das Ziel ist das gleiche. Die Aufmerksamkeit der Menschen. Die Aufmerksamkeit der Welt. In den USA habt ihr das gleiche Problem. Menschen kommen, um Trauben zu pflücken, Gras zu mähen, zu kochen. Wanderarbeiter. Sie sind unsichtbar, aber ihr braucht sie. Bei uns bauen sie Platinen in iPads ein, statt Geschirr zu spülen. Leben wie unwillkommene Gäste im eigenen Land. Also soll die Welt herschauen. Auf die Menschen. Nicht nur auf die Produkte, die sie herstellen.«

Dagegen ließ sich nichts sagen. Die Menschen kamen in die Städte, opferten ihre besten Jahre, um wie Sklaven in Fabriken zu arbeiten, und manche blieben, obwohl niemand sie haben wollte. In der U-Bahn hielten die schönen, wohlhabenden Chinesen Abstand und starrten sie heimlich mitleidig an – ihre dunkleren, schmutzigeren Landsleute, Helm auf dem Kopf und Hacke in der Hand, schwarz vom Tunnelruß, beinahe eine andere Spezies, ausgelaugt, den müden Kopf an die ratternde U-Bahn-Reklame gelehnt, während sie von Wolkenkratzern träumen, empörend das Ganze. Aber was konnte man tun?

»Aber das hier ist China«, sagte ich. »Man kann nichts tun. Sie haben Ai Weiwei eingesperrt, weil er dem Tor des Himmlischen Friedens den Finger gezeigt hat. Wegen eines Mittelfingers in den Knast. Wollt ihr euch mit solchen Leuten anlegen?«

Zhang holte zischend Luft. »Anlegen? Nicht anlegen. Keine Gewalt. Wir haben keine Armee. Keine Waffen. Das ist nicht der richtige Weg. Wir brauchen Sichtbarkeit. Öffentlichkeit. Vielleicht das Internet. Eine Plattform. Ein Forum. Ein übertragener Langer Marsch, ja? Woher bekommen wir ein Forum? Jemand müsste bereit sein, für uns einzutreten. Einen Schritt nach vorn zu machen.«

»Meinst du mich?«, fragte ich.

»Ich meine nicht dich«, sagte Zhang. »Ich meine einen, der bereit dazu ist.«

»Ein Forum«, sagte ich. »Hier in der Fabrik. Du redest von einer Demonstration, oder?«

Zhang winkte ab. »Mir gefällt das Wort nicht.«

»Aber darum geht es doch. Und das heißt Streik.«

»Wir wollen den Schuh hochheben und der Welt zeigen, was an der Sohle klebt. Sagen wir es so.«

Ich sah Ivy an. »Bist du seiner Meinung?«

Sie nickte. »Wir zeigen der Welt die Solidarität der chinesischen Arbeiter«, sagte Ivy. »Wir übertragen die Reden. Im Internet. Auf YouTube. Über VPNs umgehen wir die Firewalls.«

»Ihr wollte die Leute aufwiegeln«, entgegnete ich. »Das ist Gewalt. Ihr klingt wie Neo-Maoisten.«

»Nein, nein.« Zhang legte sich die Hand auf die Brust. »Denk an das, was Deng Xiaoping gesagt hat: ›Weiß oder schwarz, eine Katze, die Mäuse fängt, ist eine gute Katze.‹ Heute brauchen wir eine neue Art Mäuse zu fangen. Eine gescheckte Katze. Und die gescheckte Katze ist YouTube. Stell dir vor, ich bin Deng Xiaoping mit iPhone.«

In diesem Moment konnte ich ihn mir als Vieles vorstellen, aber nicht als Zhang Deng Xiaoping mit einem iPhone in der Hand. Er redete ganz eindeutig von Streik.

»Natürlich kann man nicht die Produktion anhalten«, sagte Zhang mit seiner schlauen Angewohnheit, vorauseilend für die andere Seite zu argumentieren.

»Das stimmt«, sagte ich. »Ich will euch unterstützen, aber ich kann die Fließbänder nicht stoppen.«

»Vielleicht ginge es nur für einen Tag. Um uns ein Forum zu geben.«

Er meinte es wirklich ernst. Ich wusste nicht, was ich

sagen sollte. Zum Glück merkte nur ich, dass mein Mund offenstand, ohne dass etwas herauskam. Ich zwang mich die Worte auszusprechen. »Du weißt, dass das meinem Geschäft schadet. Es kostet Geld, es kostet Jobs.«

»Wir wollen keine Jobs verlieren«, sagte Ivy entschlossen. »Wir brauchen euch in China. Fabrikarbeit ist gute Arbeit. *Mingong* wollen nicht zurück auf die Reisfelder.«

»Ich will auf keinen Fall auf die Felder«, erklärte Zhang. »Ich habe mir beim Volleyball den Rücken kaputt gemacht.« Er gluckste in sich hinein, ein müder Versuch, das Gespräch aufzulockern.

Ivy schüttelte den Kopf. »Nein, nein. Wir rufen nicht: ›Fauler Kapitalist, *go home*!‹ Die Arbeiter sind selber junge Kapitalisten. Sie wollen Geld verdienen. Sie wollen Geschäfte. Einzelhandel oder Marktstand in Guangzhou. Die Frauen sind die zukünftigen eisernen Ladys, ja? Wer wird sich kümmern? Die Regierung jedenfalls nicht mehr. Wir helfen den Weg zu ebnen. Nur ein einziger Tag, Alex. Nur ein Tag.«

»Das ist Fortschritt«, sagte Zhang. »Der wahre ›Große Sprung nach vorn‹.« Er lachte über seinen Vergleich. »Du gestattest uns unsere YouTube-Videos und Reden. Danach gehen alle wieder an die Arbeit.«

»Aber was wollt ihr damit erreichen?«, fragte ich. »Das verstehe ich nicht.«

»Druck auf die Spitze in Beijing«, sagte Ivy. »Wenn wir respektvoll sagen, was wir wollen, müssen sie es uns gewähren, weil der Druck der Welt groß ist.«

»Demokratie«, sagte Zhang, als würde er Ivys Worte erklären, obwohl Ivy gar nicht von Demokratie gesprochen hatte. Zhang sah meine Zweifel. »Natürlich nicht auf einen Schlag. Langsam. Irgendwann wird es so weit sein.«

»Ich glaube, ihr werdet enttäuscht«, sagte ich. »Ich weiß nicht, ob es in den USA so anders ist als hier. Ein paar Superreiche lenken das Land.«

Zhang grinste. »*Aiya*. Dann sind wir vielleicht alle im falschen Jahrhundert.«

»Vielleicht«, sagte ich.

Während ich Zhang anstarrte, nahm ich im Augenwinkel wahr, wie Ivy schluckte. »Wir bitten nur um einen Tag. Für große Ziele. Wir haben zwei Dutzend Leute mit iPhones in der Fabrik«, sagte sie. »Und VPN-Verbindungen.«

»Habt ihr?«, fragte ich mit einem flauen Gefühl. Obwohl sich die Schaufeln des Deckenventilators drehten, war es heiß. Ich konnte kaum klar denken. Mein Puls peitschte gegen die Handgelenke. Ich zog ein Taschentuch aus der Tasche, um mir die Stirn abzuwischen. »Woher?«

»Verbündete in Hong Kong«, sagte Zhang. »Vom China Labour Bulletin.«

Ich sah ihn nicht an. Mein Blick blieb auf Ivy gerichtet. »Sag mir die Wahrheit. Habt ihr das die ganze Zeit geplant?«

»Wir sind alle Möglichkeiten durchgegangen«, antwortete sie.

Das ging mir gegen den Strich. Ich mein, natürlich hatte ich gewusst, dass die beiden die ganze Zeit ein konkretes Ziel hatten. Man reiste nicht aus Beijing an, um über vage Ideen zu brainstormen. Sie wollten mir einen Plan verkaufen. Genauso wie man Schuhe verkaufte. Man packte den Kunden auch nicht am Kragen und sagte wie ein Höhlenmensch: »Hey, du, kauf den verdammten Schuh.« Man überredete ihn sanft. Genauso wäre ich es auch angegangen. Was ärgerte mich dann eigentlich? Dass ich ausnahmsweise die andere Seite war?

Der Esel, der sich einspannen ließ. Und wenn schon.

Man konnte nicht ständig auf der Hut sein, konnte sich nicht in seiner Blase verschanzen, auch wenn das Dads bevorzugte Strategie war. Man musste auch zuhören. Und manchmal, selten, sagten andere Leute Dinge, an denen was dran war. Das war die Gefahr, wenn man morgens die verfluchte Haustür aufmachte. Man konnte zum Trottel gemacht werden. Wie jeder andere auch.

»Was braucht ihr von mir?«, fragte ich.

Über Zhangs Gesicht huschte ein Lächeln, das er schnell unterdrückte. »Du sollst nicht die Polizei rufen. Nicht gleich. Gib uns ein bisschen Zeit.«

»Ich versuche es«, sagte ich. »Ich versuche, euch so viel Zeit wie möglich zu geben, aber ich kann nicht versprechen, dass niemand sonst die Polizei ruft. Ich kann nicht für meinen Vater garantieren.«

»Das ist okay«, sagte Zhang. »In Ordnung.«

»Wenn ihr mir ein Datum gebt, kann ich dafür sorgen, dass keine Einkäufer oder Inspektoren im Haus sind. Habt ihr schon einen Tag im Auge?«

»Wir müssen schnell handeln. Wenn Gang so misstrauisch ist.« Zhang sah Ivy an. »In einer Woche«, sagte er.

»Falls wir in der kurzen Zeit alles organisieren können«, sagte Ivy.

»Sobald wir ein Datum haben, informieren wir dich«, sagte Zhang. »Vierundzwanzig Stunden vorher.«

»Glaubst du wirklich, dass etwas dabei rauskommt?«, fragte ich Ivy. »Was denkst du? Ich frage dich.«

Sie sah mich an. Verengte die Augen. »Ja. Das glaube ich.«

Ich wandte mich ab. Ich hielt ihre erwartungsvollen Blicke nicht mehr aus. Sie wollten meine Zusage. Starrten mich an. Was sollte ich tun?

Fast hörte ich die Stimme meines Vaters: *Alle anderen können sich wie Tiere benehmen, aber nicht du*. Das hatte er gesagt, als Halbstarke antisemitische Zeichen auf das Straßenschild vor unserem Haus gesprayt hatten, und ich sie mit dem Baseballschläger verfolgen wollte. Ich hatte damals nicht verstanden, warum Dad mich zurückhielt. Sich mit nasser Badehose in Dads Wagen zu setzen, war eine Todsünde, aber wenn es um wichtige Dinge ging, sollte man es einfach an sich abperlen lassen? Das leuchtete mir nicht ein.

»Ein Tag«, sagte Ivy. Schmeichelnd. »Ein einziger Tag. Das würde die Arbeiter so froh machen, dass sie am nächsten Tag die Produktion verdoppeln. Dann habt ihr nichts verloren.«

Ich fächelte mir mit dem unteren Teil meines Hemds Luft zu. Es war zu heiß hier drin. Atem und Schweiß und Gewieftheit. Zu viele Gedanken. Sie drehten und verschoben sich, eine Stimme erdrückt, die andere brüllte. Nur ein Tag. Ich kam hier nicht ungeschoren heraus. Es würde nie schmerzlos ablaufen.

Wenigstens hätte ich Gang vom Hals. Sie stellten sich

quasi freiwillig. Ich musste niemanden verpfeifen. Ein hässlicher, egoistischer Gedanke, den ich verscheuchte.

Aber vielleicht hatte die Marke Erfolg, und es würde sich sowieso alles ändern.

Ich nickte. »Okay. Ich schaue weg. Für einen Tag.«

»Danke«, sagte Zhang und neigte seinen Kopf.

Ivy rutschte zum Couchrand, als wollte sie aufstehen, mich berühren, mich beruhigen – ihre weit geöffneten Augen sagten mir, dass es natürlich nicht ging. Sie musste auf ihrer Seite bleiben. Selbst wenn es mir das Gefühl gab, sehr weit weg zu sein. Ich sah einen Anflug von schlechtem Gewissen in ihrem Blick. Es gehörte zu jedem Verkauf dazu, dass man nicht die ganze Wahrheit sagte. Ich wusste es. Was verheimlichten sie mir?

»Passt auf«, sagte ich und sah Ivy dabei an. »Es ist ein gefährliches Spiel. Ihr habt keine Ahnung, wie Gang reagiert. Ihr könntet richtig tief in der Scheiße landen.«

»Das Risiko besteht«, sagte Ivy. »Aber es gibt einen Weg, die Aktion noch wirkungsvoller zu machen.« Sie nickte mir zu und ich verstand: Sie wollte, dass ich mich beteiligte.

»Auf keinen Fall«, sagte ich.

»Nur eine Rede«, sagte Zhang. »Die ganze Welt würde innehalten und hinsehen.«

»Wir brauchen dich dort«, sagte Ivy.

Sie hatten völlig den Verstand verloren. Ich war bereit, ihnen meine Unterstützung zu geben, aber nicht meine Stimme. Wenn ich bei ihrer Demonstration wirklich eine Rede hielte, was dann? Von unserer Marke könnten Bernie und ich uns verabschieden. Lebwohl, Marke. Lebwohl,

Fabrik. Dad hätte einen Herzinfarkt. Gang würde mir die Fingernägel ausreißen. Die Schuh-Branche würde mich mit Mistgabeln aus China jagen. Eine Rede zu halten, kam überhaupt nicht in Frage.

Aber würde ich ihnen keine Steine in den Weg legen. Ich hatte keine Ahnung, wie Dad oder Yong reagierten, aber ich würde versuchen, sie lange genug aufzuhalten, dass Ivy und Zhang ihr Forum bekamen. Sollten sie die Schuhe hochstrecken und der ganzen Welt die Scheiße an der Sohle zeigen. Vielleicht bewirkten sie etwas damit. Dafür reichte meine Überzeugung. Aber mein Gesicht hielt ich nicht für sie hin.

Es wäre Selbstmord. Und brachte wahrscheinlich sowieso nichts.

Selbst wenn ich eine Rede hielt, würden die Arbeiter weiter leiden. Das war der globale Kapitalismus. Man konnte die Maschine nicht einfach abstellen. Sie lief seit hunderten von Jahren. Eine Notbremse gab es nicht.

Nein, ich würde den Mund halten, im Hintergrund bleiben und mich auf meinen Plan mit Bernie konzentrieren. Am Tag der Demonstration würde ich so tun, als wäre ich genauso überrascht wie Dad und Yong.

»Ihr wisst, dass das nicht geht«, antwortete ich. »Außerdem glaube ich nicht, dass meine Stimme einen Unterschied machte.«

»Wenn du dabei wärst«, sagte Ivy, »würde sich die Regierung wie ein guter Sohn benehmen. Um ihr Image zu schützen. Und eure Partnerschaft. Es wäre viel sicherer für die Arbeiter.«

»Selbstmord. Niemand in meiner Position würde auch nur im Traum darüber nachdenken.«

»Natürlich«, sagte Zhang und fegte die Vorstellung mit einer Handbewegung weg. »Das ist das Problem. Aber was wäre, wenn es *alle* in deiner Position tun würden? Stell dir vor, du stehst mit deinen Kollegen, Fabrikbesitzern, und mit uns für unsere Sache ein – was wäre größer? Ohne euch – sind wir allein. Leicht zu zerschlagen. Aber wenn alle kapitalistischen Fabrikbesitzer gemeinsam zur Regierung sagen: ›Wir gehen woanders hin, wenn ihr euch nicht besser um eure Arbeiter kümmert.‹ Wenn du sagst: ›Für das Wohl der chinesischen Arbeiter nehmen wir kleinere Renditen in Kauf.‹ Wenn jeder Alex diese Haltung einnimmt – das wäre wahre Revolution. Du redest. Andere reden. Oben in Beijing hören sie euch und müssen die Politik ändern.«

Das alles klang gut und edel. Und vielleicht hatte Zhang recht – wenn sich ausländische und chinesische Fabrikbesitzer mit den Arbeitern solidarisch erklärten und gegen die Regierung stellten, würde das garantiert Eindruck machen, aber wer war schon so verrückt? Nur Leute, die nichts zu verlieren hatten.

Ich wollte es ihnen nicht erzählen, aber insgeheim dachte ich, es gab auch noch einen leiseren Weg. Die Marke. Darauf lief alles hinaus. Wenn jemand Chinas Ralph Lauren werden würde – und nicht nur in China war, um den letzten Cent aus diesen Arbeitern herauszuquetschen –, dann hätte er auch den Spielraum, den Arbeitern mehr Geld und bessere Sozialleistungen zu geben.

Denn auch in Beijing *wollte* man keine Sklavenlöhne, sie waren nur der Köder, um Unternehmen anzulocken. Aber noch besser, als Unternehmen anzulocken, war, eigene Unternehmen zu gründen. Chinas eigene globale Marken. *Made by China,* nicht bloß *Made in China.* Wenn man in Beijing das Gefühl hätte, auch in China könnten Firmen wie Polo, Apple oder Prada entstehen, hätte man auch nichts dagegen, wenn die Arbeiter mehr bekamen.

Falls ich es schaffte – falls die Marke Gewinn machte und sich auf dem internationalen Markt durchsetzte –, würde Beijing mich natürlich nicht daran hindern, mehr für meine Arbeiter zu tun.

Natürlich würde unterm Strich weniger übrigbleiben, aber das war in Ordnung, wenn man nicht zu gierig war. Sechs Prozent? Fünf Prozent, wenn die Bestellungen groß genug waren. Kein Midrasch erwähnte, es sei verboten, für fünf Prozent zu arbeiten. Ich müsste eben mehr verkaufen. Und das brauchte Zeit. Langsam anfangen. Irgendwann bliebe etwas hängen. Bescheidene Veränderungen. Ein Start. Und mit der Zeit würden alle ein bisschen besser bezahlt und würden ein bisschen mehr verlangen. Kunden, Hersteller. Der Markt würde sich anpassen.

Aber nicht, wenn ich nächste Woche eine Rede hielt.

»Passt auf, ich bin Teil des Systems, und das System ist Scheiße, das wissen wir alle. Ich kann nur hoffen, es von innen heraus ändern zu können. Aber ich kann auf keinen Fall mein Gesicht hinhalten. Es geht einfach nicht. Jeder Arbeiter, jede Produktionslinie muss sobald wie möglich wieder in Betrieb sein. Ich werde wegschauen, solange ihr eure iPhone-Reden haltet, solange alles friedlich bleibt, aber reden werde ich nicht. Verstehst du das?«, sagte ich zu Ivy.

»Ich mache Schuhe. Ich will nicht das Aushängeschild für eure Sache sein.«

Ivy nickte und blickte zu Boden. Ich hatte das Gefühl, sie war tief enttäuscht. Aber was hatte ich für eine Wahl? Wenn sie das nicht verstand, tat es mir leid.

»Ich verstehe«, sagte Zhang zögernd, als wollte er noch etwas hinzufügen, seine Unterlippe zuckte oder vielleicht waren es die Augen – es passierte so schnell –, dann stand er auf und gab mir die Hand. »Danke.«

Erschöpft kam ich auf die Füße, nahm seine Hand, doch als ich sie wieder wegziehen wollte, wurde sein Griff fester, als hoffte er immer noch, ich würde meine Meinung ändern. Seine Hand pumpte weiter.

»Danke, Genosse«, sagte ich, vielleicht als eine Art Zugeständnis, um ihm zu zeigen, dass ich, obwohl sie nicht alles von mir bekamen, im Grunde auf ihrer Seite war. Zhang zeigte mir wieder das schiefe Lächeln, das so schwer zu deuten war – und das Wort musste ziemlich blöd aus meinem Mund geklungen haben, aber ich hatte hören wollen, wie es klingt – oder vielleicht war mir nur peinlich, dass ich es ernst meinte.

14

Kein Schlaf. Zwei Uhr früh, wach im Bett mit dem Skizzenbuch auf dem Schoß, versuchte ich ein Muster für die neue Marke zu zeichnen. Die Hauptlinien wurden stärker, schärfer, zorniger, aber der Entwurf nahm keine Gestalt an. Wo zum Teufel sollte ich ansetzen? Ich wollte Dad eine Idee präsentieren, eine ganz neue Richtung für unser Geschäft, aber dafür musste ich ihm einen richtigen Schuh vorlegen, samt ein paar Varianten. Worte reichten nicht. Damit es funktionierte, brauchte ich einen Schuh.

Rastlos schob ich das Laken weg und stand auf. Ich zog Shorts und mein altes graues JCC-T-Shirt an, das so abgetragen war, dass man Schuss und Kette sah, dann trat ich entschlossen in die schwüle Nacht hinaus, ohne genau zu wissen, wo ich hinwollte. Draußen inhalierte ich den schwachen, süßlichen Formaldehydgeruch des Sohlenklebstoffs, und mein Kopf holte meinen Körper ein. Die Modellabteilung. Dorthin wollte ich. Ich musste an der Werkbank sitzen. Ich brauchte echtes Material in den Händen. Nur dort konnte ich anfangen. Herumkritzeln im Bett führte zu nichts.

Mit meinem Schlüssel öffnete ich die Metalltür von Anlage B und ging zu Fuß in den zweiten Stock. Es war gespenstisch still und finster: Nur die unförmigen Schatten der

Schneidemaschinen, Trockentürme und Sohlenpressen, die in der Dunkelheit kauerten. Blind tastete ich nach dem Lichtschalter an der Wand, und nacheinander flackerten die an Ketten aufgehängten Neonröhren an der Decke auf.

In den hohen Metallregalen an den Wänden standen unsere neuen Slouchboots im Westernstil, und nur wer vom Fach war, hätte einen Unterschied zwischen dem echten Frye Boot und unserer Kopie gesehen. Dad war ein Plagiats-Genie. Aber etwas Frisches machen. Etwas Neues. Wo zum Teufel fing man an?

Ich setzte mich auf einen Hocker vor der Werkbank. Die Arbeitsplatte aus Stahl war von Kratzern und Kerben der verschiedenen Werkzeuge übersät, die auf dem Tisch lagen – Sattlerahlen, Schärfmesser, Nahtversenker. Ich nahm jedes einzelne in die Hand, spürte ihr Gewicht und reihte sie ordentlich rechts von mir auf.

Dads Lieblingsleisten lag in der Mitte der Werkbank und zeigte mit der Spitze auf mich. Wir benutzten den alten, speckigen Eichenleisten immer noch, den mein Urgroßvater von Hand gedrechselt hatte, weil er die perfekten Maße hatte und Dad ein sentimentaler Halunke war. Doch mit dem Leisten hatte er recht. Die brasilianischen Leistenmacher rundeten die Schaftkanten ab, Italian Style, aber dieser hier hatte die alte österreichische Form, die heute nicht mehr gemacht wurde, und er flüsterte mir zu: Fass mich an.

Ich nahm ich ihn in beide Händen und rieb mit dem Daumen über die raue Unterseite, wo das Holz von Generationen von Nägeln zerlöchert war, und die glatte Spitze, die eine schöne, ausgehärtete Patina hatte. Jeder Wirbel, jeder Fleck barg ein Geheimnis. Er flüsterte mir zu, er habe die ganze Zeit auf mich gewartet, hier mitten auf dem Tisch, ich hätte bloß hinsehen müssen.

Am Hals des Leistens, wo Dad ihn immer hielt, war das Holz dunkel. Abgenutzt von den unzähligen Malen, wenn Dad ihn anfasste, unbewusst, einfach nur, weil er in der Nähe war, wie einen Talisman.

Ich nahm die Ferse in die hohle Hand, folgte dem Schaft mit dem Finger, schloss die Faust um die Spitze des Phantomfußes und registrierte, wie hart er war. Mit diesem Leisten könnte man einen Menschen erschlagen. So schwer und dicht war das Holz. Viel zu starr für den Schuh, den ich im Kopf hatte. Ich brauchte Flexibilität. Das war die Vision, oder? Meine. Und Zhangs. Ein Kompromiss. Nicht zu starr und nicht zu weich. Etwas dazwischen. Ein Kompromiss. Ein Schritt nach vorn. Eine verfluchte gescheckte Katze.

Ich hob den Blick zum Fenster und sah auf das Wohnheimdach, wo Ruxi vor einem Monat gestanden hatte, zwischen Himmel und Erde, ihr weißes Kleid wie Ballonseide, und mein Herz zog sich zusammen.

Es musste einen Weg geben. Scheiß auf den blöden Leisten. Ich schob das Holzstück meines Urgroßvaters beiseite. Weg damit. Ich würde nicht auf ihn hören. Ich brauchte ihn nicht. Was ist mit verdeckten Nähten, dachte ich. Andererseits konnten die unbequem sein. Nein, es gab einen dritten Weg. Ich könnte direkt durch die Brandsohle nähen. Oder noch besser, strobeln. Wie bei den alten Kung-Fu-Slippers.

Ich sprang auf und suchte in den mit Material gefüllten Eierkartons auf den Regalen nach Strobel-Sohlen. Außerdem stellte ich drei Spulen Gummiband auf die Werkbank und setzte mich wieder, die Beine unter dem Tisch wippend, während ich mit der Ahle Löcher entlang des Rands der Strobel-Sohle bohrte, immer schneller, und Gummibandstücke von den Spulen schnitt, die ich durch die Löcher fädelte. Langsam entstand etwas unter meinen Händen.

Eine neue Machart. Es könnte funktionieren. Ich hätte etwas davon, die *Mingong* hätten etwas davon, wir könnten uns gemeinsam entwickeln. Harmonisch. Wir konnten es schaffen. Es war nicht verrückt.

Keiner hier war verrückt. Zhang und Ivy wollten die Fabrik nicht kaputt machen, sondern verbessern. Nur das. In China waren alle im Herzen Kapitalisten. Zhang mit Sicherheit. Sie hatten ein Kapitalismus-Imitat betrieben, und jetzt waren sie bereit für das Original.

Langsam erfüllte mich Zuversicht, aber dann meldete sich wieder die andere Stimme und flüsterte: Wem machst du was vor, Kleiner? Du kannst nicht beides haben.

Mich schauderte. Die beiden Stimmen diskutierten miteinander, als wäre ich gar nicht da. Wie zum Teufel hatte ich sowohl Bernie als auch Zhang zusagen können? Das war das eigentliche Problem. Man war entweder Bernie oder Zhang. Nicht beide zusammen.

Ich aber hatte mehr oder weniger erklärt: »Hier ist der Schlüssel zu meiner Fabrik, kommt rein, ich helfe euch, über YouTube der ganzen Welt zu zeigen, dass meine Profite zu hoch sind, weil Beijings Oligarchen und ihre örtlichen Kader den Rahm abschöpfen und unsere Habgier uns dazu treibt, die Arbeiter auszupressen, indem wir das *Hokou-*

System gegen sie verwenden, wobei uns ihre eigene Regierung auch noch unterstützt.«

Warum setzte ich alles aufs Spiel?

Die zwei Stimmen meckerten und zeterten herum, während ich meinen Schaft webte, und eine von beiden musste ein Hochstapler sein. Eine war ein verdammtes Fake.

Zhang hatte recht: Die Arbeitsmigranten waren die Scheiße unter Chinas Schuh. Scheiße, die aus unseren Ärschen kam. Damit hatte er recht. Wenn die Bewegung Schwung aufnahm, wie Zhang hoffte, würde sich der Markt anpassen. Sally McGee in Topeka würde zwei Dollar mehr für ihre Sandalen hinlegen. Das würden alle tun. Und wenn es alle taten, ging es allen besser. Nicht nur in China, sondern auf der ganzen Welt. Wenn ich ein bisschen weniger Profit machte und die Preise hochgingen. Sie würden alle ein paar Dollar drauflegen. Die Schönheit dieser Vision war, dass der Markt vom Endkunden mehr Geld verlangte. Und der Endkunde würde wissen, dass es fair war. Das war Zhangs Vision. Das war alles, was er wollte. Keine Revolution. Zhang und Ivy wollten mich nicht aus dem Land jagen.

Dieser Schuh könnte die verdammte Lösung sein. Der Kompromiss. Von dem alle profitierten – die Regierung, die Arbeiter, wir. Etwas, das mein Vater niemals gewagt hätte.

Und wenn Gangs Zahlen besser aussahen, wäre er nicht mehr so scharf darauf, Radikale zu fangen. Er wollte bloß einen Platz im Zentralbüro, bei den fünfundzwanzig Heinis, die China regierten. Das war alles.

In meiner Branche konnte man manchmal mit dem richtigen Look einen Flächenbrand starten. Auf einmal raste man auf einer verdammten Hockeyschläger-Kurve nach oben. Ein Schuh wurde heiß. Und das bedeutete? Größere Margen. Mehr raus. Mehr rein. Verstanden? Hübsch und sauber. Der Mittelweg. Ein Weg nach vorn für uns in China. Die Arbeiter verdienten mehr, die Fabrik stellte mehr Schuhe her und alle waren scheiße glücklich. Eine Hand wusch die andere. Und alles dank eines Tages Streik. Das war es wert. Fast konnte man den Streik als Investition betrachten. Als langfristige Marketing-Strategie.

Nicht an die Zukunft denken, ermahnte ich mich. Bleib bei deinen Leisten. Hier, auf dem Tisch. Was du vor dir hast. Schneiden und weben. Eine Schale Klebstoff und eine alte Zahnbürste, mit der ich die Unterseite der Strobel-Sohle bestrich, um die Gummibänder festzukleben.

Und während der Schuh vor meinen Augen Gestalt annahm und seine Konturen und Linien klarer wurden, stellte ich mir vor, wie die Marke durchstartete. Zwanzigtausend Paar in der ersten Saison. Fünfundzwanzigtausend in der nächsten. Dann fünfzigtausend. Ein Schuh ging durch die Decke.

Das bist du, sagte die andere Stimme, nicht irgendeine Revolution. Ich sah über den Rand meiner Brille den Familienleisten an, der am Tischrand stand und flüsterte: Werd jetzt bloß nicht weich, Alex. Sei kein Waschlappen. Nimm mich. Hier ist deine Chance groß zu werden. Oder willst du für den Rest deines Lebens ein Versager bleiben?

Ich stütze mich auf den Tisch und holte den alten Leisten heran.

Ich hätte ihn nicht fortschieben dürfen. Er war wie ein Körperteil von mir. Hätte es genauso gut sein können.

Du musst den Scheißschuh für den größtmöglichen Profit verkloppen, dann kannst du dir das Royal Doulton Zeug leisten, und deine Mutter kann am *Schabbes* die Kristallplatte hochhalten wie den verdammten Hope-Diamanten und laut allen sagen: »Mein Sohn, der große Macher.«

Siehst du? Jeder Depp kann Schuhe verkaufen; aber du wolltest unbedingt eine Marke. Unsterblichkeit. Keine Ausrede. Es ging um Profit. Daran hat auch Ivy nichts geändert. Unterm Strich warst du ein gieriger Bock. Wie Bernie und Dad. Ein Bock, der den Leuten das Hemd von der Wäscheleine frisst. Drei Böcke als Gärtner.

Und du hast es gewusst, du Schlawiner. In dem Moment, als du im Hotel deinen Namen unter den Vertrag gesetzt hast, wusstest du, dass du nicht bloß Partner wirst, sondern der Firma deine Seele überscheibst, Blut war dicker als Wasser und dieser Leisten das Familienorakel.

Aber ich könnte auch weniger nehmen, konterte ich. Für Ivy. Für China. Ein faires und demokratisches China. Es fing mit einer guten Fabrik an. Auch so ließe sich ein Zeichen setzen. Das wäre ein Erbe.

Konnten die beiden Stimmen koexistieren? Oder musste die eine die andere an der Gurgel packen und erwürgen? Das würde Dad tun. *Zack bumm.* Komm mir bloß nicht mit Ausflüchten.

Ich erinnerte mich an das Klatschen, als Dad meine Mutter ohrfeigte. Ich sah sie mit der Kaninchenfellmütze im verschneiten Garten, wo sie Vogelfutter in den grünen Plastikkasten füllte, während über ihrem Kopf im Baum die Dohlen raschelten und hektisch mit den Flügeln schlugen.

Ich erinnerte mich, wie sie sich mit einer Handvoll Schnee die Wange kühlte.

Das Geschäft zerstörte ihre Ehe. Aber es hätte auch anders laufen können, oder? Es waren alles Entscheidungen, nicht das Schicksal. Orakel gab es nicht.

Die streitenden Stimmen machten mich fertig. Zwei Kampfhähne und dieser Druck auf meiner Brust. Schluss jetzt. Konzentrier dich. Keine Maschinen. Kein Lärm.

Einfach nur Gummibänder schneiden und durch die Strobel-Sohle fädeln.

Ich schloss die Augen, überließ die Arbeit meinen Händen. Ich war ruhig und stand gleichzeitig in Flammen. Meine Hände schwebten über den Schuh. Was hatte ich hier? Was nahm hier Form an? Mehr als ein Schuh; eine Lifestyle-Marke. Für die Frau Mitte dreißig, die wusste, wer sie war. Die Wünsche hatte und nicht Bedürfnisse.

Ralph Lauren hatte eine Lifestyle-Marke kreiert. Schöne blonde Schicksen, die um den Pool einer französischen Villa stolzierten. Der Traum eines *Goje*. Als er noch Ralph Lifshitz hieß. Bevor er den Namen änderte, um die Verwandlung zu besiegeln. Er hatte keine Wahl. Wie Trotzki. In jedem Bronstein steckte ein Trotzki, der rauswollte. In jedem Lifshitz ein Lauren. Jeder war nur einen Schnurrbart entfernt von der Neuerfindung. Einen *gojischen* Namen entfernt vom ewigen Ruhm.

Genau darauf lief alles hinaus. Ich wurde der Ralph Lauren Chinas.

Ich schüttelte mir die Hände aus. Scheiß auf die Uhrzeit, scheiß auf den Schlaf. Das ganze Adrenalin in meinem Kreislauf, die Finger geschickter denn je, enge Reihen, keine

Beulen, ich flocht und webte, drunter und drüber, drunter und drüber, Kette und Schuss, hin und her, und in dem Rhythmus vergaß ich fast die Hitze und den Schweiß, der mir von den Schläfen tropfte, meine roten Wangen, den süßen Klebstoff, der in meinen Nagelbetten fest wurde, vergaß fast, dass ich auf einem Hocker saß, und das in einer Fabrik und dazu noch in China – so weit driftete ich ab.

Ich entschied mich für eine Variante mit Noppensohle – für die Kundin, die ich im Kopf hatte. Ich hatte ein ganz klares Bild von ihr, als würde sie hier vor mir sitzen und mir ihre Wünsche anvertrauen. Sie fuhr gern schnell – seit dem Auslandssemester in Ravello als Kunstgeschichtsstudentin, wo sie einen Yugo Koral gefahren war und ihr italienischer Liebhaber sie zum offenen Fenster getragen, aufs Fensterbrett gesetzt und gevögelt hatte, den Kopf hoch über die kopfsteingepflasterten Gasse gestreckt, und sie hatte die Dorfbewohner gesehen, die zu ihnen heraufblickten; das einzige Mal in ihrem Leben, dass sie sich völlig frei gefühlt und für nichts geschämt hatte. Sie hatte gewollt, dass die ganze Welt nackt aus dem Fenster hing und sah, was sie sah. Das ist jetzt dreißig Jahre her. Der Junge aus Ravello ist längst erwachsen. *Wo er wohl ist*?, denkt sie, als sie auf den Highway fährt und in meinen Schuhen durch die Dunkelheit braust. Schwarz-silber, butterweich, elegant, aber trotzdem lässig.

Ich sah sie genau vor mir. Das Haar hochgesteckt, Ehemann auf dem Beifahrersitz, unterwegs zum monatlichen Restaurantbesuch.

»Was ist los?«, fragt er.

»Nichts«, antwortet sie. Sie kann es nicht in Worte

fassen. Sie weiß nur, dass der Highway guttut. Sie liebt die Geschwindigkeit. Ihre Kindheit hat sie mit Pferden verbracht. Was sie einst über italienische Kunst gelernt hat, hat sie vergessen, aber sie weiß immer noch, wie man einem Pferd den Gnadenschuss gibt. Sie tritt fest aufs Gas.

Sie hat für ihre Schuhe gern zwei Dollar extra bezahlt, weil es fair ist. Das war das Schöne an der Vision. Jeder gab etwas dazu.

Die Muster flossen mir nur so aus den Händen, und ich webte schneller: schlichtes Schachbrett. Hahnentritt. Für andere Kundinnen, die ich genauso klar vor mir sah wie die erste.

Irgendwann schob ich die Gummibänder, Werkzeuge und Kaffeetassen weg, um Platz auf dem Tisch zu schaffen, und stellte drei Schuhe mit Leisten auf, die Spitzen präzise an der Tischkante angeordnet. Ich ging in die Hocke, Beine gespreizt, Hände auf den Knien wie ein Football-Coach, die Nase Zentimeter von den Schuhspitzen entfernt, und alles andere verschwand, es gab keine Bernies mehr, keine Zhangs. Die Stimmen verstummten. Ich sah nur das gepolsterte Fußbett, auf dem in Siebdruck der Name *Alex & Ivy* stand.

Darauf ruhte der Fuß. Ihre Fußsohle ins Fußbett geschmiegt, die empfindlichste Stelle des Körpers an meinen Namen gedrückt, ein Teil von mir in jedem Schuh, der in Iowa, Alabama, Massachusetts verkauft wurde. An eine Frau, die beim Betreten des Ladens den Aufsteller gesehen und sich selbst und mich in dem Schuh erkannt hatte, und dann vereinigten wir uns, sie und ich, mein Name auf ihrer Haut, an dieser geheimnisvollen Stelle, und wenn sie nach

Ravello ging, kam ich mit, ich begleitete sie überallhin, würde alle Orte sehen, die sie sah, und die Tatsache, dass ich der Frau nie begegnen würde, nie ihren Namen erfahren würde, machte es nur noch besser.

Mit seitlich geneigtem Kopf starrte ich die Schuhe an, als würde ich ihnen zuhören, als führte ich ein intimes Gespräch mit ihnen, und dann, ohne Warnung, veränderte ich plötzlich die Reihenfolge, so dass der Uni-Graue rechts stand, der Karierte in der Mitte und der Hahnentritt links, und ich trat zwei Meter zurück und betrachtete die Kollektion. Drei oder vier Mal veränderte ich die Reihenfolge, bis sie stimmte. Ich wusste, dass dieser Schuh etwas Besonderes war.

Er war der gottverdammte Cohen unter den Schuhen.

Und als ich meine drei Modelle betrachtete, verstand ich, was mein Vater, mein Großvater und mein Urgroßvater längst wussten: Schuhmachen war nicht nur ein Handwerk oder ein Geschäft. Der richtige Schuh gab dir eine Bestimmung, einen Sinn. Wie die unsichtbare Hand über der Marionette. Der Schuh bewegt *dich*, nicht umgekehrt. Endlich hatte ich begriffen.

Wenn ich nur ein einziges Paar verkaufte, wäre es genug. Deswegen machte es nichts, wenn ich anfangs keinen Gewinn einstrich, denn es ging nicht um Gewinn, es ging um mich. Um meinen Namen in Siebdruck auf der Innensohle, ins Fußbett gestempelt, ans Fußgewölbe einer Frau geschmiegt. Nicht mehr verschluckt von Abelson's Eigenmarken – Halogen, St. John's Bay. Nein, ich werde jedes Mal neu geboren, wenn sich die eiserne Gießform öffnet, die Heizplatte sich hebt und mit einem Dampfschnörkel die

Tinte trocknet, wenn ich ins Velours gebrannt werde, ins lederne Fußbett, in jede elastische Faser, jedes Gummi-Molekül. Meine wahre *Brit-Mila*-Zerenomie am achten Tag. Wenn Alex nicht mehr nur irgendein Name war, den ich zu tragen hatte, sondern wer ich bin.

Vor dem Fenster ging rosa die Sonne auf. Die Schuhe auf dem Tisch schimmerten wie Luftspiegelungen über dem Asphalt. Alles war unwirklich. Materialisierte sich langsam wieder. Wie in einem U-Bahn-Waggon, der mit einem Mal ratternd und mit verhallendem Signal aus dem Tunnel schießt, und die Sonne zu grell ist, als hätte man vergessen, wie Tageslicht und Himmel aussehen. So fühlte ich mich. Als wäre ich gerade aus dem Tunnel gerast.

Jetzt musste ich nur noch Dad an Bord holen. Wenn er bereit war, am Anfang auf Gewinn zu verzichten, könnten wir die Schuhe vielleicht vier Dollar unter dem üblichen Preis anbieten. Damit wären wir konkurrenzfähig. Dann würden sie zu einem besseren Preis verkauft werden. Und dann würde es wachsen. Nach und nach. Nach ein paar erfolgreichen Saisons könnten wir Gewinne einfahren. Aber mit Dads Billigware konnten wir nicht weitermachen. Wir soffen jetzt schon ab. Die Marke musste die Firma in die Zukunft tragen.

Natürlich würde Dad sagen, dass ich mich irrte und wir bei den Eigenmarken mit unseren üblichen Gewinnmargen bleiben müssten. Aber der richtige Weg war, die Sache durchzuziehen. Für mich zumindest. Dad mochte sich hinter den Kulissen wohl fühlen. Ich nicht. Die Zukunft war hier. Wir mussten eine Marke werden. Mit meinem Namen drauf. Und erstmal ohne Gewinn. Dad würde das nicht gefallen, aber es gab keinen anderen Weg.

Natürlich brauchte ich auch sein Know-How, und das machte ich ihm besser klar. Ich brauchte Dad. Erst musste ich ihm Honig um den Bart schmieren. Das zog bei ihm immer. Und dann würde ich sagen, ihm diese Marke vorzulegen wäre eine *Mitzwa*, eine gute Tat. So würde ich es präsentieren. Ich tat *ihm* einen Gefallen.

Und jetzt, um sechs Uhr früh, von der schlaflosen Nacht gerädert, hörte ich von draußen Musik. Durchs Fenster sah ich die Arbeiter im Hof Hampelmänner machen. Aus den Lautsprechern schallte chinesische Musik. Der obligatorische Frühsport. Produktionsleiter Shen bellte auf einer kleinen Plattform Befehle ins Mikrofon. Dichte Reihen und Kolonnen. Aber die Musik war anders. Anders als alles, was sie sonst spielten. Ich hörte Streicher und Bläser. Am Fenster wiegte ich mich unbewusst zu den Klängen, die etwas in mir bewegten. Das war Marschmusik. Vielleicht ein altes Mao-Lied. Vielleicht war Shen einer von Zhangs heimlichen zwei Dutzend, und die Musik war ein verschlüsseltes Signal. Ich beugte mich näher an die Scheibe und lauschte – die Sonne warm in meinem Gesicht, die Bewegung jetzt stärker – und wünschte, ich wüsste, was es bedeutete.

Ich versuchte mir vorzustellen, wie ich dort am Mikrofon stehe und zu den Demonstranten spreche, aber ich wusste nicht, was ich sagen würde. Nein. Das würde nicht funktionieren. Aber dann schloss ich die Augen, hörte Jubel und sah eine andere Zukunft vor mir, eine, in der ich in einem heißen staubigen Dorf mit diesen alten Schuppendächern lebte. Ivy stand neben mir, in einem wunderschönen rotseidenen Qipao und meinen Sandalen. Ich sah mich in Frieden an einem Ort, an dem ich so verdammt fremd war, dass ich endlich dazugehörte.

15

Bis zum Nachmittag kein Wort von Ivy oder Zhang zum Demonstrationstermin, dafür jede Menge schlechte Nachrichten aus der Abelson's-Zentrale. Esme rief mich an, um mir zu sagen, dass sie unsere Winterstiefel fallen ließen. Es war schon das dritte Programm, dass sie in den letzten zwei Jahren kürzten. Ein herber Schlag für uns. Bevor sie auflegte, behauptete Esme, sie habe es bei Dad versucht, aber bei ihm sei niemand ans Telefon gegangen. Gelogen. Feige von ihr, aber verständlich. Es mir zu überlassen, ihm die Neuigkeiten zu überbringen.

Ich klopfte an seine Tür und bekam keine Antwort, obwohl ich sein erratisches Tippen und ein phlegmatisches *Ach!* hörte. Offensichtlich versuchte er eine E-Mail zu schreiben und wollte nicht gestört werden. Ich wandte mich schon ab, aber dann riss ich mich zusammen. Ich sträubte mich davor, es ihm zu sagen. Und ich sträubte mich davor, ihm von meiner Idee zu erzählen. Tja, Pech, sagte ich mir. Geh rein und spuck es aus.

Also drückte ich die Klinke, schob die Tür auf und fand Dad am Schreibtisch, wo er mit zwei Fingern auf seinen Laptop herumtippte.

»Ich muss kurz mit dir reden.«

Er reagierte nicht. Ich hatte Menschen immer beneidet,

die andere einfach ignorieren konnten. Vermutlich war das Dads große Stärke, offensichtliche Tatsachen zu verdrängen, die direkt vor seiner Nase waren.

»Abelson's hat unser Winterprogramm gestrichen«, platzte ich heraus, und das Tippen brach ab.

Langsam tauchte sein Kopf hinter dem Bildschirm auf. Lippen geschürzt, im Gesicht aschfahl.

»Den Snow Lite?«

»Esme hat mich vor einer Stunde angerufen«, sagte ich.

Seine Züge erschlafften.

»Ich war den ganzen Tag hier«, gab er zurück.

Meinte: *Warum zum Teufel hat sie dich angerufen?*

Ich antwortete nicht.

»Das ist schlimm«, sagte er und rieb sich hektisch mit dem Handgelenk über die Lippen. »Sie ziehen uns den beschissenen Stecker?«

»Sie wollen ein neues Feeling«, sagte ich. »Sie wollen keinen Snow ...«

»Die können mich mal«, knurrte er und richtete sich auf. »Ich scheiß auf ihr Feeling.« Mit Schmackes klappte er den Laptop zu. »Mit dem Snow Lite haben wir schon im zweiten Jahr 1,8 Millionen umgesetzt, und kaum kriselt es ein bisschen, ist alles für die Katz. Neues Feeling – da hast du deine Loyalität. Nur noch Abschaum in der Branche. Wer hat uns ausgestochen? Gold Valley, wette ich. Dieser Gauner. Liebt es, die Leute zu verarschen.«

Dad nahm einen Lederstreifen und peitschte damit auf die Tischkante.

»Weißt du was? Ich wette, Esme hält die Tasche auf«, fuhr

er fort. »Ich wette, die beiden stecken unter einer Decke – sie und dieser Lügner.«

»Na ja«, lenkte ich ein, »sie haben da drüben schickste modernste Technik und …«

»Alles Quatsch. Die machen ihre Schlappen mit der Eisensäge. Alles Action-Leder. Schleifleder – oh, hoho, ich sehe dein Gesicht. Sag mir nicht, ich soll nicht rumschreien, denn ich schreie so viel ich will, okay? Wenn die Fabrik dir allein gehört, können alle flüstern und verdammte Zettelchen rumgeben. Und jetzt erzähl mir erst mal, was Esme genau gesagt hat.«

»Sie braucht frischen Wind.«

»Die braucht eine verdammte Gehirnuntersuchung. Handtaschen. Hast du das gewusst? Esme kommt aus der Handtaschen-Ecke. Und *die* will mir erzählen, woher in der Schuhbranche der Wind weht?«

»Alles verändert sich«, sagte ich.

Er warf den Lederstreifen über die Schulter, der hinter ihm die Wand herunterrutschte. »Ach, hör auf. Ich musste schon genug ertragen, oder nicht?«

Dad wartete auf die richtige Antwort, die ich scheinbar nie gab. Ab jetzt, möchte man meinen, kannte ich das Script. Was hätte ich denn auch sagen sollen? Du bist ausgebrannt, deine Modelle sind altmodisch und spießig. Nicht mal der Mittlere Westen will für immer in den Neunzigern stecken bleiben. Mit vielen anderen Worten hatte Esme genau das gesagt. Und das war auch der Grund, warum sie mich angerufen hatte und nicht ihn.

»Dad, ich glaube, wir brauchen einen neuen Ansatz. Wir

sind so gut wie tot. Wir werden künstlich am Leben erhalten.«

Er hob den Zeigefinger, aber es kamen keine Worte. Ausnahmsweise, Schweigen. Jetzt war es so weit. Ich holte tief Luft.

»Ich will dir was zeigen«, sagte ich.

Nichts. Dads Gesicht war so leer wie Senderrauschen.

»Hast du gehört, was ich gesagt habe?«, fragte ich. »Wenn sie was Neues will, ich arbeite da an etwas. Bernie und ich. Ich will es dir zeigen. Also, würde ich gern. In meinem Büro. Wenn du was davon hältst, könnten wir die Idee bei den Einkäufern pitchen. Ich weiß nicht. Aber ich bitte dich, aufgeschlossen zu sein. Geht das?«

Langsam senkte er den Blick und sah mir in die Augen. »Ich bin immer aufgeschlossen.«

»Als Yong uns Ingwerpudding vom Süßspeisenstand geholt hat, warst du nicht aufgeschlossen. Du hast dein *It's Not For Me*-Lied geträllert.«

»Das war ein *Straßenstand,* Alex. Ich habe aufgeschlossen gesagt, nicht plemplem. Soll ich für eine Schale geronnene Milch mein Leben riskieren?«

Er folgte mir in mein Büro, wo ich die Modelle in der Reihenfolge, die ich letzte Nacht ausgebrütet hatte, auf dem Mustertisch arrangiert hatte.

Dad ging darauf zu und sah sie sich an. Ich konnte seinen Ausdruck nicht lesen. Noch hatte er sie nicht angefasst. Dann, nach ein paar Sekunden, griff er zu und nahm den ersten in die Hand – den mit Korbmuster in Hellgrau und Schwarz. Er tastete die Form des Schuhs ab, dann berührte er die Innensohle und die Nähte wie ein Blinder, der ein Gesicht erforschte.

»Ist das auf deinem und Bernies Mist gewachsen?«, fragte er.

Ich nickte, ohne ihn aus den Augen zu lassen, ich hatte ihn mit tausenden von Schuhen gesehen und wusste, dass er längst ein Urteil über Design und Stil gefällt hatte, aber er musste den Schuh in den Händen spüren, um die Machart zu verstehen. Viele anspruchsvolle Designs ließen sich nicht für die Massenproduktion übertragen. Ich wippte ungeduldig auf den Zehen.

»Können wir über was Wichtigeres reden?«, sagte er schließlich. Nahm die Brille ab. »Was gibt's zum Mittagessen?«

Ich landete auf den Fersen. Ich wollte ihm die Hände um den Hals legen und ihn würgen. Aber ich musste den Kommentar abperlen lassen, auch wenn er sich wie ein Stromschlag anfühlte. Ich starrte durch ihn hindurch.

»Ach so, du meinst das hier ernst?«, fragte er, setzte die Brille wieder auf und griff noch einmal nach dem Schuh.

»Und?«

»Ich schaue ja.«

»Auf Qualität«, sagte ich.

»Warum gibt es keinen schwarzen?«

»Ich wollte was Jüngeres, Peppigeres. Ich finde, wir brauchen mehr Farbe im Sortiment. Ich glaube an Color-Blocking.«

»Oh, das wäre ein toller Titel für deine Autobiographie«, sagte er. »*Ich glaube an Color-Blocking: Wie ich ein ganz Großer wurde* von Alex von Pimmelpilz.«

Als er sah, dass ich den Köder nicht schluckte, stützte er sich mit den Händen auf den Tisch. »Okay, okay. Er ist nicht schlecht. Strobel, gespritzte Sohle, elastischer Schaft – clever.«

»Ist das alles?« Ich ballte die Fäuste. »Mehr sagst du nicht dazu?«

»Du bist kein Saul Katz«, erklärte Dad, und jetzt ärgerte ich mich doch, aber gleichzeitig sah ich, dass er den Schuh nicht aus der Hand legte, sondern im Arm wiegte und streichelte ihn wie ein Kaninchen. Ich durfte nicht auf seine Spielchen reinfallen. Ich musste ruhig bleiben.

»Sie sind was Besonderes«, sagte ich. »Das siehst du, und du veräppelst mich nur. Oder? Du siehst die Machart. Wie anders sie sind. Das sind die Cohen unter den Schuhen.«

Ich sagte es nur für ihn, und er grinste unwillkürlich. »Ha«, sagte er, ohne den Schuhe herzugeben. Wenn er ihn scheußlich gefunden hätte, hätte er ihn längst zurückgestellt. Ich hatte ihn bei Meetings gesehen, wenn er sich mit dem Stuhl umdrehte, weil er den Anblick schlechter Schuhe auf dem Tisch nicht aushielt. Ich hatte eindeutig eine Chance.

»Hör zu«, sagte ich, »setz dich, okay? Willst du einen Kaffee? Ich hole dir einen Kaffee.«

»Ich nehme deinen.«

Ich stellte ihm meinen Kaffee auf einem richtigen Untersetzer hin, um ihn zu zeigen, dass ich den Wert der Dinge respektierte. Dann fragte ich, ob er bequem saß, ob er gern ein Kissen für seinen Rücken hätte.

»Warum muss ich sitzen?«, fragte er. »Vom Sitzen kommt nichts Gutes. Nur schlechte Nachrichten. Schickst du mich ins Altersheim? Ist es das? Oder du heiratest dieses chinesische Bauernmädchen?«

»Zum tausendsten Mal, sie ist keine Bäuerin. Hör mir bitte einfach mal zu. Okay? Ich will eine Marke gründen.«

Er verzog das Gesicht. »Eine Marke?«

»Ja. Eine Marke. Dort liegt heute das große Geschäft. Das ist mein langfristiger Plan für die Firma. Die Marke wird die Firma retten.«

Dad beugte sich vor, rieb sich die Wange und dachte nach.

Er kannte den Subtext natürlich: Um eine Marke zu lancieren, mussten wir in den ersten Jahren auf Gewinn verzichten. Aber manchmal musste man zwei magere Jahre ertragen, um Ralph Lauren zu werden – nein, nicht nur er, sondern wenn man beide verschmelzen wollte, Bernie und Zhang. Wenn man beides wollte. Es könnte zusammen gehen. Ich könnte beide haben und müsste nicht mal meinen Namen ändern.

»Hast du völlig den Verstand verloren?« Dad schob die Hand in den Schuh und bog ihn in beide Richtungen. »Es dauert Jahre, bis eine Marke Gewinn abwirft. Weißt du, wie viel Kapital wir bräuchten? Und was ist mit Logos, Marketing, Verkauf? Hast du eine Webseite?«

»Dank dir ist Bernie seit sechs Jahren bei Blakes. Er weiß, wie man Schuhe verkauft. Er stellt ein Team zusammen.«

»Und die arbeiten umsonst? Du bildest dir wohl ein, du hättest alles ausgetüftelt, aber es gehört noch ne Menge Kleinkram dazu. Hast du ein Warenzeichen? Verkäufer? Nein, du hast *Bubkes*. Anwälte für die Bestimmungen, die

Steuern? Compliance? Dinge, von denen du *keinen* Schimmer hast. Lass uns klein anfangen. Hast du dir die neuen Chinos säumen lassen, wie ich dir gesagt habe? Nein. Nicht mal das kriegst du hin. Dabei sind das *tolle* Hosen. Wie willst *du* eine Marke starten? Hä?«

Er wollte mich provozieren. Ein alter, infantiler Schachzug. Abgedroschen, aber noch immer tödlich.

Ich schluckte. Versuchte Ruhe zu bewahren.

»Dad«, sagte ich. »Ich brauche deine Unterstützung. Ohne dich geht es nicht.«

»Du brauchst meine Fabrik. Bei deinem Plan bin ich gehackte Leber.«

»Ich brauche *dich*. Deine Ideen. Deinen Rat. Niemand vor dir schaffte es Polyurethan antik aussehen zu lassen. Wer außer dir antiquiert Plastik? Und dann, keine Ahnung wie, hast du das Zeug elektrostatisch beflockt, bis es wie Nubuk aussah – du bist ein Genie. Das weiß ich. Also hilf mir. Im Moment denkst du mit dem Kopf. Aber vergiss mal den Kopf. Was sagt dein Bauch dazu?«

»Mittagessen gehen. Sohn erwürgen.«

»Mein Schuh ist der Weg nach vorn. Eine neue Richtung.«

Bisher hatten wir auf Quantität gesetzt. Je mehr, desto besser, und deswegen war alles Scheiße. Billigarbeiter, Massenmarkt. Aber so musste es nicht sein. Wir konnten entschleunigen. Qualität machen.

»Was ist unser größter Vermögenswert?«, fragte ich. »Die Fabrik. Die Herstellung ist in unserer Hand, richtig? Deswegen ist eine eigene Marke aus kaufmännischer Sicht so sinnvoll. Alles, was ich vorschlage ist, unsere Erfahrung und unsere Fabrik in die Waagschale zu werfen.«

»Wir haben gerade den Snow Lite verloren«, sagte Dad. »Wenn wir flüssig wären, wäre vielleicht eine Marke möglich. Wenn wir gut im Geschäft wären. Aber nicht so. Wir sind jetzt schon knapp bei Kasse. Das Risiko ist zu hoch. Außerdem sind es viel zu wenige Modelle.«

»Es werden natürlich mehr Modelle«, gab ich zurück. »Mit denen hier wollte ich dir nur eine Vorstellung vermitteln. Einen Vorgeschmack. Du hast recht, es ist viel Arbeit, aber ich bin motiviert. Ich glaube, der Schuh wird ein Hit. Du musst lernen, mir zu vertrauen. Sieh mich an. Leg den Schuh weg.«

Doch er weigerte sich, den Schuh wegzulegen, und wich vor mir zurück. Wie ein bockiges Kind. *Meiner.* Vielleicht war es ein gutes Zeichen, wenn er sich nicht davon trennen wollte, andererseits sah er mir nicht in die Augen.

»Damit können wir groß werden«, sagte ich. »Es ist vollkommen machbar.« Als ich ihm die Hand auf die Schulter legte, zuckte er zusammen und sah mich misstrauisch an.

»Was geht hier vor sich?«, fragte er.

»Was meinst du?«, fragte ich, aber ich hatte ein unangenehmes Gefühl in der Magengrube.

»In meiner Fabrik machen wir Straßenschuhe«, sagte er. »Wir machen Leder und Polyurethan. Das ist unsere Nische. Das ist das, was *ich* mache. Was ich immer gemacht habe. Meine Kompetenz. Willst du die Fabrik neu aufrollen?«

»Das habe ich nicht gesagt.«

»Nein, schlimmer. Du hast es *gemacht.*« Er schüttelte den

Kopf, als wollte er einen schlechten Traum loswerden, dann erhob er sich langsam vom Stuhl und drückte die Brust heraus. »Hast es mir einfach ins Gesicht geknallt. Was du da alles hinter meinem Rücken ausgeheckt hast. Du und Bernie. Der Junge, der auf mein Hochzeitsfoto gepinkelt hat. Ihm vertraust du? Ich glaube, ihr beide pinkelt auf *mich*.«

»Du machst Witze, oder?«, sagte ich, weniger Frage als Wunsch.

»Niemand lacht. Wir haben einen Ruf. Wir haben einen Look. Wir machen eine bestimmte Art von Schuh, und wir machen Eigenmarken.«

»Wir haben mehr drauf. Oder liege ich da falsch? Statt billige Schuhe rauszuschleudern, könnten wir hochwertige machen.«

Er kam einen Schritt auf mich zu, und ich versuchte, standhaft zu bleiben, aber mein Oberkörper wich zurück.

»Meine Schuhe sind also Mist?«, fragte er. »Heute erfahre ich einiges von dir. Das ist wirklich lehrreich.«

»Sie sind nicht Mist. Ich habe nicht Mist gesagt«, stotterte ich.

»Wir erfüllen Bedürfnisse, keine Wünsche«, sagte er durch die Zähne. »Alltagsschuhe für die Massen. Du als Gutmensch müsstest das doch zu schätzen wissen, aber nein, du willst das Image meiner Firma ändern. Unseren Kundenstamm. Den ich *über Jahrzehnte* aufgebaut habe. Weißt du was? Als ich angefangen habe, wollte ich auch meine eigene Marke machen. Im letzten Jahrtausend. Du bist nicht der erste. Jeder *Nebbich* will eine Marke machen.

Kapiert? Und du bist auch nicht der erste, der sich von einer chinesischen Bäuerin einen blasen lässt.«

»Wie bist du so geworden?«, fragte ich. »So ekelhaft?«

»Weil ich die Wahrheit sage? Oder weil sie dir nicht gefällt? Tut mir leid, Junge. Du denkst, ich bin dumm, aber ich kenne dich. Sie hat dir diese Ideen eingepflanzt. Wie gefällt dir das? Was du denkst, was du willst, ist bloß das, was *sie* will. Sie benutzt dich, Schlappschwanz.«

»Du bist nur neidisch. Das denke ich.«

»Auf wen, auf dich? Auf sie? Auf die Schuhe? Ach, hör auf. Ich sage es nur einmal. Ich weiß ja, wie empfindlich du bist. Diese Firma hat einen Charakter. Verstanden? Einen wiedererkennbaren Stil. Ich leite ein achtbares Unternehmen, verflucht noch mal. Zeig mir nie wieder irgendwelchen neuen Kram.«

»Das sind keine verdammten Moonboots«, rief ich. »Es sind Alltagsschuhe.«

»Wie kriege ich es nur in deinen Kopf?« Er schlug bei jeder Silbe mit dem Schuh auf den Tisch. »Wir machen Leder und Polyurethan.«

»Es ist eine neue Richtung«, protestierte ich. »Wir expandieren. Ich dachte, das wäre in deinem Sinn. Du verlierst …«, aber er schnitt mir das Wort ab.

»Das hier?«, brüllte er und schüttelte den Schuh über dem Kopf wie einen Säbel. »Das ist gewebtes Gummiband. Für bequeme Schuhe? Leder oder Polyurethan – das ist mein verdammtes Scheiß-Geschäft. In Tržič haben wir *Perlen* gemacht. Voll-Anilin. Feinstes Kalbsleder. So eng am Leisten wie eine verdammte Trommel. Das habe ich hierhergebracht. Leder. Mit seiner wunderschönen Haptik und Narbung. Perlen.«

»Du machst mir keine Angst, nur weil du schreist«, sagte ich, aber ich glaubte es selber nicht, genauso wenig wie er.

»Tiger Step ist meine *Marke*«, schrie er.

Er nahm das Maßband vom Tisch, zog das Metallband heraus und tippte mir damit gegen die Brust. »Bevor ich nach China kam, konnten sie den Umriss ihrer eigenen Hand nicht malen, geschweige denn einen anständigen Schuh herstellen.«

»Ohoo. Die Rückkehr des Messias! Hörst du dich manchmal reden?«

»Mach dich ruhig lustig, aber es stimmt. Nicht Yong noch sonst einer. Ich habe ihnen alles beigebracht. Und weißt du, wie sie mich nennen?«

»Wer könnte das vergessen?«

»Dann sag's mir.« Wieder tippte er mir mit dem Maßband an die Brust. »Ich will es hören.« Das Band schnalzte in die Rolle zurück. »Jack Hong. Merry Xian. Alena Fan. Das sind die wichtigen Leute in unserem Geschäft. Die werden es dir sagen. Yong wird es dir sagen.«

Abrupt griff er an mir vorbei über den Tisch und drückte mit dem Daumen auf die Gegensprechanlage. Sein Geruch stieg mir in die Nase, und das Denken fiel mir schwer. Was war das für ein Geruch? Schmalz und Corduan. Alter Jude. Mir wurde schwindelig, und gleichzeitig wollte ich mein Gesicht an seinem Hals vergraben und schlafen.

Aus dem Lautsprecher kam ein knisterndes *»Wei?«*.

»Yong, wie haben Jack und Merry mich genannt? Damals in Taichung?«

Yong antwortete: »Den Kaiser.«

»Danke.« Dad hieb wieder auf die Taste. »Hast du gehört? *Kaiser*. Nenn mir irgendein Kaufhaus in den Staaten, und ich habe schon mal das Schaufenster bestückt. Verstehst du? Keine Scheißwand irgendwo – das *Schaufenster*. Meine Schuhe. Snow Fucking Lite.«

»Das ist Vergangenheit, Pop«, schoss ich ihm vor den Bug.

Er spannte die Schultern an.

»Was zum Teufel redest du da, Alex?«, brüllte er. »Die Vergangenheit? Welche Vergangenheit?«

»Das heißt, das war früher. Sieh es ein, Dad. All das ist Geschichte. Du bist in der Vergangenheit steckengeblieben. Sogar im Auto fährst du rückwärts. Und wenn du das nicht begreifst, wenn du kein Vertrauen hast, dass ich uns in die Zukunft führe, bringst du uns ins Grab.«

»Wo nimmst die *Chuzpe* her? Weißt du, wie lang es gedauert hat, diese Fabrik aufzubauen? Und du willst darauf pissen? Nur über meine Leiche.«

»Hör doch zu. Es bleibt dieselbe Fabrik«, sagte ich. »Ich will nicht die ganze verdammte Produktion auf diese eine Sache umstellen. Nur eine Produktionsstrecke, oder zwei. Entspann dich. Die Firma wird immer noch Geld einbringen. Leder und Polyurethan. Alltagsschuhe. Unser Kerngeschäft. All das bleibt. Ich weiß überhaupt nicht, warum du dich so aufregst.«

»Warum ich mich so aufrege?«, krähte er. »Ich habe einen *Nebbich* zum Sohn, eine Firma am Abgrund und seit drei Tagen nicht mehr geschissen. Reicht das?«

»Das hier ist visionär, Dad«, sagte ich, die Hand vor die

Brust, Handfläche nach unten, wie um meine Stimme so weiter ruhig und gelassen klingen zu lassen.

»Nein«, sagte er. »Das hier ist der Tod. Wir haben gerade ein Programm verloren, wir können es uns nicht leisten, noch mehr zu verlieren. Ich lass mich nicht zwingen. Nicht von dir. Nicht von …« Er fing zu husten an und zeigte auf die Wasserflasche, die auf dem Tisch stand. Mit dünner heiserer Stimme fragte er: »Macht es dir was aus?«

Ich reichte ihm die Flasche. Er trank einen Schluck.

»Danke«, sagte er höflich und zivilisiert, bevor er weiter brüllte. »Vergiss es. Kommt nicht in Frage. Keine Chance, *Bubeleh*. Nicht, solange ich hier bin. Hast du überhaupt Lieferanten für dieses Elastik-Gore?«

»Wo glaubst du, habe ich es her? Natürlich habe ich einen Lieferanten. Aber ich glaube, wir könnten sogar unser eigenes machen. Mehr vertikale Einbindung, mehr Arbeitsstunden, mehr Business …«

»Du willst die Scheiße herstellen? Elastik? Es wird ja immer schlimmer. Was habe ich dir bloß getan? Liebst du mich nicht mehr? Ich weiß, es läuft gerade nicht so, aber nur, weil einer gerade einen schwachen Moment hat, darfst du ihm nicht an die Gurgel gehen. Ich meine, doch, auf jeden Fall, aber nicht *mir*. Den anderen. Da draußen.«

Er zeigte zum Fenster.

»Wer zum Teufel sind die anderen?«, fragte ich. »Wir sind hier nicht im Krieg. Hör zu, keiner mag Veränderungen. Ich wünschte auch, alles könnte so bleiben, wie es ist, aber das geht eben nicht. Wenn man älter wird, ist es ganz normal …«

»Ach, schieb's dir in den Arsch«, sagte er. »*Ganz normal.* Du klingst wie ein Snob. Wessen Stimme ist das?

Du warst auf dem College. Soll ich mir jetzt in die Hose machen?«

»Ich brauche deinen Segen«, sagte ich.

»*Baruch atah,* es wird sich nicht verkaufen.«

»Das weißt du nicht.«

»Das ist was für eine andere Fabrik. Hier habe ich das Sagen.« Er kam noch einen Schritt auf mich zu, bis sein Bauch meinen berührte. Seine Lippe zitterte. Seine große Nase sah aus wie ein altes schiefes Ofenrohr, von innen voll mit Ruß und Rost. Der alte Mann hatte eine Härte, die einen das Fürchten lehrte. Was konnte ich tun? Die Welt war erbarmungslos. Deswegen war mein Dad so gut. Weil er einfach zurück erbarmungslos war. Vielleicht hatte ich einfach nicht die Eier.

Ich wich einen großen Schritt vor ihm zurück und lehnte mich an den Schreibtisch.

Er funkelte mich einen Moment lang an. »Ich gewinne«, keuchte er und drückte sich den Daumen ans Brustbein. »Ich gewinne immer.«

»Masel tov«, sagte ich.

Dad schleppte sich zum Fenster hinter meinen Tisch, lehnte sich an die Scheibe und reckte den Kopf zum oberen Flügel, wie ich es so oft im Hotel gesehen hatte. Nase oben. Nach frischer Luft ringend.

»Was habe ich bloß falsch gemacht«, seufzte er, als er auf die schmutzige graue Stadt sah. »Okay«, sagte er dann und drehte sich zu mir um. »Zeig mir den Scheißschuh noch mal.«

Ich brachte ihm das stärkste Modell, mit der Plateausohle, und wartete schweigend, die Hände hinter dem Rücken.

»Die Beulen müssen weg«, brummte er wie zu sich selbst. »Kreppsohle. Zuviel Firlefanz. Der Schaft muss etwas weiter sein, etwas mehr Rahmung. Vielleicht Korkbeschichtung.«

»Mir gefällt es sandgestrahlt«, sagte ich.

Er zog die Brauen hoch. »Dein Hirn ist verstrahlt.«

»Aber das ist mein …« Ich biss mir auf die Zunge und dachte, nur nicht vor den Kopf stoßen. Gleich hast du ihn.

»Er ist gut«, sagte er. »Du hast gesagt, ich soll dir helfen?«

Ich nickte. Er schwieg einen Moment, dachte nach, und ich versuchte, in seinem Gesicht seine Gedanken zu lesen. Er war interessiert. Keine Frage.

»Hast du irgendwem davon erzählt?«

»Nein.«

»Hat Bernie mit irgendwem gesprochen?«

Ich schüttelte den Kopf.

»Er hat eine Riesenklappe. Bist du sicher?«

»Nein. Ja. Bernie hat kein Wort gesagt. Warum sollte er?«

»Ich frag nur. Damit wir nicht gelinkt werden. Das passiert, wenn man nicht die Klappe hält. Einmal habe ich Ben Kaplan im *Shwitz* von der Ecco-Schuhe-Idee erzählt – dann hab ich einmal geblinzelt, und schon hatte er seinem Vater eine Vierzig-Meter-Jacht und ein Haus auf Cape Cod gekauft. Kommt vor.«

Jetzt war der Zeitpunkt, die Karten auf den Tisch zu legen. Zu sagen: Wenn wir der Marke eine Chance geben wollen, müssen wir eine Weile auf Gewinn verzichten. Ich weiß, du magst Eigenmarken. Weil es sicher und einfach ist. Aber das hier ist was anderes. Das ist mein Ding. Als du mir die Fabrik übertragen hast, als ich die Papiere unterschrieben habe, nach dem Fluss stinkend, den wir vergiften, chinesisches Essen essend, das du nicht verstehst, als ich meinen Namen dort hingesetzt habe – das war der Grund. Ich habe für diesen perfekten verdammten Schuh unterschrieben.

Ich spürte, wie sich die Worte sammelten. War bereit, sie auszusprechen. Sie rauslassen. Doch kaum hatte ich den Mund geöffnet, unterbrach mich Dad.

»Gutes Design«, sagte er. »Aber eine Marke ist das nicht, das weißt du.«

Meine Knie wurden weich. Er hatte mich bis zur letzten Sekunde zappeln lassen.

»Mindestens zwei Jahre, bevor wir Gewinn machen – du weißt, dass das nicht geht. Ich sag dir was, ich nehme das Ding und mach auf meine Art Geld damit, auf meinem normalen Distributionsweg, aber hör zu, ich möchte dir sagen, dass ich stolz auf dich bin.«

»Du meinst Eigenmarke.« Ich fühlte mich taub. »Nicht meine Marke.«

»Natürlich. Das ist die klügere Option. Abelson's setzt den Kreditrahmen rauf. Sie übernehmen Transport- und Herstellungskosten. Sie führen die Waren ein. Es ist ihr Arsch, der auf dem Spiel steht. Wir haben Sicherheit. Würden wir es auf deine Art machen und das Ding floppt, sind es unsere Ärsche.«

»Das ist mir klar«, sagte ich zähneknirschend. Aber wir

verschenkten unsere Designs. Alles, was wir machten, gehörte jemand anderem.

»Okay, aber irgendwie klingst du, als wäre es dir nicht klar. Ich kann nur danach gehen, wie du klingst. Und du klingst verpeilt.«

»Ich bin nicht verpeilt.«

»Was bist du dann?«, fragte er mit verkniffenem Gesicht.

»Ich weiß nicht. Alles ist irgendwie verschwommen.«

»Dann reiß dich zusammen. Hör zu, Alex, du machst aus einer Fliege einen Elefanten. Das hier ist nichts Persönliches. Es ist Geschäft. Du hast was Großartiges entworfen, und jetzt überlass es mir. Okay? Wir werden eine eigene Linie für dich machen. Darum geht's dir doch, oder? Das wolltest du doch?«

»Sicher«, sagte ich. Ich starrte vor mich hin. Nein. Das war es nicht, was ich wollte. Nur schon hier zu stehen kostete enorm viel Energie.

»Alex«, sagte Dad lächelnd. »Er gefällt mir.« Er zeigte auf den ersten Schuh auf dem Tisch. »Erinnert mich an einen Stuart Weitzmann. Schöne Linien hier unten, und der da, gute Textur, gute Details. Ich bin sehr zufrieden.«

»Sie gefallen dir?« Kaum waren die Worte draußen, wünschte ich, ich könnte sie zurücknehmen. Diese Unterwürfigkeit. Genau was er wollte.

»Machst du Witze? Sie sind toll. Wahrscheinlich habe ich es noch nicht deutlich genug gesagt. Ich könnte nicht stolzer auf dich sein.« Er senkte das Kinn. Sah mich über den Rand seiner Brille an. »Hey, das würde ich auch sagen, wenn du nicht mein Sohn wärst. Aber du bist mein Sohn, und das macht es noch besser. Du bist viel weiter, als ich in deinem Alter war.«

Unwillkürlich richtete ich mich auf. Sein Lob tat gut, selbst wenn ich mich dagegen wehrte. Und ich wehrte mich wirklich.

»Findest du wirklich?« Man könnte auch sagen, dass man die Antwort eigentlich schon kannte, wenn man diese Frage stellen musste. Na und? Ich wusste, Dad würde mir die Eier abschneiden, in der Sekunde, in der ich versuchte, mir welche wachsen zu lassen. Er wartete nur auf den Moment, und dann Schnippschnapp – ich wusste es, und trotzdem fühlte sich sein Lob echt gut an. Ein kleiner Schulterklopfer. Ausnahmsweise. Wie lange wartete ich schon darauf? Wie weit war ich gereist? War wie ein Hündchen um die halbe Welt gepaddelt, um meinen Vater sagen zu hören, dass ich kein Volldepp war. Um ihm eine einzige Scheißnettigkeit aus den Rippen zu leiern. Das war es, was ich eigentlich wollte, oder? Jetzt waren wir ebenbürtig, das hatte er gesagt, und ich musste mich für nichts mehr schämen.

»Was ich denke, ist sowieso egal«, sagte er. »Vergiss Vierzig-Meter-Jachten – *das* hier ist der Traum. Ein Familienunternehmen.« Er rieb mir die Schulter, ein breites Lächeln im Gesicht. »Haben wir einen Deal?«

»Okay«, sagte ich und knickte ein.

Von außen betrachtet mochte ich wie ein Feigling gewirkt haben, aber es wäre wirklich dumm gewesen, alles auf einmal zu verlangen. Sollte er sich erst mal in den Schuh verlieben. Später konnte ich ihn immer noch bearbeiten. Ihm klar machen, dass es der perfekte Schuh für eine Marke war.

Ich ging vor wie ein Schuh-Profi, der eine Idee pitchte und sich nach den Gegebenheiten richtete, genau das tat ich. Ich passte meinen Plan an. Ich gab ihn nicht auf, natürlich nicht; ich nahm nur einen Umweg.

Um ein alter Schuh-Fuchs zu werden, musste man solche Dinge tun. In uns allen schwelte dasselbe Feuer – ich weiß nicht, wo es herkam – vielleicht aus irgendeinem Holzofen im *Schtetl* von Posemuckel, vielleicht von einem viel dunkleren Ort. Auf jeden Fall brannte es. Und man konnte es nicht löschen.

Jetzt legte Dad los. »Eine Sandale, einen Mary-Jane, einen Peeptoe-Wedge – wunderschönes Zeug. Du hast letzte Nacht Musik gemacht, Junge. Mit lauter verschiedenen Noten. Aber ich möchte, dass *du* stolz auf dich bist. Mach keinen Scheiß für mich. Versprochen?«

Bevor ich antworten konnte, hörte ich den Lärm wieder. Von draußen. Musik erschallte aus den Lautsprechern im Hof.

Wir wandten uns gleichzeitig zum Fenster.

Ein chinesisches Marschlied. Ein Lied, das jugendliche Rotgardisten heraufbeschwor, Arm in Arm, mit erhobenem Kinn und polierten Stiefeln. Eine Melodie, die man hörte, wenn einem das eigene Leben nichts mehr bedeutete.

Mein Telefon klingelte. Ivys Name leuchtete auf dem Display auf – und ein Schauder lief mir über den Rücken. Vielleicht um mich vor der Demonstration zu warnen. Morgen? Ich suchte nach der Lautlos-Taste und ließ das Telefon auf den Teppich fallen.

»Was ist los mit dir?«, fragte Dad.

»Ich habe die ganze Nacht gearbeitet.«

»Nimm dir den Rest des Tages frei, verstanden? Du bist ein Mensch, kein Wichtel. Als Wrack nutzt du keinem. Geh und ruh dich aus.«

Er legte mir die Hand auf den Rücken und schob mich zur Tür, verabschiedete sich, aber ich wehrte mich, stemmte mich dagegen, machte mich schwer.

»Bei allem machst du so ein Theater«, sagte er und bugsierte mich zur Tür. »Ich dachte, man kriegt Kinder, und die Kinder lieben einen. Ganz einfach.«

»Es ist viel zu viel los«, protestierte ich.

Er hielt einen Moment inne. »Interessant«, sagte er. Dann gab er mir einen letzten Stoß und schlug die Tür hinter mir zu.

So stand ich auf dem Flur, vor meinem eigenen Büro, starrte die geschlossene Tür an und fragte mich, was zum Teufel gerade passiert war. Und dann dämmerte mir, was er getan hatte. Genau das, was Bernie und ich befürchtet hatten.

Im Fahrstuhl versuchte ich zu begreifen, wie es dazu gekommen war und wie ich es wieder rückgängig machen konnte. Ich trat hinaus in den Hof. Die Luft war so drückend, dass ich das Gefühl hatte, ich würde nach Hause schwimmen, und als ich mir die Taschen abklopfte, merkte ich, dass ich mein Portemonnaie vergessen hatte. Schnell lief ich zurück in mein Büro und war erleichtert, dass Dad fort war. Doch als ich den Geldbeutel einsteckte, zuckte ich zusammen. Der Tisch war leer. Alle Muster waren fort.

Ich hatte das Gefühl, der Boden gab unter meinen Füßen nach, meine Knie wurden weich – alles, was in mir steckte, was dort auf dem Tisch war, verschwunden. Er hatte es mir weggenommen. Dad. Er hatte sich mein Werk unter den Nagel gerissen und war abgehauen.

Meine Hände zitterten.

Das Schwein hatte mich über den Tisch gezogen. Nach seiner beschissenen Geschichte von Ben Kaplan im Schwitzbad hatte der Heuchler einfach zugegriffen. Mir mit einer Hand den Bauch gepinselt und mit der anderen Hand die Schuhe geklaut.

Ich holte Luft, versuchte, logisch zu denken – vielleicht hatte er sie bloß mit in sein Büro genommen. Was nicht bedeutete, dass er sie geklaut hatte. Nicht unbedingt.

Aber er hatte es getan. Genau das bedeutete es.

Er hatte mich in die Fedor-Maschine gesaugt und hinten wieder ausgespuckt. Es sollte mir nichts ausmachen, dass er ohne zu fragen oder mir eine Begründung zu geben ein paar Schuhe aus meinem Büro genommen hatte, aber ich war am Boden zerstört. Nichts in dieser beschissenen Firma durfte ich selbst machen. Es war allein Fedors Show. Seine Fabrik. Seine Vision. Die Schuhe waren weg. Ich war weg. Mein ganzer Einsatz war weg. Ich stand hier wie der gelackmeierte *Gweilo,* der gerade aus dem Perlfluss gekrochen war. Es war nicht meine Fabrik. Das hatte ich begriffen. Es nutzte nichts, für meine Marke zu kämpfen. Ich würde Bernie die Entwürfe geben, und er konnte sie zu Magotan oder zu Gold Valley tragen. Warum sollte Dad auch nur einen Cent daran verdienen?

Mein ganzes Ich-bin-ein-echter-Schuh-Fuchs-der-sich-spontan-den-Gegebenheiten-anpasst – was für eine gequirlte Scheiße. Mach dir nichts vor, Alex. Du hast gekniffen. Wach auf und gib's endlich zu – er wird dich immer klein halten.

Ich ging, verließ mein Büro, ohne die Tür hinter mir zu schließen, nahm den Fahrstuhl und trat auf den Hof.

Unter dem Vordach der Kantine strömten die Arbeiter aus dem Gebäude, um an der Schichtuhr zu stempeln. Zu Hunderten kehrten sie an die Arbeit zurück, ein Meer von Menschen zwischen mir und meinem Haus, und ich hatte keine Wahl, als mich unter sie zu mischen.

Ich tauchte in die Menge ein, und der Strom wurde immer dichter. Alle hatten es eilig, ihre Zeitkarten in die Uhr zu schieben, jede Sekunde kostete Geld. Ich spürte ihre Nähe, roch ihren Schweiß. Dad hatte meine Ideen nicht abgeschmettert, er hatte sie verschlungen. Welche Wahl hatte ich jetzt noch? Unterwerfung oder Untergang. Nichts würde sich ändern – das wurde mir klar, als ich mich durch die Menschen drängte, deren Gesichter wie Blitzlichter vor mir auftauchten: ein Junge, der lautlos die Lippen bewegte, als zählte er immer noch die Einwirkzeit an der Besohlungsmaschine; ein Mädchen mit einer Girlande aus Plastikspänen im Haar. Ich rempelte gegen die Schulter einer alten Frau im Blumenkittel mit wackelndem Kopf und dem seltsam starren Benzol-Grinsen, auch sie steckte irgendwo in der Menge, strampelte sich ab. Einen kurzen Moment weitete sich ihr trüber Blick – nicht mehr –, dann war sie vorbei.

Das waren die Leute, die mir wichtig waren. Die Arbeiter. Dieser Menschenfluss, der mich von allen Seiten umgab. Menschen, die meinetwegen litten. Wenn ich mich schon über das System beschwerte, von dem wir profitierten, sollte ich besser auch bereit sein, etwas zu tun. Wenn ich kein Heuchler sein wollte, musste ich zum Mikrofon greifen. Eine gemäßigte Rede halten. Mit allem an die Öffentlichkeit gehen. Mit jedem Unrecht gegen die chinesischen Arbeiterinnen und Arbeiter. Ich hatte nichts mehr zu verlieren. Ich würde mich an alle Fabrikbesitzer in Foshan und in Guangzhou wenden, an das ganze Perlfluss-Delta, um es richtig zu machen. Und falls ich Dad damit ruinierte, falls ich die ganze Branche den Bach hinunterschickte, könnte ich nicht sagen, dass es mir etwas ausmachte. Was bedeutete mir das Geschäft jetzt noch? Ein Schwarzes Loch, auf das ich mich zubewegte. Warum sollte ich mich noch an die Regeln halten? Warum sollte ich ein braver jüdischer Bub sein? Wozu? Um Dads Vermächtnis weiterzutragen? Damit ich seine wandelnde Urne war? Seine schimmlige Aussteuertruhe, die nach Harz und altem Tee roch, den Aromen der alten Welt. Auf keinen Fall. Er behandelte mich genauso schlecht, wie er seine Arbeiter behandelte. Er konnte ein richtiger Scheißkerl sein – er *war* ein Scheißkerl. Schockierend, dass ich für diese Erkenntnis so lange gebraucht hatte. Es war nichts Persönliches, Dad. Das würde ich auch zu ihm sagen. Ich würde ihm sagen, er sattelte besser schnell auf Grapefruit-Löffel um, bevor der Markt dafür dicht war.

Schließlich löste ich mich aus der Menge und lief zu einem sonnigen Dreieck auf dem Pflaster vor der Kantine – eine erfrischende Schneise, ein klarer Winkel aus Licht. Dann nahm ich das Telefon aus der Tasche, ging die Anrufliste durch und drückte auf Zhangs Nummer. Während es klingelte, hob ich das Gesicht zum Himmel. Heute würde es nicht mehr regnen. Ein wirklich dämlicher Gedanke in einem Augenblick wie diesem, mit dem klingelnden Telefon am Ohr, also drehte ich mich um und sah zu Boden, aber von meinem Schatten fehlte jede Spur. Niemand warf in Foshan einen Schatten – ich war lange genug hier, um das zu wissen, zu viel Ruß und Smog –, aber erst jetzt formte sich das Wissen zu einem bewussten Gedanken, der mir Gänsehaut machte. Und dann hörte ich Zhang, der meinen Namen sprach. Hallo?, sagte er. Bist du das?

Meine Zunge war trocken, klebte am Gaumen, und Zhang wiederholte meinen Namen, immer wieder, hämmernd in meinem Ohr, bis ich, bevor er auflegen konnte, sagte: »Ich werde reden.« Und dann sagte ich es noch einmal, lauter: »Ich will reden.«

16

Am Morgen war ich vorbereitet: auf Menschen, Marschmusik, Megafone, aber alles war ruhig. Ich ging durch die kühle, blaue Backsteingasse zwischen den Wohnheimen auf den Hof. Kein Zhang oder Ivy, keine Demonstranten. Nur ein paar streunende Hunde, die die klebrigen Rinderdärme aus den Abwassergräben schleckten, und ein Koch, der einen Korb Brunnenkresse zur Kantine trug. Am Telefon hatte Zhang nur gesagt, ich solle mich bereithalten, aber er hatte mir keinen Tag genannt. Heute also nicht. Ich war erleichtert. Das gab mir noch genug Zeit, Ivy zu finden und ihr von meinem Entschluss zu erzählen.

Im oberen Stock von Anlage C stellte ich mich an den Maschendrahtzaun, der den Herstellungsbereich mit den Produktionsstrecken abtrennte, drückte die Nase in eine der Rauten und versuchte, Ivy unter den Arbeitern in dem Käfig zu entdecken – denn genau das war es, fiel mir jetzt auf, ein Käfig. Ich nickte dem Hallenmanager an seinem Tisch zu. Er öffnete die Drahttür für mich, und ich folgte der Produktionsstrecke bis zur Näherei ganz am Ende.

Hier saßen die Arbeiterinnen und Arbeiter an beiden Seiten eines langen Metalltischs, und ich entdeckte Ivy von hinten, in meinem alten JCC-Basketball-T-Shirt mit unseren abblätternden Namen in Plastisol darauf: Goldstein, Jablonski, Cohen – die »Lynner Zinken«, wie meine Mutter uns genannt hatte.

Als Ivy meine Anwesenheit bemerkte, erstarrte ihre Hand einen Moment an der Golden-Wheel, doch dann machte sie weiter, Reißverschlüsse in Stiefel einzunähen. Von oben sah ich auf die weiße Kopfhaut ihres Scheitels sehen und eine rotglühende Ohrspitze, die durch das zurückgebundenen Haar blitzte, und eine große Liebe zu ihr erfüllte mich, zu unserer Verbundenheit, auch wenn sie nicht zu mir aufsah, oder vielleicht deswegen.

Meine Nackenmuskulatur entspannte sich. Sie war hier, in Sicherheit. Natürlich, warum sollte sie es nicht sein, aber sie war es, ganz einfach, und diese Gewissheit musste der Grund gewesen sein, warum ich hier war, nicht, weil ich mit ihr reden wollte. Ich wollte einfach neben ihr stehen. Alles noch eine Weile lassen, wie es war, auch wenn es so nicht für immer würde weitergehen können. Das wusste ich. Und ich wusste, dass ich hier nicht mit ihr sprechen konnte, vor den anderen, also nahm ich einen der fertigen Stiefel in die Hand und tat so, als würde ich ihn begutachten, aber dann betrachtete ich ihn wirklich genauer.

Fettflecken auf dem Leder. Streifen. Kappe und Schaft in fast schon unterschiedlichen Farben. Billiges Spaltleder. Vom Rinderhals. Das in null Komma nichts Gehfalten bekam.

Genau *das* war es, wovon ich Dad, wovon ich *uns* wegbringen wollte. Aber Dad hörte nicht auf mich. Er war ein Schlinger. Na schön. Dann nahm ich eben den anderen Weg.

Ich warf den miesen Stiefel zurück in den Plastikkorb auf

dem Tisch. Mehr musste ich nicht sehen. Jedenfalls keine Schuhe.

Der Junge, der Ivy gegenübersaß, spürte, dass ich sein Namensschild las – Liu Jianbin –, und hob den Kopf, unsere Blicke trafen sich, dann sah er weg. Er hatte eine Igelfrisur, scharf geschnittene Wangenknochen, ein Jeanshemd mit abgeschnittenen Ärmeln und einen knorpeligen Stumpf anstelle seines linken Zeigefingers. Vielleicht die Lederspaltmaschine. Oder die Stanzplatte.

Sein weißes Jade-Armband klimperte gegen das Schneidebrett aus Glas, als er mit einem flachen Rasiermesser das Leder spaltete.

Ich machte mich auf den Rückweg, als ein Handy klingelte. Ich drehte mich um, und der einzige, der aufsah, war Jianbin. Die Hand mit der Klinge erstarrte.

Es klingelte weiter, und Jianbin griff in seine Tasche, tastete nervös nach der Lautlos-Taste und legte das Telefon auf den Tisch. Ein iPhone. Dünn. Nagelneu.

Er war einer von Ivys und Zhangs vierundzwanzig. Die geheime Gruppe.

Jianbin sah auf die blinkende Telefonnummer. Dann zu mir hoch, während er sich aufrichtete, als drücke ihm jemand ein kaltes Stethoskop in den Rücken. Das Schweigen zog sich. Wir starrten uns an. Kein Atemzug. Noch eine Sekunde. Und noch eine.

Ich nickte zu dem Telefon auf dem Tisch. Gab Jianbin zu verstehen, dass ich wusste, was ich sah. Meinte: Es ist okay, ich unterstütze euch. Jianbin lächelte zögernd. Dann legte er langsam die Hand mit den vier Fingern auf das Telefon, nahm es vom Tisch und steckte es ein.

Aber Produktionsleiter Shen stand schon neben mir und hielt die Stoppuhr hoch, mit knallrotem Gesicht. »Kein Telefon! In der Fabrik kein Telefon. Kapiert?«

Shen drehte sich zu mir um. »So faul, sie brechen mein Herz.«

Ich sagte, schon gut. Kein Problem.

»Letzte Chance«, zischte Shen Jianbin an. »Willst du Geld mit Erfolg? Letzte Chance.«

Aber Jianbin ignorierte den Produktionsleiter. Er begann in den aufgestellten Kragen seiner Jeansweste zu summen, dieselbe Melodie, die ich dauernd hörte, und wiegte sich leicht im Takt.

Wütend riss Shen den Mund auf. »Lohnabzug!«, schrie er und zeigte auf Jianbin. »Kein Gesang!«

Ein Stück weiter kicherte eine junge Frau.

»Lohnabzug«, schrie Shen wieder und zeigte in ihre Richtung. Das Kichern breitete sich aus. »Alle. Lohnabzug. Unruhestifter. Ihr müsst hart sein.«

Ivy rückte von der Nähmaschine ab. Die Spule drehte sich aus, der Gummiriemen kam zum Stillstand. Ich sah, dass ihre Fingerspitzen, die sie auf den Tisch drückte, weiß waren.

»Das reicht«, sagte ich zu Shen. »Ganz ruhig.«

Doch er fing an, die Arbeiter auf Chinesisch anzuschreien, wie er es tat, wenn ich nicht da war.

Im gleichen Moment schleiften Stuhlbeine über den Zement, und Ivy stand auf. Bedächtig band sie die Schürze hinter dem Rücken auf und zog sich die Schlaufe über den Kopf.

»Wo ist deine Toilettenerlaubnis?«, fragte Shen.

Ivy faltete die Schürze in der Mitte und legte sie ordentlich auf den Tisch. Die Maschinen standen still, als sie die ganze Produktionslinie abschritt, vorbei an mir und Shen, den Vorarbeitern und dem Hallenmanager an der Drahttür, dem der Stift aus dem Mund glitt und auf den Boden rollte. Ivy öffnete die Tür und ging.

Also hatte ich doch recht. Heute war der Tag.

Ich unterdrückte ein Lächeln. Vielleicht hatte ich mit dem Anruf bei Zhang den Stein ins Rollen gebracht. Umso besser. Das wollte ich. Trotzdem nagte etwas an mir; wenn Zhang mich unbedingt dabeihaben wollte, warum hatte er mir dann nicht das Datum genannt – aber der Gedanke wurde unterbrochen, als Jianbin aufstand.

Er zog sich die selbstgenähten Fingerschützer ab und warf Manager Shen einen hasserfüllten Blick zu, bevor er ebenfalls zum Tor ging.

»Wo willst du hin?«, fragte Shen und zog sich verunsichert die Hemdbrust zurecht. »Geh zurück an deinen Platz! Hey! Hey, magst du McMuffin? Dann komm zurück!« Von seinen Haarspitzen tropfte Schweiß. »Hey! Magst du Grüntee-Frappuccino? Willst eine gute Zukunft? Dann setzen und arbeiten.«

Jianbin warf einen kurzen Blick zurück, nicht zu Shen, sondern zu einer jungen Frau. Näherin. Getönte Hornbrille, sehr dünn. Nervös betastete sie das silberne Kreuz um ihren Hals und stand auf.

»Setz dich!«, schrie Shen.

Sie sah Shen an, dann mich, dann wieder Shen. Unter ihren Augen sammelte sich Schweiß. Langsam wandte sie die Schultern zur Tür, als würde sie mit jedem Drehungsgrad Shens Reaktion messen, und als sie sicher war, dass er nichts dagegen tun konnte, ging auch sie auf den Ausgang zu.

»Halt!« Shen fummelte die Trillerpfeife aus der Brusttasche, blies hinein, schrill und laut, und stürmte hinterher.

Mein Blick fiel auf Ivys leeren Hocker. Der Sitz, abgeblättert von hunderten von Arbeitern, die hier gesessen hatten, und ich berührte ihn wie hypnotisiert. Eine flache Mulde, glatt wie ein Flusskiesel. Ohne zu wissen warum, setzte ich mich. Auf Ivys Platz. Vor ihrer Golden-Wheel, und um mich herum sah ich die Gesichter der jungen Leute und die zornige Verzweiflung, die in ihnen scharrte.

Auch sie standen auf.

Die Linienmanager schrien gegen das Trappeln der Füße an. Etwa die Hälfte der Arbeiter hatte sich erhoben und ging. Das ganze Gebäude schien zu wanken, als sie die Treppe hinunterliefen.

Hongjin, mein Freund vom Einkauf mit der Narbe auf der Brust, die mein Vater berührt hatte – er stand am Tisch des Hallenmanagers und wippte auf den Fersen. Sah mich an – im linken Mundwinkel eine Yancheng, ein Auge zusammengekniffen, obwohl die Zigarette nicht brannte – und ich nickte ihm kurz zu. Kaum wahrnehmbar. Es ist okay. Geh.

Einen Pulsschlag zögerte er, dann zuckte er mit dem Kinn und schloss sich der Schlange der Arbeiter vor der Drahttür an.

Durchs Fenster sah ich Anlage A. Auch von dort strömten sie auf den Hof.

Am Tisch war nur noch eine Näherin übrig. Die einzige

von Ivys Produktionslinie, die geblieben war. Sie hatte sehr dunkle Haut. Eingefallene Wangen. Sie sah mich an, aber ich wusste selbst nicht, was sie in meinem Gesicht sah. Dann drehte sie das Schwungrad, und die Golden-Wheel fing wieder zu rattern an, das Pedal quietschte – sie ließ mich wissen, dass sie weiterarbeiten würde, egal was passierte.

Ich erhob mich von Ivys Platz und ging zum Ausgang, und ich musste mich selbst an mein Vorhaben erinnern. Hier drinnen war ich fertig. Tut mir leid, Dad, aber das sind nicht die Gesichter von Menschen, die es interessiert, ob Andrew Carnegie in einer Textilfabrik anfing – einen Dollar fünfzig die Woche fürs Kohle schaufeln – und jeden Penny sparte. Kein Arbeiter glaubt dir das Märchen, dass auch seine Zeit eines Tages kommt. Entweder die Zeit kommt jetzt oder sie kommt nie.

Und sie kam jetzt, dachte ich, als ich durch die Drahttür trat und die Treppe hinunterging, bis ich plötzlich meinen Namen hörte. Ich sah nach oben.

Eine Treppe über mir beugte sich Dad über das Geländer.

»Hey, du gehst in die falsche Richtung«, rief er. »Beweg deinen Arsch hier rauf. Siehst du nicht, was los ist? Ein Streik. Ein waschechter Streik. Wo zum Teufel willst du hin?«

»Raus«, sagte ich.

»Was willst du da, verdammt?«, quiekte er. »Sie um Entschuldigung bitten? Spinnst du völlig? Wir betteln nicht. Nicht bei solchen Leuten. Komm hoch und überlass die Sache der Polizei.«

»Ruf nicht die Polizei.«

»Spinnst du?«

»Hören wir erst, was sie zu sagen haben.«

»Alex. Hör auf.«

Ich ging eine Stufe tiefer.

»Ich renne dir nicht hinterher«, rief er und beugte sich noch weiter über das Geländer, um mich im Auge zu behalten.

Noch eine Stufe. »Es geht nicht anders«, sagte ich. Dann trennte der Treppenabschnitt über mir seinen Hals ab, sein Gesicht verschwand, und ich begann zu laufen, zwei Stufen auf einmal nehmend. Vielleicht hatte Dad die Polizei schon gerufen. Oder er tat es jetzt. So oder so, ich musste Zhang und Ivy finden und warnen.

Draußen herrschte Jubel und Geschrei. Falls Zhang hier irgendwo war, dann vorne, an der Front. Ich drängelte mich durch die Masse. Rote Zungen. Gelbe Armbinden. Arbeiterinnen und Arbeiter mit Holzschildern um den Hals. In blutroter Farbe geschriebene Parolen, Chinesisch und Englisch: 我要作人 ICH WERDE EIN MENSCH SEIN. Ich drehte mich eine Sekunde um, und plötzlich flog ein weißes Laken auf mich zu, mit roten Buchstaben: 围观 HINSTELLEN UND HINSCHAUEN, und ich duckte mich, als der Saum des Banners mein Haar streifte und über mich hinwegfegte.

Die marschierenden Arbeiter rissen mich bis zur Eingangspforte mit. Alle drängten in dieselbe Richtung. Wo zum Teufel waren Zhang und Ivy?

Ich sah hoch. Im dritten Stock unseres Gebäudes stand Dad am Fenster und starrte zu mir herab. Die Hände an die Scheibe gedrückt. Kein Körper. Nur das weiße Gesicht und die Handflächen. Vom Dach gegenüber hing ein Bettlaken-

Banner, und ich las den Schriftzug spiegelverkehrt über seiner Brust:

合鞋 #passenderschuh.

Entlang der Dachkante und auf den Feuerleitern saßen Leute, die alles mit ihren Smartphones filmten. Eine junge Arbeiterin kletterte auf einen Firmen-Van und richtete das rote iPhone-Licht auf mich, dann bekam ich einen Stoß von der Seite, die rechte Schulter einer Frau glitt vorbei – ein grüner Schmetterling unter einen Latzhosenträger. Unter meinem Fuß knirschte es – eine kaputte Sonnenbrille.

Wieder ging eine Bewegung durch den Strom, und plötzlich stand ich vor Die Jo, dem früheren Fußmodell und jetzt Vorsitzende des Poker-Komitees.

»Oh, Mr Younger Cohen«, sagte sie. »Wo hast du dieses hinreißende Gesicht versteckt?« Die Worte kamen langsam über ihre Lippen, als müsse sie sich erst erinnern. *»Sunset Boulevard«,* erklärte sie dann und steckte sich eine Zigarette in den Mund, während ich für den Bruchteil einer Sekunde hinter ihrer Schulter die weiße Plastisol-Schrift *Goldstein* las. Mein T-Shirt. Ivy.

»Ich muss weiter«, sagte ich und versuchte mich an Die Jo vorbeizuschieben, aber ich wurde auf beiden Seiten von Demonstranten blockiert, und Ivy verschwand im Flackern von Die Jos Feuerzeug.

»Scheiße«, sagte ich.

»Sei kein Spielverderber, Puppe«, säuselte Die Jo und blies mir eine Mentholwolke ins Gesicht.

Die Menge tobte. Ich riss den Kopf herum. Zhang segelte im Bugkorb einer unserer Rollleitern über uns hinweg, die Hände am Geländer, in grünem Cape und Stoffmütze wie eine Figur aus dem Nationalmuseum. Mao beim Überqueren des Gelben Flusses. Meine Knie wurden weich. Ich musste schleunigst zu ihm.

Ich zog die Schultern ein und zwängte mich durch die Menge, drückte mit beiden Händen die Leute auseinander, arbeitete mich im Zickzack nach vorn, bis ich die vier Jungs sah, die die Rollleiter schoben wie die kaiserliche Sänfte mit Herrscher Zhang darauf. Dahinter kamen weitere Jungs mit zwei Schubkarren voller Schuhleisten und Klebstoffdosen. Im nächsten Moment kreischte eine Rückkoppelung aus der Lautsprecheranlage, und dann die tiefe Stimme Zhangs, der *Ni hao* ins Mikrofon sagte.

Die Haare an meinen Armen stellten sich auf. Die Menge zog sich zusammen.

Ich kam zu spät.

»Genossen«, sagte er, »wir sind keine scheiß Jugendlichen. Wir sind echte Chinesen.«

Er sprach erst Chinesisch, dann übersetzte er für das YouTube-Publikum ins Englische.

Alle jubelten und stampften mit den Füßen auf.

»Demokratie lebt in unseren Herzen«, sagte er. »Denkt an die Worte des Dichters, Genossen: ›Ich bin kein Held. In einer Zeit ohne Helden will ich ein Mensch sein.‹ Bei Dao schrieb diese Worte an dem schicksalhaften Tag, den wir nicht nennen und nicht in den Computer tippen dürfen. Wir sagen 35. Mai. Dabei war es der vierte Juni. Aber nur weil unsere Stimme schwach ist, wie können wir schweigen? Ich war als Junge damals dort. Was hat sich in 25 Jahren verändert? Ein paar sehr Wenige sind sehr reich. Aber nicht die

Wanderarbeiter. Nicht ihr. Ihr habt den Weg bereitet – wo ist euer Lohn?«

Die Menge jubelte.

Jetzt kämpfte sich Ivy zur Bühne, mit einer roten Binde um den Arm, und nahm das Mikrofon. Auch sie sprach erst Chinesisch und übersetzte sich dann: »Arbeiterinnen und Arbeiter von Tiger Step, heute schreiben wir ein neues Kapitel der Geschichte Chinas. Man enthält uns grundlegende Menschenrechte vor, Sozialversicherung, Bürgerrechte, und wir verlangen Wandel. Wir verdienen die gleiche Behandlung wie die Arbeiterinnen und Arbeiter in Amerika und Japan. Wir bitten die Arbeiterschaft auf der ganzen Welt, uns zu unterstützen und sich uns anzuschließen.«

Ein Rumpeln war zu hören, und alle Blicke richteten sich auf eine Gasse zwischen den Gebäuden. Dort rollte die fünf Meter hohe Attrappe einer Marmorsäule heraus, genau wie die Stelen rund um die Verbotene Stadt, auf der eine Art Greif saß, der sich, als die Säule näherkam, als Kröte mit menschlichem Gesicht entpuppte. Ein chinesisches Gesicht. Ich fand, es sah aus wie Gang. Mir wurde flau. Dann sah ich, dass die Säule die Form eines Stiefels hatte und auf dem Schaft Slogans standen.

Ivy wartete, bis der Applaus verebbte: »Früher konnten wir mit solchen *Huábiǎo* unsere Kritik an der Regierung zum Ausdruck bringen. Gewöhnliche Leute wie wir. Wir haben unsere Meinung auf die Säule geschrieben, um uns gegen Ungerechtigkeiten auszusprechen. Präsident Xi Jinping hat vor ein paar Jahren in einer Rede über die nationale Entwicklung gesagt: ›Nur der Träger weiß, ob der Schuh passt.‹ Jeder Chinese erinnert sich daran. Deswegen heißt unsere Bewegung »Passender Schuh«. Wir, die Träger, sagen zu unserer Regierung und den Chefs unserer Fabriken und der ganzen Welt: Der Schuh passt nicht. Nur wir können die Zukunft bestimmen. Wir müssen mitreden, wenn es um den Schuh geht, den unser Land tragen soll. Um den Weg, den wir einschlagen sollen. Wie sieht unser historisches Schicksal aus? Das ist es, was wir für uns selbst entscheiden müssen, heute und morgen. Wir stehen hier mit friedlichem Herzen. Wir lieben die Zukunft Chinas. Deswegen sind wir hier.«

Sie hob die Arme, um die Menge zum Schweigen zu bringen.

»Heute ist ein besonderer Tag, weil wir die Unterstützung unserer Fabrik haben.«

Ich fühlte, wie sich meine Kehle verkrampfte.

»Lassen wir Mr Younger Cohen sprechen«, sagte Ivy.

Ein Raunen ging durch die Menge, als ich mich nach vorn drängte, vorbei an dem stiefelförmigen *Huábiăo.* Ich setzte den Fuß auf die erste Sprosse der Rollleiter, und das Geländer wackelte. Zhang und Ivy standen oben auf der Plattform.

Dann nahm ich die zweite Sprosse. Und da war Zhang neben Ivy, goldene Knöpfe an seinem Cape, roter Stern an der Mütze. Ivy hielt mir lächelnd das Mikrofon entgegen. Mit der roten Armbinde und dem albernen JCC-T-Shirt. Warum trug sie es heute? Meinetwegen. So wie ich ihretwegen hier war. Worüber wir neulich abends nach dem Sex gesprochen hatten. Was wir voneinander verstanden. Meine Fabrik, ihre Vision. Ebenbürtig.

Die Leiter wackelte.

Es war, als würde ein unsichtbarer Faden vom Fenster im dritten Stock an meinem Kinn zerren. Ich wagte nicht hinzusehen. Aus Angst, dass meine Entschlossenheit nachließ. Nein, ich tat das richtige hier. Ich unterstützte die Arbeiter. Der Schuh passte nicht. Ich musste sprechen. Ich durfte keine Angst vor drei Stockwerke hohen Vätern haben.

Nur nicht hinsehen, redete ich mir zu, aber meine Augen gehorchten nicht. Dort stand er am Fenster. Hastig sah ich wieder weg. Stieg weiter die Leiter hinauf.

Oben auf der Plattform band mir Ivy eine rote Armbinde um und übergab mir das Mikrofon. Ich hielt es mit der Hand zu und beugte mich zu Zhang.

»Fedor hat die Polizei angerufen«, flüsterte ich.

Ivy holte tief Luft, aber in Zhangs Gesicht war ein halbes Grinsen, wie eine Axt, die in einem Baumstumpf steckte.

»Kein Problem«, sagte Zhang. »Friedliche Herzen.« Er nickte. »Es stimmt«, sagte er. »Es ist ganz normal. Dass die Polizei kommt.«

Ich sah Ivy an.

Sie nickte. »Wir machen weiter.«

Ein paar Augenblicke verstrichen, und dann spürte ich die Blicke der versammelten Arbeiterschaft in meinem Rücken.

»Los«, sagte Ivy und nickte zur Menge. »Ich übersetze.« Ich nahm einen tiefen Atemzug und drehte mich in die warme Brise.

Soviel Luft zwischen mir und den Demonstranten und den filmenden iPhones. Meine Fußspitzen nach außen gedreht. Die Schienbeine schwitzten. Neugierig drängten die

Arbeiter vor, die Gesichter nach oben gewandt, die Schilder an den Stangen wippten. Das Mikrofon lag schwer in meiner Hand.

»Diese beiden Menschen«, rief ich, und als ich den seltsam lauten Klang meiner eigenen Stimme aus den Lautsprechern hörte, verlor ich den Faden. Das Echo vibrierte in meiner Brust. Breitbeinig stand ich da, und die einzigen Worte in meinem Gehirn waren *diese beiden Menschen,* als wären es die einzigen Worte auf der Welt, die einzigen Worte, die in mir steckten. Ivy und Zhang. Was zum Teufel wollte ich sagen? Worauf wollte ich hinaus?

Ivy nahm mir das Mikro aus der Hand und übersetze auf Chinesisch, was es noch schlimmer machte.

Totenstille. Mein Mund war trocken. Die erwartungsvollen Gesichter. Die Menge. Mein Vater. Jenseits meines Blickfelds. Seine Lippen, die sich bewegten. Ich konnte ihn förmlich hören: *Sohn eines anderen. Die Fabrik hat dein Studium bezahlt, und so dankst du es mir?*

Vergiss ihn. Sei ehrlich.

Dann fühlte ich wieder das Mikrofon in meiner Hand.

»Wir müssen es besser machen«, sagte ich. Ich lehnte mich gegen das Geländer. »Das Management. Die Regierung. Ich.«

Ivy wiederholte auf Chinesisch, was ich gesagt hatte.

Dad hämmerte gegen die Scheibe. Ich bildete es mir nicht ein.

»Wir müssen euch als vollwertige Bürger von Foshan ansehen«, fuhr ich fort. »Nicht als Arbeitsmigranten, sondern als großen Teil dessen, was diese Stadt ausmacht und wachsen lässt. Es fängt damit an, dass wir euch eure Ausweise zurückgeben und die Sozialversicherung zahlen.« Ich hielt inne, weil ich nicht damit gerechnet hatte, so etwas zu sagen, ich wusste nicht einmal, ob es möglich war, aber ich wollte, dass es das war. Das wäre meine letzte Amtshandlung, bevor ich ging. Denn gehen musste ich. Ich würde diesen Arbeiterinnen und Arbeitern ihre Ausweise zurückgeben, und dann stand es auch ihnen frei zu gehen. Falls es Dads Geschäft ruinierte, hatte er Pech. Er hätte auf mich hören sollen.

»Wenn wir euch nicht besser behandeln, werdet ihr gehen. Euch andere Arbeit suchen.« Fast pflanzte ich die Idee in ihre Köpfe: Steht einfach auf und geht. »Aber dann würden die Arbeitsplätze nach Indien oder Vietnam wandern, und das wäre nicht gut für Chinas Zukunft.«

Während Ivy übersetzte, hatte ich wieder einen Kloß im Hals. Ich dachte: Nein, warte. Warte kurz. Das ist nicht richtig. Ich hab hier eine Chance. Eine echte Chance, das zu tun, was Dad nie konnte. Einfach zu gehen, löste die Probleme nicht. Woanders war es die gleiche Scheiße, in jeder Fabrik das gleiche. Ich habe die Entscheidung getroffen, hier oben zu stehen. Niemand hatte mich gezwungen. Ich habe unterschrieben. Wie lange würde ich noch mit ihm streiten wie ein kleines Kind?

Die Marke war die Lösung. Sie war gut für die Arbeiter, gut für die Regierung, gut für die Bilanz.

Ich tat es für uns alle, oder? Nein, nicht ich. Wir.

Meine Fabrik, Ivys Vision. Ich stand hier oben, um allen zu beweisen, dass wir zusammenarbeiten konnten. Die Vorstellung, dass ein amerikanischer Geschäftsmann anständig sein konnte, war nicht absurd. Gemeinsam könnten wir etwas bewegen. Deswegen war ich hier. Um die Dinge in Ordnung zu bringen. Oder zumindest besser als bisher.

Ivy gab mir das Mikrofon zurück.

»Ihr seid es, die den Kopf hinhaltet«, sagte ich. »Ihr nehmt ein großes Risiko auf euch, um hier zu sein. Hier zu stehen. Das ist sehr mutig. Ihr setzt euer Leben aufs Spiel. Und euren Lebensunterhalt. Aber ich kann Dinge hier in der Fabrik verändern, die uns allen helfen.« Reflexartig huschte mein Blick zum dritten Stock. »Was von unseren Fließbändern kommt, muss kein Schrott sein«, sagte ich und wusste, dass ich auch zu ihm sprach. »Dazu besteht keinen Grund. Jeder weiß, wenn man chinesischen Ingenieuren ein Produkt zum Kopieren gibt, wird es perfekt. Aber genau das ist das Problem. Wir lassen uns von Plagiaten ausbremsen.«

Ein paar Köpfe in der Menge nickten. Doch die meisten Gesichter waren angespannt, bedrückt.

Ich holte tief Luft.

»Wir brauchen unsere eigenen Ideen. Wir brauchen unsere eigene Marke. Wir müssen selbständig denken wollen.«

Das galt für die ganze Branche, dachte ich, während ich wartete, bis der Applaus verebbte. Es galt für ganz China. Und es galt für mich. Vor allem für mich. Ich sah zum Fenster. Dad fuchtelte mit den Armen und zog den Zeigefinger über seine Kehle.

Und plötzlich wurde mir klar, was vor sich ging. Mein Mund wurde trocken.

Ich wandte mich wieder an die Menge.

»Nein, tut mir leid, ich habe mich falsch ausgedrückt. Lasst es mich umformulieren. Als ich ›wir‹ sagte, meinte ich mich und den Typen da oben am Fenster. Aber das meine ich jetzt nicht. Ich meine *uns*. Euch und mich. *Wir* brauchen eine Marke. *Wir* bauen sie *zusammen* auf, aber es wird erkennbar eine chinesische Marke. Ich habe neue Entwürfe gemacht. Die genauso euch gehören. Und beim nächsten Schuh sollt ihr auch am Design mitwirken. Mit dem richtigen Training schaffen wir das. Alle sollen sich weiterbilden.«

Hier stoppte ich abrupt, weil ich wusste, dass ich, falls ich weiterredete, nur noch über Schuhe fachsimpeln würde, und das war nicht das, was sie brauchten. Sie brauchten Ivy.

Ich drehte mich zu ihr.

»Ich habe genug geredet. Ich stehe hier als euer Partner.«

Ivy sah mir in die Augen, als ich ihr das Mikrofon zurückgab. Sie nickte. Ihr Blick war fest und klar. »Danke«, sagte sie leise. »Du verstehst.«

Dann wandte sie sich an die Menge, und ich trat zurück, stellte mich hinter sie, während sie übersetzte, was ich gesagt hatte. Die Menge jubelte und klatschte.

Ich sah nicht mehr nach Dad. Fedor. Er behandelte die Welt wie seine persönliche Piñata: hieb mit verbundenen Augen darauf ein und sammelte alle Süßigkeiten auf, die er kriegen konnte. Weil wir Cohens waren. Kohanim. Weil die göttliche Erwählung wie eine Panzerglasscheibe war, hinter der man sich verstecken konnte. Schlag nur zu, Jungchen. Aber nicht einmal darum ging es. Es ging nicht darum, der nächste Ralph Fucking Lauren zu werden. Ich hatte mich geirrt. Wofür hatten wir – ich, meine Ahnen – wofür hatten wir diese ganzen verfluchten Schuhe gemacht? Waren wir unsere Peiniger losgeworden, nur um andere zu peinigen? Nein. Das konnte ich nicht glauben. Ich weigerte mich.

Dann hörte ich Ivy für die Videos Englisch sprechen: »Wenn wir es hier schaffen, dann folgen Fabriken in ganz China unserem Beispiel, jede nach ihren Möglichkeiten. Wir wollen keinen Ärger. Wir wollen uns nicht mit der Regierung anlegen. Deswegen müssen wir zusammenarbeiten. Den Erfolg teilen. Wir können in Eintracht in die Zukunft gehen. Keine blödsinnige Eintracht, aber näher dran an dem, was euch zusteht.«

Ich ließ alles auf mich wirken, während sie sich ins Chinesische übersetzte: das Klatschen und Stampfen, die Banner, die in die Luft gestoßen wurden, die flatternden Laken, die aussahen, als wollten sie den Arbeitern aus den Händen segeln.

»Unsere Selbstwahrnehmung muss sich verändern«, fuhr Ivy fort. »Das ist nicht Sache der Regierung oder der Ausländer. Der Wandel muss von uns kommen. Jahrhunderte hat unsere Klasse am Rand der Gesellschaft verbracht, am Rand des Wohlstands. Außenseiter. Geister. Wir müssen unseren Blick auf uns selbst ändern. Diese Fabrik kann für ganz China ein Beispiel dafür sein, wie Demokratie aussieht. Bei der Bewegung *Passender Schuh* geht es nicht nur um ein paar Yuan mehr oder Krankenversicherung oder Sozialleistungen. Es geht darum, wer wir sind. Wo unsere Stärke liegt. Der Vorsitzende Mao träumte von der unendlichen kreativen Kraft der Massen, aber wir haben seine hehren Ideale nie erfüllt. Chancengleichheit. China als ein Volk. In Eintracht …«

Mitten im Satz brach Ivy ab. Natürlich hatte sie mit allem

recht, was sie gesagt hatte, aber aus irgendeinem Grund war sie nicht zufrieden. Sie legte die Stirn in Falten und blickte zu Boden. Ihre Gedanken schienen sich zu verschieben. Dann warf sie mir einen Blick zu, und ich spürte, wie etwas ans Licht kam, etwas Tiefes, Unausgesprochenes in ihr, zwischen uns, und dann wandte sie sich wieder an die Menge.

»Wartet«, sagte sie. »Was, ich gesagt habe, stimmt. Aber so sprechen Politiker. In Beijing und in Washington und in Moskau. Das ist nicht meine Sprache, und es ist nicht eure Sprache. Hier ist das, was ihr und ich verstehen – heute Abend gehen wir alle hundemüde in dieselben Wohnheime zurück. Wir hören einander beim Schlafen und Träumen. Wir leben zusammen. Am Morgen stellen wir die Füße auf den Boden, ziehen uns die Schuhe an, und ab dem Moment sind es unsere Schuhe. Nicht nur ihre. Wir sind diese Fabrik. Was von dieser Fabrik in die Welt geht, ist ein Teil von uns. Das ist die Passende-Schuhe-Bewegung. Als ich klein war, hat mein Großvater mir das Märchen von der Pfirsichblütenquelle erzählt. Ihr kennt die Geschichte alle. Ein Land jenseits unserer Welt. Wo alle satt sind und in Frieden leben. Wo die Lebenden und die Geister gleich sind. Die Leute sagen, es ist nur ein Traum. Verrückt, sagen die Leute. Aber, Arbeiterinnen und Arbeiter, hört mir zu – ist es etwa wahnsinnig, einen Pfirsichkern in der Hand zu halten und zu sagen: ›Das ist der Anfang eines prächtigen Pfirsichbaums‹? Ist das verrückt? Kein Baum kann in voller Größe keimen. Das ist unsere Fabrik. Hier können wir mitbestimmen. So sieht unser Utopia aus. Wir haben genug zum Leben. Genug, um nach Hause zu fahren und unsere Familien zu besuchen. Unsere Arbeit ist das, was wir sind, und wir können stolz darauf sein. Wir erschaffen Dinge. Lasst uns hier der Keim einer großen Sache sein. Das ist kein Wahnsinn. Oder? So geschieht es. Deswegen nehmen wir heute alles auf Video auf. Um anderen Fabriken und Managern und Investoren und Arbeitern in China unsere Vision zu zeigen. Jeder Baum muss wissen, was er ist.«

Kaum hatte sie ihre Worte auf Chinesisch übersetzt, tobte die Menge so laut, dass ich das Donnern im Nacken spürte.

Ivy sah mich an und lächelte.

Dann hob sie den Arm und streckte die Faust in die Luft. Ich blickte auf die Menge. Auch sie hatten die Fäuste erhoben, indigoblau, schwarz, lila und grün gefleckt – Pigmente der Farbsprühpistolen –, und die Arme hochgestreckt, während Ivy die *Internationale* anstimmte und die Arbeiterinnen und Arbeiter einfielen, die Stimmen anschwellend, sich zu einer vereinend, die Blicke erwartungsvoll auf mich gerichtet, und so streckte auch ich die Faust in die Luft und öffnete den Mund und sang. Obwohl ich den Text nicht kannte. Obwohl meine Stimme grässlich ist. Ich sang aus voller Kehle. Mir kam die alte Synagoge in den Sinn, wo ich meine Phantasieversionen der hebräischen Lieder mitgeschmettert hatte, um meine Großeltern glücklich zu machen. Auch jetzt sang ich laut und imitierte Ivys Mundbewegungen, summte die Melodie – genau wie damals in der Synagoge –, so überzeugend, sang ich das verdammte Ding, dass ich fast selbst glaubte, ich sänge mit der Demokratischen Revolutionären Partei die chinesische Version der Internationalen – bis der Refrain jäh von knatternden Motoren hinter mir abgeschnitten wurde. Ich riss den Kopf herum. Jenseits des Tors sah ich sie kommen, und all meine Sicherheit schmolz dahin.

Polizisten mit schwarzen Helmen und Gasmasken, Knüppeln und Plexiglasschilden, vielleicht fünfzig Mann, marschierten auf unser Tor zu, noch etwa hundert Meter entfernt. Dann teilten sie sich und stellten sich rechts und links an der Böschung auf, um einen grünen Humvee durchzulassen.

Meine Kehle war wie zugeschnürt, ich suchte Ivys Hand, doch ich griff ins Leere. Ivy kletterte bereits die Leiter hinunter, um sich den Demonstranten anzuschließen, die sich panisch auf den Hof zurückzogen.

Plötzlich riss mir Zhang das Mikrofon aus der Hand und verlangte auf beiden Sprachen weiter zu filmen. »Haltet die Stellung!«, rief er. »Dokumentiert Größe!«

Er zeigte nach oben auf die Dächer, und ich folgte seinem Finger. Gestalten, dunkle Umrisse, huschten über die Flachdächer, kauerten sich hin und zückten die Smartphones, und eine Frau rutschte auf Knien bis zur Dachkante vor, um in Position zu gehen. Andere kletterten auf Firmen-Transporter, lehnten sich aus Fenstern, alle Kameras auf das Geschehen gerichtet. Aus jedem Winkel.

Das Motorengeräusch wurde lauter.

»Wir müssen das Tor schließen«, brüllte ich Zhang zu.

Er sah mich einen Moment lang an, den Kopf nach vorn gestreckt, als starrte er in die Dunkelheit. Dann wandte er sich an die Menge und rief: »Steht auf! Schaut euch den rotglühenden Himmel an. Ein gutes Omen. Habt keine Angst. Das ist der Wille des Himmels.«

»Zhang!«, ich packte ihn an der Schulter. »Hörst du nicht? Wir müssen sie voneinander fernhalten.«

»Mein Freund«, sagte Zhang und nahm meine Hand herunter. »Du kanntest das Risiko. Sie stürmen die Fabrik.«

Er stand ruhig und aufrecht da, mit reglosem Gesicht, als wäre nichts mehr zu sagen, nichts mehr zu verlieren.

Reflexartig ballte ich die Fäuste – Zhang *wollte,* dass die Polizei auf das Gelände kam. Natürlich. Er hatte mich angelogen, aber dafür hatte ich jetzt keine Zeit. Nichts hielt die beiden Seiten voreinander zurück. Ich musste sofort das Tor schließen.

So schnell ich konnte, ohne zu stürzen, kletterte ich von der Leiter, rannte an dem sperrangelweit offenen Lamellentor vorbei, zwanzig Meter bis zum Wachhäuschen, und warf mich gegen die Tür, aber sie ging nicht auf. Abgeschlossen. Der Schalter, um das Tor zu schließen, befand sich direkt dahinter. Ich rüttelte an der Klinke. Hämmerte dagegen. Aber die Tür gab nicht nach.

Das Tor stand offen. Keine Möglichkeit, es zu bewegen.

Hinter mir der knurrende Motor, das Knirschen des Getriebes, als der Humvee voran stampfte, und das rhythmische Scharren der schweren, Goodyear-besohlten Armeestiefel. Ich drehte mich um, drückte mich an die Tür, als der Humvee, von Polizisten flankiert, etwa fünfzehn Meter vor dem Tor stehen blieb, Auge in Auge mit dem Block der Demonstranten. Die beiden Gruppen waren nur noch etwa dreißig Meter voneinander entfernt.

Die Fahrertür des Humvees öffnete sich, inzwischen war es totenstill, niemand atmete auch nur, und Gang persönlich trat auf das Trittbrett hinaus, sodass er das Dach des Trucks überragte. Er trug eine grüne Armeemütze, eine Baumwolljacke mit goldenen Epauletten und eine grüne Krawatte.

Ich ging in die Hocke, Knie gespreizt, flach auf den Fersen, als würde es mir helfen, mich kleinzumachen, aber das war mein erster Gedanke: Runter, versteck dich. Vielleicht hat er dich noch nicht gesehen.

Gang stützte den Ellbogen auf das Autodach. Sein Gesicht war ausdruckslos. Irritiert. Solche Dinge passierten nicht in seinen Fabriken, in seiner Stadt.

Als ich mich umsah, stand Dad nicht mehr am Fenster. Am liebsten hätte ich mir die rote Armbinde abgerissen und mich davongestohlen, wäre in die Gasse hinter der Kantine gerobbt und hätte mich in meinem Haus verkrochen. Warum meinem Vater noch mehr Kummer machen? Die feuchte Luft drückte und meine Knie zitterten. Nein, das wäre Fahnenflucht. Du kannst nicht desertieren, wenn du dich erst vor zehn Minuten freiwillig gemeldet hast. Du bist kein Deserteur. Du hast Angst – das ist alles.

Vorsichtig bewegte ich mich weg von der Tür. Vor dem Tor hob Gang das Funkgerät an den Mund. Der Lautsprecher auf dem Dach des Humvees knisterte, und seine Stimme dröhnte auf Chinesisch auf uns ein.

Die Menge wurde unruhig. Ivy hatte sich den Demonstranten zugewandt. Auf dem Rücken ihres T-Shirts zeichnete sich ein ovaler dunkler Schweißfleck hab. Sie sprach in ein Megafon, erst auf Chinesisch, dann auf Englisch, alles für YouTube, für den Rest der Welt, der zusah, was mir in diesem Moment unvorstellbar schien – dass es einen Rest der Welt gab, dass wir nicht völlig allein hier waren.

»Wie können wir widerrechtlich hier sein?«, fragte Ivy.

»Wir laden euch ein zuzuhören. Aber ihr befehlt uns, sofort zu gehen.«

Dann sprach Gang wieder. Lauter, gereizter. Nur auf Chinesisch.

Auf beiden Seiten entstand Unruhe. Alle schienen zwei Schritte vorzutreten.

»Er nennt uns Landesverräter«, rief Zhang oben auf der Rollleiter. »Feinde des Volkes. Terroristen. Er droht uns, wenn wir nicht an die Arbeit zurückgehen, *dann* ... Auf unsere Kosten wurden sie reich, und jetzt wollen sie uns eine nächste Lektion erteilen. Haben wir Schläge verdient, weil wir die Stimme erheben?«

Die Demonstranten wurden lauter, eine rollende Welle der Verwirrung und Wut. Pfiffe und Buhrufe.

Ich sah wieder zu Gang. Er bellte einen Befehl, und die Polizisten hoben die Schilde vors Gesicht. In der Hitze schimmerten die schwarzen Tränengaskanister an ihren Gürteln. Sie tätschelten die Magazine ihrer Gewehre. Ich hörte das Klappern ihrer Stiefel und Westen. Gang verlor die Geduld.

Ivy sprach wieder durchs Megafon zu den Demonstranten: »Bleibt friedlich. Tretet vom Tor zurück. Das ist eine friedliche Demonstration. Tretet zurück. Vorwärts bedeutet Ärger. Wir wollen keine Provokation. Wir halten zusammen.«

Die Menge murrte. Sie schoben sich auf das Tor zu, eng gepackt. Ich sah nur noch verschwommene Gesichter. Glänzenden Schweiß. Sehnige, eingefallene Wangen. Wut.

Wer waren diese Menschen? Waren sie wirklich bereit, heute zu sterben?

Auf der anderen Seite näherten sich die Polizisten dem Tor mit langsamen, seitlichen Schritten.

Ivy sah mich an.

Ich erstarrte.

Sie nickte in Richtung der Polizisten. Ein verzweifelter Blick.

Ich schüttelte den Kopf.

Sie legte das Megafon auf den Boden.

Ich schüttelte wieder den Kopf. »Geh da weg«, rief ich, wedelte mit den Armen.

Doch Ivy drehte sich langsam zu Gang um und trat einen Schritt vor, dann noch einen, und plötzlich schlossen sich ihr zwei Frauen an, und die Drei hakten sich ein, gingen noch ein Stück vor, Schulter an Schulter, und legten sich mitten vor dem Tor auf den Boden, um Gang den Weg zu blockieren.

Ich bekam kaum noch Luft. Das konnte nicht der Plan sein. Das hatte sie nicht vorgehabt. Es war eine Panikreaktion. Sie dachte, es wäre alles verloren und der einzige Weg, die Arbeiter zu retten, wäre, sich selbst zu opfern.

Ich sah Gangs Humvee jenseits der am Boden liegenden Frauen. Gang, der immer noch auf dem Trittbrett stand und sich an der halboffenen Tür festhielt. Jetzt hämmerte er mit der Faust auf das Dach und rief in beiden Sprachen Befehle: *fēn-sàn*, löst die Versammlung auf, *fàng-qì*, gebt auf. Wieder und wieder rollte seine Stimme über mich hinweg.

»Ich bin der Parteisekretär des Kommunal-Komitees

Foshan«, rief er mit strenger, angespannter Stimme seinen vollen Titel.

Warum gab er nicht einfach den Befehl, Tränengas einzusetzen? Oder schickte seine Beamten los? Es war fast, als spielte er nur Theater. Vielleicht wollte Gang nicht, dass die Situation eskalierte. Vielleicht wollte er nicht die Kontrolle verlieren.

Ich suchte Zhangs Blick und zeigte auf Ivy, die auf der Straße lag. Obwohl er mich nicht hörte, rief ich: »Was macht sie da? Was zum Teufel macht sie da?«

Zhang kletterte von der Leiter. Um die Frauen dort wegzuziehen, nahm ich an. Um den Irrsinn zu beenden. Doch als er unten war, ging er nicht in Ivys Richtung. Er stellte sich vor die Schubkarren mit den Leisten und den Klebstoffdosen – nahm sich einen Leisten vom Haufen, hielt ihn hoch und rief den Arbeitern und den immer noch filmenden zu: »Haltet nicht den Kopf hin. Sie werden nicht zögern nicht uns zu erschießen. Seid nicht überrascht. Kommt her. Verteidigt euch. Nehmt einen Schuh und werft. Werft, so fest ihr könnt.«

Mit wurde schwindelig.

Die Leisten und die Dosen mit dem brennbaren Klebstoff – das waren keine Requisiten eines Streiks, du Idiot, es war Munition. Zhang hatte die ganze Zeit eine Konfrontation geplant.

Die Menge schwappte nach vorn, und ich verlor Zhang aus den Augen.

Also gut. Die Zeit läuft davon. Das Wichtigste zuerst. Zhang aufhalten. Er war nicht weit weg. Nur zwanzig Meter. Die Breite des Hofs. Auf der anderen Seite. Nur ein kurzes Stück, doch ich musste mich durch die Menge kämpfen.

Ich drängte mich vorwärts. Ich könnte Zhang vermöbeln, aber dann würde es erst recht einen Aufstand geben. Was er wollte. Ich brauchte die Arbeiter auf meiner Seite. Ich brauchte einen Dolmetscher.

Ich blieb stehen. Überflog die Menge, scannte die Gesichter. Plötzlich sah ich ein offenes Hemd, eine Narbe auf der Brust wie ein alter Baum.

»Hongjin«, rief ich, aber er war schon vorbei. Hatte mich nicht gehört. Ich machte zwei schnelle Schritte und griff nach seiner Schulter.

»Lǎobǎn«, sagte er. Chef.

Ich beugte mich an sein Ohr. »Zhang lässt es auf ein Massaker ankommen«, sagte ich. »Du musst übersetzen.«

Wir drängten uns durch die Menge, und bald hatten wir Zhang erreicht, dessen Augen sich, als er mich sah, weiteten.

Er holte mit dem Leisten aus, bereit zu werfen.

Ich stand wie angewurzelt da.

Zhang hatte eine Splittergruppe um sich versammelt. Zwanzig Arbeiter, manche mit Leisten bewaffnet, andere begossen die *Huábiǎo*-Säule mit brennbaren Klebstoff. Sie hatten vor, die Säule anzuzünden.

Ich fing zu rufen an: »Halt«, immer wieder, während Hongjin auf Chinesisch wiederholte, *Tìngzhǐ*, ein Geräusch wie Metall, das über Metall schleifte.

Die Leute drehten sich um, sahen uns mit irritierten Gesichtern an.

»Legt die Leisten weg«, sagte ich. Hongjin übersetzte.

»Nicht werfen. Legt sie hin. Zieht euch zurück. Gewalt ist nicht der richtige Weg. So wird sich nichts verändern.«

Zhang schrie: »Er gehört zur anderen Seite! Er ist eine Marionette der Regierung.«

Sie drehten die Köpfe von mir zu Zhang und wieder zurück.

»Bitte, hört mir zu«, rief ich. »Wenn ihr sie provoziert«, ich zeigte zum Tor, »dann ist alles, wovon ich gesprochen habe, was wir zusammen erreichen können, für immer verloren.«

Zhang, der in ihrer Mitte stand, schob die Hand in die Hosentasche, nahm ein Feuerzeug heraus und ging auf die *Huábiăo*-Säule zu, die nur ein paar Meter entfernt war.

»Haltet ihn!«, rief ich den Arbeitern zu und zeigte auf Zhang. »Haltet ihn auf! Sonst geht alles, wovon wir geredet haben, wovon Ivy geredet hat, die ganze Vision, in Flammen auf.«

Hongjin übersetzte, und plötzlich packten die zwei Männer, die Zhang am nächsten standen, ihn an den Armen und zogen ihn fort, trugen ihn, die Füße über den Boden schleifend, von der *Huábiăo*-Säule weg.

Zhang sah mich durchdringend an, aber dann wanderte sein Blick über meine Schulter.

Ich drehte mich um.

Draußen vor dem Tor nahm Gang langsam die Mütze ab und warf sie in den Wagen. Dann stieg er ein, setzte sich ans Lenkrad und zog die Tür hinter sich zu.

Zhangs Stimme hinter mir: »Es braucht Blut, Alex. Jemand muss sich opfern.«

Er lächelte sein schlaues dünnlippiges Lächeln. Ohne

Freude. Vielleicht mit der Gewissheit, dass er etwas aussprach, das ich tief in mir drin schon immer gewusst hatte.

Ich hörte das Knurren des Humvee-Motors.

Ein paar Meter entfernt lagen die Frauen auf der Straße.

Ich rannte los. Fäuste geballt.

Gang ließ den Motor aufheulen.

Bis zum Tor war es nur ein kurzes Stück, fünfundzwanzig schnelle Schritte, in einem scharfen Winkel. Ich rannte um mein Leben.

Dann setzte sich der Humvee in Bewegung, direkt auf Ivy und ihre Mitstreiterinnen zu, ganz langsam, ihnen die Chance lassend, aufzustehen und sich zu ergeben, aber ich wusste, dass sie das niemals tun würden. So wenig wie er.

Noch ein paar Schritte, und ich lief an den Frauen vorbei, ohne sie anzusehen, ich musste an ihnen vorbei, ich musste Gang aufhalten, doch er rollte weiter, und jetzt stand ich im leeren Niemandsland zwischen den Frauen am Boden und dem Humvee, und ich blieb stehen. Ich stand zwischen der menschlichen Barrikade und dem heranrollenden Truck, die Füße schulterbreit in den Boden gepflanzt.

Der Humvee war noch zwanzig Meter entfernt und rollte weiter, und ich baute mich vor dem Kühler auf und Gang fuhr, die glänzenden Kotflügel auf meine Brust gerichtet, mit quälender, unendlicher Langsamkeit voran. Der Motor gurgelte und brodelte, und ich roch Abgas und Kuhscheiße. Hinter der getönten Windschutzscheibe sah ich die Umrisse von Gangs Gesicht, noch zehn Meter, und ich zauderte, eine leise Stimme flüsterte: Hau ab, verpiss dich! Aber ich zwang meine Knie festzubleiben.

Ich konnte versuchen, die Hand zu heben, um ihn aufzuhalten, auch wenn es lächerlich schien, vor allen Augen, aber was sollte ich sonst tun? Einfach stehen bleiben, sagte ich mir. Bleib stehen und lass die Arme hängen, während sich die Welt im Licht der aufgeblendeten Scheinwerfer auflöst.

Hier bin ich.

Ich spanne die Muskeln an. Kneife die Augen zusammen.

Das Quietschen von Bremsen, als der Chrom-Kühlergrill zwei Zentimeter vor meiner Gürtelschnalle zu stehen kommt, die geriffelte Motorhaube schnaufend, der Kühler zischend, eine aufgewirbelte Staubwolke in der Luft, steigt, sinkt.

Auf der Fahrerseite ging die Scheibe runter.

Die Sonne versengte mir den Nacken, aber ich wischte den Schweiß nicht weg. Ich stand still. Hörte meinen eigenen Atem. Ich wollte ihm nicht ins Gesicht sehen.

Aber dann holte ich tief Luft und trat ans offene Wagenfenster. Gangs Blick war starr nach vorn gerichtet.

»Bereit, ein Geständnis abzulegen?«, fragte er nach einer langen Pause. Ein Stechen im Hals. Ich sah in den Wagen. Auf dem Beifahrersitz lag ein kurzläufiger Revolver.

»Was meinen Sie damit?« Ich versuchte Zeit zu schinden.

Sein Nacken versteifte sich. Er drehte den Kopf.

»Lügner«, sagte er. Tiefe Falten auf der Stirn. »Das wird großen Ärger geben.«

Ich musste reden. Ich musste irgendwas zugeben. Er würde jeden Moment zum Revolver greifen.

»Sie haben mich betrogen«, sagte er. »Sie haben China betrogen. Ihren Vater. Sie sind nicht mehr zuhause hier.«

Ich legte die Hände in sein Fenster. »Manchmal«, sagte ich. Es ergab keinen Sinn. Weder die Geste noch das Wort. Mein Herz klopfte. Manchmal lüge ich? War das besser?

»Sie sind gekommen, um Regierung zu stürzen. Das ist Ihr Plan, richtig?«

Ein Bild tauchte vor meinen Augen auf: Gang, der die Frauen auf ein Feld führte, sie zwang, sich hinzuknien, Hände hinterm Rücken gefesselt, vor einer frisch ausgehobenen Grube, die kalte Mündung an Ivys Schläfe gedrückt, und dann nickte er und sagte: Erschießt sie. Verbrennt die Leichen.

Es gab auch diese Seite von Gang. Nicht nur den Pragmatiker.

Er ließ den Motor aufheulen, und ich spürte, wie der Boden vibrierte. Der Moment zog sich in die Länge. Mich würde er nicht erschießen, das war klar. Aber er würde Ivy töten. Hongjin. Die Jo. Ich hatte versagt. Ich schaffte es nicht einmal, mein Leben zu opfern.

Ich musste schnell sprechen. Schnell, aber ruhig.

»Ja«, sagte ich. »Ich habe Sie angelogen.«

Gang starrte mich an. Das tote milchige linke Auge wirkte lebendiger als das gesunde. Ich konnte seine Miene nicht deuten.

»Gang«, sagte ich, und ließ meine Stimme sanfter klingen. »Ich bitte Sie nur, einen Blick auf den Wohnheimbalkon zu werfen. Vierter Stock.«

Ich zeigte nach links, und Gangs Blick folgte meinem Finger. Ein Schatten glitt über sein Gesicht.

»Sehen Sie die Frau mit dem iPhone? Und jetzt zum Dach. Sehen Sie das iPhone da oben, Gang? Es ist direkt auf Sie gerichtet. Auf uns. Sehen Sie die Frau mit der Brille an der Ecke des Dachs? Sehen Sie sie? Und da drüben«, ich zeigte auf Anlage B. »Sehen Sie die Arbeiter, die sich aus den Fenstern lehnen, um uns zu filmen? Anlage C. Noch näher. Und die Leute, die am Tor auf dem Boden knien, sehen Sie die? Und die auf den Vans, mit den roten Halstüchern. Sehen Sie sie?«

Ich beobachtete, wie Gangs Blick hin und her zuckte, auch als ich nicht mehr sprach. Ich gab ihm Zeit, das zu verdauen, all diese iPhones.

»Wissen Sie, was YouTube ist, Gang?«, fragte ich. »Ich glaube, Sie haben eine VPN-Verbindung, dann werden Sie YouTube kennen, oder? Natürlich. Und das werden die Menschen auf YouTube sehen, Gang: Sie werden Sie in Ihrem Humvee sehen und drei unbewaffnete Frauen, die auf dem Boden vor Ihnen liegen, und sie werden sehen, wie Sie sie überfahren und töten. Fünfzig Millionen Zuschauer auf der ganzen Welt. Sie wären eine Schande für Beijing. Sie würden sie wie Mörder dastehen lassen, obwohl Beijing doch gerade Firmen aus dem Ausland anlocken will. Keine Jobs, Börse im Keller, alles am Arsch – wenn Sie das tun, dann erinnert man sich später an Sie als den Mann, der China zugrunde gerichtet hat.«

Seine Kiefer zuckten. Er knirschte mit den Zähnen. Auch sein Gehirn schien zu knirschen, als sein Blick von einem iPhone zum nächsten glitt. An all den strategischen Positionen, die Zhang so gründlich geplant hatte – jetzt halfen sie mir, Zhangs Plan auszuhebeln, indem ich Gang darauf aufmerksam machte.

»Was würde Beijing davon halten, wenn Sie diese Frauen überfahren?«, fragte ich fast freundlich, anbiedernd. »Für Sie sind die drei austauschbare Niemande, aber was wird der Rest der Welt denken? Was werden internationale Geschäftsleute denken? Sie wissen es. Ich weiß, dass Sie es wissen. Und zu guter Letzt: Was wird Beijing über Sie denken, wenn die Geschäftsleute alle so denken?«

Wieder ließ ich den Gedanken sacken.

»Wir haben nicht viel Zeit, Gang«, sagte ich. »Sie müssen schnell eine Entscheidung treffen. Sie entscheiden, was jetzt passiert. Überlegen Sie sich gut, wie die nächste Szene aussehen soll, die live gestreamt wird. In dem kleinen Film, der hier gedreht wird. Sagen wir, Sie schicken Ihre Beamten, um den Hof zu räumen. Die Arbeiter sind zu allem bereit. Was werden die Soldaten tun? Tränengas einsetzen. Kinder schlagen – die Hälfte der Leute hier sind Jugendliche und alte Frauen, das wissen Sie –, sie mit Schlagstöcken verprügeln, und dann – ich sage Ihnen noch etwas, die Arbeiter haben Waffen, selbstgemachte Molotow-Cocktails. Und dann legen Ihre Offiziere die Gewehre an. Selbst wenn es bloß Gummigeschosse sind. Im Internet wird man trotzdem ein Blutbad sehen.«

Ich ließ wieder eine Pause, um die Bilder wirken zu lassen. Gangs Hände ruhelos am Steuer. Er sah immer noch zwischen den iPhones hin und her. Sagte nichts. Hieß das, er hörte zu? Er überlegte.

»Sie sind der Schurke in diesem Film, Gang«, fuhr ich immer noch verbindlich fort. »Ihretwegen würde man Beijing als Feind betrachten. Wahrscheinlich wäre auch Ihnen ein anderes Ende lieber. Also, hören Sie zu, wir haben nicht viel Zeit, Gang. Stellen Sie sich ein Ende vor, in dem Sie aus dem Wagen steigen, dorthin gehen, zu den Frauen, ihnen vom Boden aufhelfen und ihnen dann die Hand schütteln. Sie legen ihnen den Arm um die Schulter und sagen: ›Nur die Ruhe, geht wieder rein. Wir werden eine Lösung finden.‹ Wenn Sie das tun, heißt das noch lange nicht, dass Sie wirklich etwas ändern oder dass Ihr Gewinn einbricht. Es ist längst passiert. Der Film läuft. Auf der ganzen Welt. Aber wenn Sie Ihre acht Prozent Wachstum behalten wollen, müssen sie verstehen, dass ein Konflikt wie dieser mit friedlichen Mitteln gelöst werden kann. Sie müssen Beijing und der Wirtschaftswelt davon überzeugen, dass Sie alles unter Kontrolle haben.«

Er ließ das Steuer los.

Endlich drehte er den Kopf und sah mich an. Nickte langsam.

Er verstand.

Mit einer Handbewegung verscheuchte er mich vom Fenster. Dann öffnete er die Wagentür und trat mit glänzenden schwarzen Stiefeln auf das Trittbrett. Er zog den rechten Handschuh aus, klemmte ihn sich unter die Achsel und schritt um die Motorhaube herum vor das Auto.

Dort streckte er den Arm aus und reichte Ivy, fast ohne sich zu bücken, die Hand.

Vom Boden sah Ivy kurz zu mir auf, dann sah sie Gang an. Langsam hob sie ihren Arm und streckte ihm die Hand entgegen, und die Menschenmenge drängte nach vorn, bis sie direkt hinter den Frauen standen, und die iPhone-Filmer drängelten sich vor, um zu filmen, wie Gang ihr vom Boden aufhalf.

Die Menge klatschte, und ich sah Zhang, der nach vorn kam und mich wütend ansah, aber auch er schüttelte Gang die Hand, und bald setzten alle ein falsches Lächeln auf und posierten für die Kameras.

Jemand drückte Gang ein Mikrofon in die Hand und er winkte die Polizisten herbei, so dass sie Schulter an Schulter mit den Demonstranten standen, immer noch mit den Einsatzhelmen, und Gang redete über den großen Waffenstillstand.

Der Chinesische Traum – das sagte Gang. Die Doktrin, die Präsident Xi Jinping seit Jahren in alle Köpfe hämmerte. Eigentlich glaubte niemand mehr daran. Es war immer nur von Gesten der Freundschaft die Rede, nie von echter Freundschaft, was wahrscheinlich bewies, wie verlogen alles war. Während Gang von Gesten der Freundschaft sprach, sah ich hinauf zum Fenster im dritten Stock.

Ich musste ihn finden. Auch wenn in meinem Kopf noch nicht ganz klar war, was ich Dad sagen sollte.

Für den Foto-Termin wurde ich nicht mehr gebraucht, die falschen Lächeln und die Handschläge, die nach vorn drängende Menge, die alle plötzlich ein Foto mit dem Mann wollten, den sie eben noch hatten zerstückeln wollen.

Kurz bevor ich verschwinden konnte, hörte ich Gangs Stimme. »Niemand ist zu Schaden gekommen.« Er starrte mich kalt an, dann sah er zu den Leuten mit den iPhones in nächster Nähe, die unser Gespräch filmten. »Hoffe ich«, ergänzte er.

»Glück gehabt«, sagte ich.

Er zwang sich zu einem falschen Lächeln und nickte knapp. »Morgen«, sagte er streng. »Sprechen wir über die Zukunft.« Dann beugte er sich vor und flüsterte mir ins Ohr: »Alles geht weiter wie immer, das wissen Sie.«

»Morgen«, sagte ich.

»Sie haben keine Ahnung, wie wenig Sie erreicht haben.«

»Morgen«, wiederholte ich.

Er lächelte die junge Frau mit dem iPhone an, die neben ihm stand, dann wandte er sich um.

Ich löste mich aus dem Kreis und überquerte den Fabrikhof.

Doch kurz vor dem Eingang des Gebäudes blieb ich stehen. Ich würde nicht hochgehen. Ich wusste nicht, was ich sagen sollte. Zu ihm. Zu Ivy. Ich stand einfach da, meine Welt in zwei Teile gerissen, und schließlich ging ich nach Hause, in mein Verwalterhäuschen, und es verging viel Zeit, bis Ivy kam, lange nachdem der Humvee davongeröhrt und der laute Jubel auf dem Hof verklungen war.

Abend. Kein menschlicher Laut, nur das Zirpen der Zikaden, der Gesang der Frösche in den Rinnsteinen, und Ivy und ich saßen in meiner kleinen Küche und aßen gefrorene Durian, in zwei Hälften geteilt, und gruben die Löffel in das weiche, süße, muffig riechende Fruchtfleisch. Eine Hälfte für sie, die andere für mich.

Eine Weile schwiegen wir. Sahen einander an. Die Stacheln der Schale bohrten sich in meine Hand. Erst jetzt senkte sich der Adrenalinpegel wieder. Aber ich spürte immer noch das Kribbeln unter der Haut, und meine Beine waren wie Gummi.

Ich legte meine Durian-Hälfte ins Eisfach zurück und blieb vor der offenen Kühlschranktür stehen, um mein Gesicht abzukühlen. Dann setzte ich mir wieder neben Ivy, die immer noch einen Löffel nahm, jedes Mal »jetzt reicht es« sagte, den Löffel ableckte, die Frucht beiseiteschob, und dann doch weiter aß, seufzte, die Frucht wieder wegschob, jedes Mal ein Stück weiter, bis die Durian am anderen Ende des Tisches lag. Am Ende zog sie die Füße auf den Stuhl und legte das Kinn auf die Knie.

»Die anderen haben es mir erzählt«, sagte sie. »Zhang wollte Gewalt.«

»Er hätte zugelassen, dass ihr überfahren werdet.«

»Ich habe ihm vertraut«, sagte sie. »Und er hat mich betrogen.«

»Ich weiß«, sagte ich.

»Er hatte es die ganze Zeit geplant.«

»Du arbeitest nicht mit Zhang weiter«, sagte ich. »Oder?«

Sie lachte. »Nein. Nie. Er will einen gewaltsamen Putsch. Das ist keine gute Antwort auf unsere Probleme.«

»Es tut mir leid«, sagte ich.

»Danke«, sagte sie. Ich merkte, dass sie mehr sagen wollte, oder erklären, wofür sie mir dankte. Doch stattdessen fragte sie: »Deine Rede. Meinst du es ernst? Ein echtes chinesisches Produkt hier. In dieser Fabrik. Glaubst du wirklich, es könnte funktionieren?«

»Ich glaube schon«, sagte ich.

Sie sah in die Ferne. Eine Sorgenfalte auf der Stirn.

»Was ist mit dem Rest von China?«, fragte sie. »Dein Vorschlag funktioniert nur in *dieser* Fabrik.«

»Ich weiß es nicht. Für den Rest von China kann ich nichts tun. Reicht es nicht, hier anzufangen?«

Sie nickte. »Deine Idee bedeutet, dass China abhängig ist von Ausländern. Ausländer erfinden ein Produkt, das der Fabrik Gewinn bringt. Aber das funktioniert nicht. Verstehst du? Wir müssen es selbst machen.«

»Die Marke gehört den Arbeiterinnen und Arbeitern genau wie mir.« Ich war irritiert. Sie hatte mich zweimal Ausländer genannt. Sie zog eine Linie zwischen uns. »Aber es geht nur von oben nach unten. Am Anfang.« Ich schüttelte den Kopf. »Was ist los?«

»Zhang hat mich hintergangen, und deine Vision bedeutet, dass mehr Ausländer kommen. Dazwischen ist kein Platz für mich.«

Ihr Blick war angespannt, aber ihre Stimme war tonlos und ruhig.

Ich ahnte, was sie meinte, aber ich wagte nicht, es auszusprechen. Oder zu fragen. Also sagten wir nichts mehr.

Sie ging ins Bett.

17

Aber ich schlafe nicht. Es ist fast vorbei. Alles. Ich gehe zum Fenster um rauszusehen, und so vergeht fast die ganze Nacht. Das Hausboot auf dem Perlfluss hat mich hierher gebracht, und jetzt ist es sehr spät, die Luft schwer und feucht, und ich sehe die verschlissenen Banner, die von den Fabrikfenstern flattern, und die Bilder, die die Menschen morgen auf YouTube sehen, führen vielleicht zum nächsten Protest und zum übernächsten. Und bei einem davon wird die Polizei die Waffen nicht senken. Sie werden schießen. Erst mit Gummigeschossen; dann mit echten. Es hat lange vor mir angefangen.

Und wir?

Ich liebe sie. Aber ich höre ständig Ivys Worte: »Es ist nicht deine Revolution. Es ist nicht dein Land. Du bist noch immer ein Ausländer.«

Auch wenn sie das nicht gesagt hat. Sie hat es nie gesagt. Ich sage es. Natürlich gehöre ich nicht hierher.

Was ist so schlimm daran, Jude zu sein?

Einst waren wir so mächtig, dass man uns vertrieben, in Lager gesteckt, zu Asche verbrannt hat. Zum Abschuss freigegeben, weil wir zu groß für das Leben waren.

Aber in Amerika war ich ein Weißer von vielen. Geboren

in fade Belanglosigkeit. Wir alle. Sahen aus und lebten wie der Rest.

Eingeäschert in Gleichförmigkeit.

Vielleicht war ich nach China gekommen, um wieder ein Außenseiter zu sein. Um wieder wichtig zu sein und gehasst zu werden. Mir einen Namen zu machen. Eine Marke zu gründen. Auf seine Art kann auch ein Schuh-Mensch herausragen.

Als ich mich umdrehe, sitzt Ivy im Bett und beobachtet mich. Ihr Gesicht liegt im Schatten, aber ich sehe den Rest von ihr, den Umriss ihres Körpers unter dem weißen Laken, das angewinkelte Bein.

»Komm ins Bett«, sagt sie.

»Wie lange bist du schon wach?«

Sie antwortet nicht.

Ich lege mich zu ihr unter die kühlen Laken. Sie schiebt ihr Bein zwischen meine. Ihre Füße sind kalt. Sie sieht mich an. Unsere Köpfe auf dem Kissen, der Duft von frischem Leinen und das blaue Mondlicht, das hinter mir hereinfällt, ihr Gesicht im Schatten, ich kann nicht sagen, ob sie lächelt oder nicht, obwohl nur Zentimeter zwischen uns sind. Unsere Nasen berührten sich fast.

»Redest du mit ihm?«, fragt sie. »Mit deinem Vater.«

»Ich muss. Morgen früh.«

Sie küsst mich langsam und zärtlich. Zieht mich an sich. Der Ventilator rattert leise. Doch, sie lächelt, ich bin mir ganz sicher. Streicht mir durchs Haar.

Dann spüre ich eine Veränderung in ihr.

Sie legt mir sanft die Hand auf die Brust.

»Sagst du es ihm?«, fragt sie.

»Was soll ich ihm sagen?«

»Dass du der Kaiser bist. Das ist doch der alberne Titel, den er sich gibt, oder?«

Ich schüttele den Kopf. »Keine Kaiserreiche mehr.«

Sie lächelt. »Du musst mit ihm sprechen.«

»Du wärst in jedem Fall der bessere Kaiser.«

»Vielleicht«, sagt sie. »Aber nicht hier. Das hier ist dein Ort.«

Mir wird schwer ums Herz.

»Ich brauche dich hier«, sage ich.

»Das Ziel ist viel größer.«

»Warum sagst du das?«

»Weil es wahr ist.« Traurigkeit in ihrem Ton. »Hier ist nicht genug.«

Ihre Augen weiten sich. Ich brauche einen Moment um zu verstehen. Dann ist es still, und wird spüren beide, dass wir zum letzten Mal zusammen im Bett liegen.

Ich lege die Hand auf ihre Wange, und meine Handfläche glüht. Sie lächelt. »Es ist okay. Deine Arbeit ist hier. Wenn du helfen willst, ist das hier deine kleine Ecke der Revolution. So fängt es an. Klein. Wie sonst? Putsch? Der nächste Diktator?«

Ich weiß, dass sie recht hat. Aber ich will es nicht wahrhaben. Ich will nichts davon wahrhaben, sondern sie überreden zu bleiben.

»Ich rede mit ihm«, sage ich. Die Worte kleben an meiner Zunge.

Ich sehne mich nach ihr. Ich will, dass wir zusammenbleiben. Aber langsam dringt es in mein Bewusstsein vor.

Es ist vorbei. Ivy weiß es. Sie drückt mich fester mit den Beinen.

Wenn die Sonne aufgeht, muss ich einen Fuß vor den anderen setzen, für den Rest meines Lebens.

Und ich heule jetzt schon.

Ivy wischt sich mit dem Handrücken über die Augen. »Ich wollte, dass dein Vater mich mag.«

»Unmöglich«, sage ich, »ich glaube, er mag nicht mal mich.« Sie lacht. Ein paar Tränen lösen sich, und sie wischt sie weg. Obwohl sie nur Zentimeter entfernt ist, habe ich solche Sehnsucht nach ihr. Fast bin ich blind davon. Vom Starren in die Dunkelheit ihres Gesichts. Sie kennt mich, nur deshalb kann sie solche Dinge sagen. Und ich kenne sie. Wirklich. In diesem Moment weiß ich es ganz sicher. Weiß, dass ich mich noch nie einem Menschen so nahe gefühlt habe. So vollständig.

»Und wenn dir was passiert?«, frage ich.

»Ich habe es dir doch erklärt. Alles für China.«

»Ich bin kein Kaiser«, sage ich.

»Dann ein Rabbi, ja? Der Rabbi der Schuhe.«

»Ha. Nein, auch kein Rabbi. Etwas anderes.«

»Dir wird schon etwas einfallen. Das weiß ich genau.«

»Du schläfst nicht mehr, oder?«, frage ich. »Heute Nacht?« Eine Teenager-Frage. Wie Einschlafen mit dem Telefonhörer am Ohr.

»Nein. Du?«

»Nein.«

Aber wir schlafen. Beide. Unsere Lider werden schwer, und wir kämpfen dagegen an, doch das lässt uns noch schneller einschlafen.

Als ich am Morgen aufwache und die Augen aufschlage, ist sie nicht hier. Was ist hier? Auf dem frischen weißen Kissen, wo vorher ihr Kopf war, liegt ein Pfefferminzbonbon aus dem Intercontinental.

Ich lächle. Setze mich auf und rufe ihren Namen. Ivy. Rufe nochmal. Ich lausche, ob im Bad Wasser fließt. Rufe wieder. Lauter. Diesmal auf Chinesisch. Obwohl ich es weiß. Und dann höre ich auf. Sie ist fort.

Das war es. Sie kam in die Fabrik. Dann kam sie zu mir. Und jetzt ist sie fort, um sich größeren Aufgaben zu widmen.

Ich überquere den Hof, betrete das Gebäude, ein Anflug von Weihrauch vom Altar in der Lobby, und ich beschließe, die Treppe hinaufzurennen. Ich schiebe die Treppenhaustür auf und sprinte los, zwei Stufen auf einmal nehmend, die Lunge eng in der dicken, schweren Luft, erreiche den Flur mit dem Terrazzo-Boden, über den ich zu Dads Büro jogge, greife mit der Hand den Türpfosten und bleibe atemlos in der Tür stehen. Dad steht mit hinter dem Rücken gefalteten Händen am Fenster, als lauschte er immer noch auf den Lärm der Menge, und es wird still und mein Atem beruhigt sich.

Ohne sich umzudrehen, sagt er: »Du hast uns ruiniert. Ich hoffe, du bist glücklich. Keiner wird mehr Geschäfte mit uns machen. Wir sind tot.«

»Wir sind nicht tot«, widerspreche ich. »Wir verändern uns. Die Arbeiter sagen uns, was sie wollen.«

Dad dreht sich langsam um und hält sich an der Stuhllehne fest. »Erklär mir, wie bescheuert man sein muss, um sich vor einen Humvee zu stellen.«

Als ich nicht antworte, seufzt er und kommt auf mich zu, und wir treffen uns in der Zimmermitte.

»All die Jahre, die ich in dich investiert habe – damit du mich mit Boshaftigkeit und Scheiße bewirfst, nachdem ich dich zu dem gemacht habe, der du bist? Ich habe dich ausgebildet. Habe Geld in dich gesteckt. Was habe ich zu dir gesagt, als du unterschrieben hast? Im Auto? Es gibt *eine* Regel. Eine einzige Regel.«

»Bescheiße deine Familie nicht.«

»Richtig. Und was hast du getan?«

»Du hast mich die ganze Zeit belogen«, sage ich. »Du hättest es mir sagen können. Alles.«

Er schiebt mich weg. »Belogen? Ich habe dich beschützt. Wenn die Zeit gekommen wäre, hätte ich dir alles gesagt. Ach, wisch dir den selbstgerechten Ausdruck vom Gesicht. Du willst mich verurteilen? Weil ich mir die Hände schmutzig gemacht habe. So läuft es in der Welt. Wir tun Dinge, die uns nicht gefallen. Glaubst du, ich war freitags gern in der Schul, saß auf den härtesten Bänken der Welt, dass mir noch drei Tage danach der *Tuches* wehtat? Nein. Aber ich bin trotzdem hingegangen. Was muss, das muss.«

»Und genau das mache ich hier«, erkläre ich.

Seine Augen weiten sich.

»Ich sag dir mal was«, fahre ich fort, »und ich will, dass du zuhörst. Versuch einmal, mir zuzuhören.«

»Schau, was du angerichtet hast.« Er zeigt auf den Hof.

»Sieh mich bitte an, wenn ich das sage. Es wird dir nicht gefallen. Aber lass mich ausreden. Ich werde diese Marke machen. Ich verkaufe mein Design nicht als Eigenmarke. Wir machen die Schuhe hier, unter unserem eigenen

Namen, auch wenn die Marke am Anfang keinen Gewinn abwirft.«

»Bist du völlig plemplem? Damit ruinierst du uns.«

»Wir tun es für unsere Leute«, sage ich. »Sie haben alles riskiert, als sie gestern dort rausgegangen sind.«

»Wenn interessiert das?«, sagt er. »Es geht hier nicht um sie.«

»Doch, genau das tut es.«

Er sieht mich begriffsstutzig an. Verständnislos. Wie soll ich es ihm klar machen? Gangs Weg ist Profit um jeden Preis; Zhangs Weg ist die blutige Revolution; aber das hier ist der dritte Weg, und ich beschritt ihn für uns alle.

Aber Dad versteht es einfach nicht. Deswegen wollte er mir die Idee klauen. Sie war die Verkörperung all dessen, was mich von meinem Vater trennt, und deswegen musste er sie mir wegnehmen. Sie besitzen. All das, was zwischen uns stand.

»Du willst die Marke machen?«, fragt Dad.

»Genau. Ich mache Alex & Ivy …« Der Name ist mir rausgerutscht. Eigentlich hatte ich geschickter sein wollen. Den richtigen Zeitpunkt abwarten, die richtige Gelegenheit, aber jetzt ist es raus.

»Was ist …?«, fragt Dad langsam, ungläubig. »Das ist der Name deiner Marke? Was soll das für ein *farschtunkener* Name sein? Für sie? Du machst das alles für die verdammte Bäuerin?«

Ich starre ihn kühl an.

»Heilige Scheiße, Alex.« Er atmet tief durch, dann spricht er leise, vertraulich weiter. »Alex, sag mir, soll ich mein ganzes Geld den Bettlern schenken und wir leben wie

Penner, damit alle glücklich sind? Ist es das, was du willst? Dann verschenke ich alles. Aus der Güte meines Herzens. Willst du, dass ich Ivy Geld gebe?«

»Darum geht es überhaupt nicht.«

»Ich verstehe dich einfach nicht«, stammelt er. »Dieser Name. Nicht Bernie? Nicht Fedor und Alex? Was übrigens das Scheiß-verdammt-Naheliegendste wäre. Da ich dein Vater bin. Du und ich. Nicht mal *wir*? Hör zu, Hasi …« Er nennt mich tatsächlich Hasi, wie mit fünf. »Alex, Hasi, wir müssen einander verstehen, wenn wir zusammen was auf die Beine stellen wollen. Wir *müssen* auf einer Seite sein.«

»Vielleicht auch nicht«, gebe ich zurück.

Dad schüttelt den Kopf, als hätte ich ihn geohrfeigt. »Was soll das heißen?«

»Diese Sache mache ich auf meine Art.«

»Auf deine Art …« Seine Lippen zittern.

»Ich will der Marke meinen Namen geben. Du kannst von mir aus hier rumsitzen, Karri vögeln und die Augen verschließen vor dem, was direkt vor deiner Nase in China passiert, wenn es dich glücklich macht, dass andere Leute ihren Namen auf deine Arbeit setzen. Schön. Aber das ist nicht meine Zukunft, und auch nicht die dieser Fabrik.«

»Was ist hier los?«

Ich sehe ihn entschlossen an. »Vielleicht brauchen wir dich nicht.«

Er richtet sich auf. Aschfahl, ausgemergelt.

»Was?«, fragt er. Lauter.

Ich schlucke. Es fühlt sich an, als hätte ich einen Stachel in der Kehle. »Ich habe gesagt, vielleicht brauchen wir dich nicht.«

»*Ganeff*!«, brüllt er und zeigt mit zitterndem Finger auf mich. »*Luftmensch*! Scheißkerl!«

Bevor ich weiß, was los ist, drängt er mich mit seinem fassbreiten Körper zurück, bohrt mir den Zeigefinger in die Brust und schreit: »Du willst dir die Fabrik unter den Nagel reißen. Dann mach es doch. Du kannst sie haben. Aber nur, wenn du sie dir holst. Richtig holst. Schlag zu.«

Ich bleibe stehen. Die Stelle, in die er seinen Finger bohrt, brennt.

»Nur zu«, sagt er, seine Stimme wie Stahl. »Wenn dir so viel an der Firma liegt. Hau mich um. Nimm sie mir ab.«

Ich halte die Fäuste auf Hüfthöhe. Atme schwer. Dads buschige weiße Augenbrauen sind hochgezogen.

»Entweder du schlägst zu oder ich schlage zu. Kapiert? Such es dir aus.«

Ich spanne die Muskeln an. Schließe die Faust fester. Sehe das Zucken seiner Schultermuskeln unter dem Hemd, und spüre eine Hitze in den Handgelenken, der Kehle, den Schläfen. Ein Beben von meinen Schultern bis in die Fingerspitzen. Einfach ausholen. Ihn zu Boden schicken. Mit vollem Gewicht. Ein Schritt vor und drauf.

»Siehst du«, sagt er. »Deswegen kann ich dich nicht ans Ruder lassen. Du bist ein Schlappschwanz. Komm schon. Schlag mich. Nimm sie mir ab.«

»Du bist erbärmlich.« Ich öffne die Fäuste.

Er zuckt zusammen. Taumelt von einem Fuß auf den anderen.

»Wer bist du?«, fragt er mit zittriger, dünner Stimme. Er weicht einen Schritt zurück, und seine Brust hebt und senkt sich. »Ich kenne dich nicht«, murmelt er.

Dann wendet er sich ab, geht hinter den Schreibtisch und sinkt in den Stuhl. Die Schulter vorgebeugt, Ellbogen auf dem Tisch. Hände erhoben, als wollte er sich die Ohren zuhalten.

Und stößt einen Laut aus. Einen kehligen Schluchzer, der mir die Haare zu Berge stehen lässt. Einen *Krechz.*

Er macht ihn noch einmal, und ich schaudere.

Der *Krechz* – hatte mich mein Großvater aufgeklärt – ist eine Art jiddische Klezmer-Note auf der Violine gespielt. Ein Klang wie trillernder Herzschmerz. Echter Kummer. Und jetzt rutscht noch einer davon aus Dads Kehle. Erwischt mich kalt und lässt mich erschauern.

Mit in Kopfhöhe geballten Fäusten zieht er die Nase hoch und starrt auf den Schreibtisch.

»Mir geht's gut«, röchelt er und versucht, mich mit seinem sonst so würdevollen Blick anzustarren. Sieht mir in die Augen. »Mir geht's gut.«

Ich schweige. Ein langer Takt Stille.

»Ich gehe jetzt, Dad«, sage ich. »Ich habe Meetings.«

Keine Antwort. Ich greife nach dem Türknauf. Ich sollte etwas sagen, um die Spannung aufzulösen. Oder die Traurigkeit.

»Kommst du zurecht?«, frage ich.

Keine Antwort.

Ich warte noch einen Augenblick. Dann drehe ich mich um und trete hinaus auf den Flur.

18

Mit dem Koffer in der Hand bleibt Dad in der lichtdurchfluteten Lobby des Intercontinental Foshan stehen und dreht sich zu mir um.

Hong Kong, hat er beim Frühstück gesagt. Ein bisschen Ausspannen. Dort gibt es ein Interconti mit Whirlpool auf dem Dach, von dem man die Schiffe im Hafen sieht. Ich weiß, dass er eigentlich fährt, weil wir heute Vormittag mit der Arbeit an meiner Produktionslinie beginnen. Vier miteinander verbundene Fließbänder. Dreihundert Meter. Perfekte Geometrie. Sobald er weg ist, fahre ich los. Direkt in die Fabrik.

»Hast du deinen Pass?«, frage ich und meine: Bitte bleib.

Natürlich, sagt er, und klopft sich trotzdem die Brusttasche seines neuen Safarihemds ab, nur um sicherzugehen. Dann hebt er den Arm und hält mir den Ärmel hin.

»*Expeditions*-Klasse«, sagt er. »Hundert Prozent UV-Schutz, australisches Buschhemd. Fass mal an.«

Ich betaste den Stoff, wahrscheinlich eine Sekunde zu lang. Ich schätze, ich muss ihm die Entscheidung überlassen, wann es genug ist.

»Weich«, sage ich fest und klar und meine: Ich habe dich lieb.

»Langlebig«, antwortet er leise und meint: Scheiß drauf, ich dich auch.

»Qualität«, sage ich, die Stimme gedämpft wie Dad, und wir grunzen beide fast wie Affen, perfekte Kommunikation.

Erst ich Buschhemd, jetzt du Buschhemd.

Er zieht den Arm weg.

Er sagt: »Willst du wirklich nicht mit im Van fahren?«

»Es ist die entgegengesetzte Richtung«, sage ich. »Ich nehme ein Taxi.«

Seine Mundwinkel rutschen nach unten. »Na dann«, sagt er. »Lebwohl.«

Ich kämpfe gegen den alten Impuls, mich klein zu machen. Ihm zu geben, was er will. Alles runterzuschlucken.

Wir sehen uns an.

»Lebwohl«, sage ich zu Dad.

Ich umarme ihn, und er schiebt umständlich den Unterarm um meinen Rücken und drückt, ein Knuff, kaum eine Sekunde, und dann trete ich zurück.

Er kaut auf der Unterlippe, als wolle er noch etwas sagen. Hebt die Hand, tätschelt mir die Schulter, dann dreht er sich um und verlässt die Lobby, wie immer einen Bogen um die Drehtür machend, tritt hinaus auf die sonnige Auffahrt, wo Jianguo sein Gepäck zum Van bringt und ihm auf den Rücksitz hilft, wie immer gegen die Fahrtrichtung.

Ich sehe zu, wie der Wagen im Verkehr verschwindet, und meine Schulter kribbelt, als wäre mein Vater ein abgesägter Phantom-Arm, der immer noch Signale an mein Gehirn schickt. Ich hätte ihn nicht gehen lassen sollen. Ein Mann wie er ist in freier Wildbahn nicht sicher. Ein Mann, der nie daran denkt, dass Rote Bete die Pisse rot färbt. *Ich sterbe, Alex, sieh dir das an – das musst du dir ansehen.*

Ich wette, er bleibt nicht in Hongkong. Einem Mann wie ihm ist nicht zu trauen. Wo will er hin? Nach Hause? Und wo soll das sein? Die Staaten, vielleicht. Er weint doch nicht, oder? Im Van. O Gott, hoffentlich nicht. Nein, das sieht ihm nicht ähnlich. Es geht ihm gut.

Aber ich kriege das Bild nicht aus dem Kopf, wie Dad allein in einer dieser Outlet-Malls in Freeport in Maine steht und das Schild »40 % Rabatt oben drauf« anstarrt, während er dem pickligen Verkäufer erklärt: »Die hier habe ich gemacht«, und der Junge sieht ihn mit diesem Blick an, »Alles klar, Mann«, und Dad tritt wie in Trance hinaus in das grell erleuchtete Atrium, Hände in den Taschen, wie ein alter Geist aus dem Schtetl, und überall um ihn herum nur Discounter und Kettenrestaurants. Lieber würde er verhungern. Das ist nicht Zuhause. Das ist die Hölle. *Seine* Hölle. Sein Ansiedlungsrayon wie damals in Wilna. Eine miese Outlet-Mall, die seine Schuhe verramscht. Der Friedhof der Ladenhüter. Lagerware, zweite Wahl, ungewollt, *kapores* – Jesses, ich wette, er sitzt im Van und heult. Denn er weiß es genau. Es kann nirgendswo hin.

Der Boden scheint zu schwanken, und eine dunkle, schreckliche Vision taucht vor mir auf: Nichts wird sich verändern.

Aber dann spüre ich Hitze im Kragen aufsteigen, und ich denke, nein, das ist nicht alles, noch lange nicht.

Vergiss Dad. Alle anderen sind weg. Nur ich bin noch hier. Das sage ich mir. Ich bin hier.

Ich muss mich einfach auf das konzentrieren, was direkt

vor mir liegt: ein Stück roter Teppich mit goldenen Ranken und Blättern zwischen mir und der Drehtür, die ins Freie führt.

Ich schließe mich dem Strom der Geschäftsleute an, die eine kühle Wolke Aftershave und Akten-Trolleys mit Monogramm hinter sich herziehen, immer ihre Namen im Schlepptau. Seht ihr? Das ist alles. Ein Name. Cohen. Nicht irgendein unsichtbares Zeichen auf der Stirn.

Die Lobby ist erfüllt von lautem Handy-Geschnatter, doch als ich losgehe, sammelt sich dieses Gefühl in mir, ein stilles, leises Gefühl, wie damals, als ich Ivys Haus-Attrappe in den Hügeln betrat und die Französische-Landhaus-Tapete sah, aber gleichzeitig wusste, dass dieser Ort heilig war, heiliger als ein alter Tempel – das ist das Gefühl, das mich plötzlich erfüllt, hier in der Lobby des Interconti Foshan, während das Licht durch die Fenster flutet. Ich gehöre hierher. Es ist, als wäre ich an einem hohen Feiertag in einer alten Schul, wenn die Kohanim die Köpfe bedecken, sich die Schuhe abstreifen und für die nächste Welt singen, und währenddessen sitzt du auf dem Balkon hinter dem Vorhang bei den Frauen, und alles klingt wie Kauderwelsch, weil nicht der Gesang das Heilige ist; das Heilige ist, hier zwischen den Beinen deiner Mutter auf dem Boden zu sitzen, ihre Zehennägel sind blutrot, ihr Haar ist nicht echt, es wurde aus dem Haar anderer zusammengenäht, deren Leben du dir nur vorstellen kannst, und dein Vater ist längst um die halbe Welt verschwunden.

Ich spüre das Ploppen der Luft, als ich in die Drehtür trete, und ich lege die Hand auf die Scheibe und drücke, und dann stehe ich draußen in der hellen Morgensonne. Warmes Licht auf meinen Armen.

Am Bordstein wartet ein Taxi.

Einer der Portiers läuft voraus und hält mir die Taxitür auf.

»Mr Younger Cohen?«, fragt er.

Ich sehe ihn an. Er ist neu. Versucht, sich alle Namen zu merken. Unsicher. Huschender Blick. Ein zarter Flaum auf der Oberlippe, mehr Wunsch als Schnurrbart. Ein Junge.

»Alex«, korrigiere ich. Vielleicht zu schnell.

Er entschuldigt sich.

Ich lächele ihn an. »Alles gut«, sage ich. Ich greife in die Tasche und gebe ihm zehn Yuan. Ein gutes Trinkgeld. Gleich richtig anfangen.

Er schließt die Hand um den Schein und macht eine kleine Verbeugung mit dem Kopf.

»Wir werden uns häufig sehen«, sage ich und steige ins Taxi.

Danksagungen

Meine Liebe und mein höchster Respekt gelten meinem Vater, der den Traum und die Gabe seines Vaters und seines Großvaters geerbt hat, der 1907 mit der RMS *Carmania* aus Wilna kam: die Schöpfung wunderschöner Schuhe. Dad, du hast deinen Beruf immer mit Würde und Integrität ausgeübt. Ich danke dir besonders für deine Ermutigung, meinen eigenen Weg zu finden.

Meiner Mutter danke ich dafür, dass sie mir ihre Leidenschaft für das Lesen, die Literatur und die Kunst weitergegeben hat. Ich danke meiner wunderbaren Schwester Laura, die meine erste Leserin und größte Unterstützerin ist und mich gezwungen hat, die ganzen traurigen russischen Romane zu lesen. Ich habe euch beide sehr, sehr lieb.

Außerdem stehe ich für immer in der Schuld meines Mentors, meines Cus D'Amato, meines liebsten Freunds Bob Butler. Was für ein Abenteuer. Ich kann gar nicht anfangen, meine Liebe und Bewunderung für dich in Worte zu fassen. Noch kann ich erklären, wie viel mir all die Stunden im Cottage bedeuten, in denen wir über das Leben und die Kunst sprachen. Du hast alles gesagt.

Taylor, meine große Liebe und beste Freundin – danke für deine Weisheit, deine Güte und dafür, dass du mich über Wasser hältst. Ich blicke in jeder Hinsicht zu dir auf.

Außerdem danke ich meiner unglaublichen Agentin Duvall Osteen für ihren Humor und ihre Geduld; – und meinem Lektor John Glynn, der etwas in diesem Buch gesehen und sich so glorreich dafür eingesetzt hat.

Folgenden Menschen danke ich herzlich für ihre Freundschaft, ihren Rat und ihre Großzügigkeit: Karri Liu, Ej Liu, Fred Huang, Vega Leung und Bob Infantino. Und natürlich Marnie Wise und Eric Wilner für ihre Liebe und Unterstützung. Dieses Buch würde es ohne eure Hilfe und Unterstützung nicht geben.